DIEU ET PATRIE.

3me SÉRIE

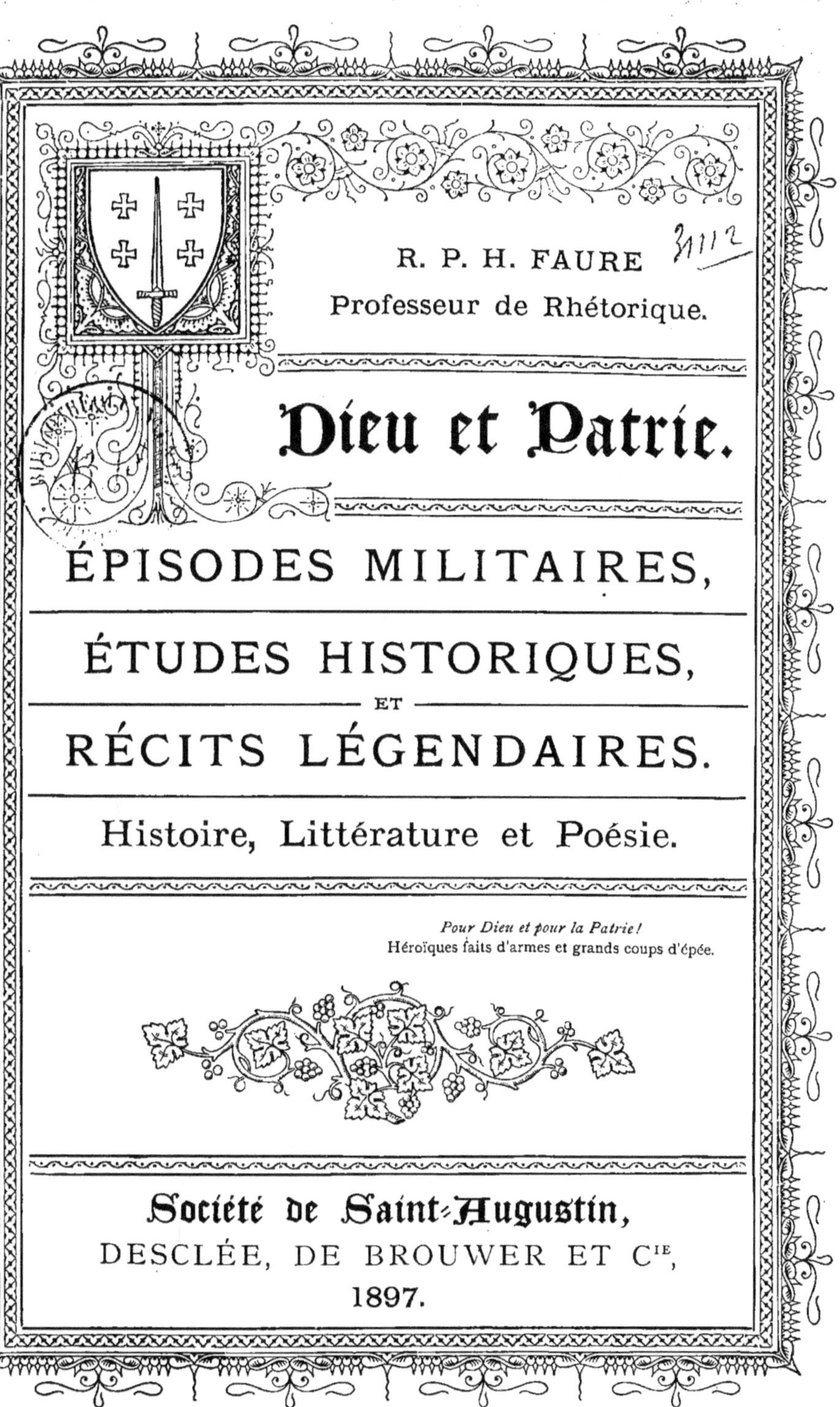

R. P. H. FAURE
Professeur de Rhétorique.

Dieu et Patrie.

ÉPISODES MILITAIRES,

ÉTUDES HISTORIQUES,

ET

RÉCITS LÉGENDAIRES.

Histoire, Littérature et Poésie.

Pour Dieu et pour la Patrie !
Héroïques faits d'armes et grands coups d'épée.

Société de Saint-Augustin,
DESCLÉE, DE BROUWER ET CIE,
1897.

PRÉFACE.

*C*ET *ouvrage, destiné aux jeunes gens et aux maisons d'éducation, est moins un volume d'histoire qu'un ouvrage de littérature. Notre intention, en effet, n'a pas été de faire connaître et d'exposer des faits, dans leur réalité et leur exactitude historique et rigoureuse, mais de les présenter, sous forme de compositions littéraires, dans ce qu'ils renferment de plus saisissant et de plus héroïque, de plus capable de provoquer l'admiration, d'enthousiasmer le cœur et de faire vibrer dans les âmes des jeunes gens les grands et nobles sentiments du patriotisme et de la foi, les aspirations généreuses, chevaleresques et chrétiennes, qui les tiendront et les guideront plus tard, dans la vie, au chemin de l'honneur et du devoir, de la noblesse et de la vertu, du dévouement et de la fidélité à la Religion, à la Patrie et à Dieu.*

Dans ce but, nous avons fait appel aux traditions des peuples, à leur littérature, chants guerriers et poèmes nationaux, et nous nous sommes inspiré à la fois de l'histoire, de la légende et de la poésie.

Publiées une première fois dans nos SOIRÉES LITTÉRAIRES, *les différentes compositions de ce volume ont été*

*honorées d'une lettre élogieuse de son Altesse Royale Mon-
seigneur* le comte de Paris *et de la haute et compétente
approbation de Monseigneur Vigne,* archevêque d'Avignon.
*Sa Grandeur nous écrivait, à ce sujet, il y a quelques an-
nées :*

MON RÉVÉREND PÈRE,

Je bénis avec empressement ce nouveau travail inspiré par votre
zèle et auquel votre talent d'écrivain a su donner tant d'attraits.
La jeunesse, à laquelle il est destiné, le lira avec intérêt et profit *à
tous les points de vue...* Je ne puis qu'encourager votre œuvre et
vous féliciter, mon Révérend Père. Votre zèle pour la formation
chrétienne et morale de la jeunesse vous inspire bien...

ANGE, *Archevêque d'Avignon.*

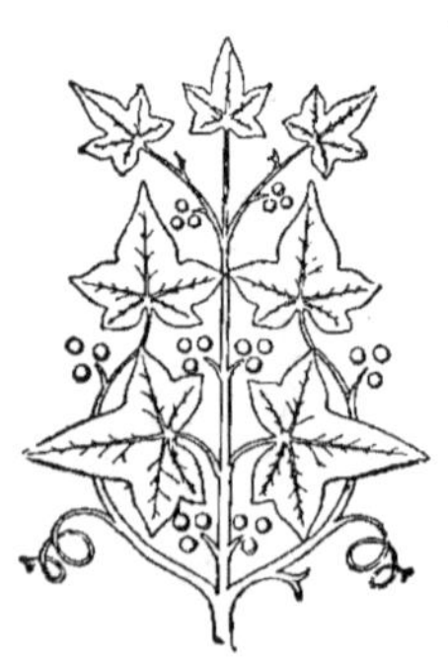

Autres ouvrages du R. P. H. FAURE, S. M.

Soirées littéraires. Récits, scènes et discours, descriptions poétiques, élévations morales et religieuses. Un volume in-8, 5ᵉ édition (400 p.). Prix : 4 fr.

Nouvelles soirées littéraires. Récits, scènes et discours, descriptions, etc... Un vol. in-8, 5ᵉ édit. (400 p.), faisant suite au précédent. Prix : 4 fr.

Parfums et souvenirs littéraires et religieux. Récits et descriptions, poésies religieuses, discours et entretiens spirituels. Un beau volume grand in-12 (400 p.). Prix : 3 fr.

Conférences et Études religieuses et philosophiques. (Aux Jeunes gens.) — Les grands problèmes de la vie : *Dieu dans la nature et dans l'homme, l'âme et ses destinées, la création, les angoisses du doute et le bonheur dans la foi et la pratique de la vertu*, etc., etc. Un volume in-8 (500 p.), Prix : 4 fr.

A ceux qui pleurent. Les consolations du purgatoire, d'après les docteurs de l'Église et les révélations des Saints. Un beau vol. in-18 de 450 pages, 10ᵉ édit. — Ouvrage approuvé par plusieurs évêques et traduit en plusieurs langues. — Prix : 2 fr.

Toutes les consolations offertes par la religion à ceux que les coups de la mort ont éprouvés se trouvent réunies dans cet ouvrage, qui renferme en même temps toute la doctrine de l'Église sur le Purgatoire et le culte des morts, d'après les Docteurs et les Saints. Mgr l'Évêque de Valence l'a approuvé en ces termes : « La solidité de la doctrine, dans cet ouvrage, se trouve jointe à l'agrément de la forme et à l'expression des sentiments les plus touchants et les plus élevés. Je l'ai lu avec un vif intérêt, et je souhaite à *ceux qui pleurent* de l'avoir auprès d'eux comme un ami, aux jours de l'affliction. Non seulement il adoucira l'amertume de leurs regrets, mais il affermira leur foi et ranimera dans leur cœur l'espérance chrétienne. De plus, en leur montrant les avantages et les douceurs de la dévotion aux âmes du Purgatoire, il les excitera à prier pour les morts avec plus de ferveur. Soyez béni, mon R. P... »

† Charles, *Év. de Valence.*

A ceux qui souffrent. Le bonheur au ciel ou les larmes de l'exil et les joies de la patrie, d'après saint Thomas, les docteurs et les saints. Un beau vol. in-18 de 350 pages. 9ᵉ édit. — Ouvrage approuvé par plusieurs évêques. — Prix : 2 fr.

Qui ne désire et qui ne cherche le bonheur ici-bas ? Mais qui l'a jamais rencontré parmi les jouissances de la terre ? Le R. P. Faure étudie avec autant de science que d'élévation cette grande question du *Bonheur*. Les aperçus les plus frappants, les aveux de l'incrédulité moderne et des rois de la pensée, de la fortune et du plaisir, se pressent sous sa plume pour démontrer que le bonheur véritable n'est point de la terre et qu'il faut le demander à *une autre vie*. L'auteur s'élève alors jusqu'au ciel, dont il explique les mystères et décrit les magnifiques spectacles. *L'immortalité de l'âme et la vie après la mort ; le dernier jour du monde et la résurrection générale ; visions merveilleuses du ciel ; jouissances de l'âme, jouissances du corps, qualités glorieuses des élus ; l'éternelle réunion de la famille et les affections au ciel : on se reconnaîtra et l'on s'aimera en Dieu :* autant de questions intéressantes, traitées par l'auteur dans tous leurs détails, d'après la théologie, la grande doctrine de saint Thomas et des Docteurs, les témoignages et les découvertes de la science contemporaine. Les charmes du style ajoutent encore à l'attrait puissant de ces vastes questions. L'auteur *instruit en consolant.* C'est ce que lui dit, dans son approbation, le Vicaire Général de l'éloquent et savant Évêque de Fréjus, Mgr Terris :

    Mon Révérend Père,

J'avais lu attentivement votre savant et édifiant traité du PURGATOIRE, qui m'avait familiarisé avec votre manière, et je crois pouvoir affirmer, en toute conscience, que votre nouvelle étude enrichira vraiment d'un volume de plus la bibliothèque des personnes pieuses, *trop pauvre en ouvrages sérieux.* D'autres loueront le charme de votre style, les citations heureuses par lesquelles, en intéressant le lecteur, vous mettez dans tout son jour le témoignage *d'une âme naturellement chrétienne,* apporté aux vérités surnaturelles par le romancier, le philosophe et le poète. Pour moi, je vous félicite surtout d'avoir laissé de côté toutes les mièvreries d'un faux mysticisme, qui ne s'adressent qu'à la sensiblerie dévotieuse. Avant tout, mon Révérend Père, *vous cherchez à instruire :* vous ne citez les profanes que pour faire apparaître les Docteurs de l'Église et offrir à vos lecteurs la substance de leurs enseignements. C'est l'instruction surtout qui fait défaut, de nos jours, même à des âmes qui se croient ferventes : il faut donc instruire, *et vous l'avez fait.*

F. LAUGIER, *Vic. Général.*
† FERDINAND, Év. de Fréjus et Toulon.

Dieu et Patrie.

I.

HAUT LES AMES et HAUT LES CŒURS!

Aux jeunes gens.

TACITE, retraçant une époque pleine de larmes et de sang, disait qu'il était plus facile de se taire que d'oublier. Aujourd'hui, l'oubli serait un crime, et le silence, pour l'homme qui peut parler à la jeunesse, serait une trahison et une impiété. Le premier devoir qui s'impose à celui que Dieu a investi du ministère de la parole, c'est de proclamer bien haut la vérité, de la proclamer partout ; c'est de faire un pacte avec elle, de l'aimer plus que toutes choses ici-bas, de lui sacrifier son repos, son avenir, sa liberté, tous ses biens, et, s'il le faut, de mourir pour elle.

Nous appartenons à une époque malheureuse, féconde en erreurs et en blasphèmes ; nous avons devant nous bien des ruines regrettables, bien des souvenirs pleins d'amertume et de tristesse. Il nous faut défendre ce que nos pères adoraient et reconstruire, l'épée à la main, le temple de la justice, de la morale et de la vérité. Dans cette lutte à mort entre le bien et le mal, le devoir et la passion, nul n'a le droit de rester neutre, et c'est une obligation sacrée pour tout homme qui a reçu du ciel, avec le talent de la parole, la mission d'enseigner ses frères, de se recueillir devant Dieu et d'élever la voix, au milieu du tumulte, au milieu des ténèbres, afin de réveiller, sous la poussière de ses ruines, l'âme endormie de la France. Malheur à celui qui compromet la vérité en la retenant captive, ou qui la trahit par son silence ou sa faiblesse, atteint lui-même de la funeste épidémie du découragement et de la peur !

Il y a quelques années, on voyait exposé, dans la salle des beaux-arts du palais de l'Industrie, un tableau qui attirait tous les regards. Au premier plan, on apercevait, assis sur son trône et le visage empreint d'une joie féroce, le sanguinaire Néron, et, près de lui, la fameuse Locuste, la plus terrible empoisonneuse de tout l'empire romain. A leurs pieds agonisait un troupeau d'esclaves. Néron essayait sur eux les poisons de la magicienne: c'étaient les jeux du monde, avant JÉSUS-CHRIST. Plusieurs de ces malheureux, luttant contre la mort, se tordaient dans les tortures d'une violente agonie; leur bouche, ouverte et contractée par la souffrance et la fureur, semblait lancer contre le prince et sa complice les plus affreuses et les plus terribles imprécations. Plus près du trône et sous le regard absorbé de l'empereur, gisait un corps pâle, immobile, comme inanimé. Aucune convulsion n'accusait la souffrance et ne trahissait le crime ; aucune malédiction ne sortait des lèvres du mourant pour flétrir le monstre et venger sa victime. A peine l'infortuné avait-il touché à la coupe fatale, que le poison, s'insinuant jusqu'au cœur, l'avait glacé soudain. Il expirait lentement et silencieusement; mais la mort était certaine, infaillible et sans remède, et le poison discret. Britannicus pouvait mourir...

Ce tableau n'est-il pas l'image en quelque sorte du drame indigne qui se joue, en France et en Europe, dans les profondeurs morales de la conscience humaine ? Néron, c'est l'esprit du mal, déchaîné depuis trois siècles, et soufflant partout, dans les conseils des princes et des peuples, la haine de Dieu et de l'Église. Locuste, c'est la révolution, sa complice, essayant l'un après l'autre ses secrets de mort, sur toutes les classes de la société. L'athéisme, enseigné à la jeunesse et propagé par la presse et par l'école sans Dieu, c'est le poison qui va droit au cœur et qui glace le sang : l'âme meurt assassinée ; elle meurt sans murmure, sans défense et sans bruit. Et voilà où nous en sommes depuis un siècle bientôt.

« Oui, il y a un siècle à peine, la France et le monde civilisé, a dit un grand évêque (¹), offraient encore, malgré certaines déviations déjà trop sensibles, le plus grand spectacle qu'il ait été donné à l'homme de contempler ici-bas. Le Christ, Fils du Dieu vivant, régnait sur les nations prosternées devant le trône de sa souveraineté. Sa doctrine était leur doctrine, et sa vie était leur vie. De même que le monde physique est comme imprégné des rayons du

---

1. Mgr Freppel.

soleil, ainsi la lumière de l'Évangile enveloppait et pénétrait le monde social dans toutes ses parties. Les rois tenaient à honneur de se dire les lieutenants du Christ, et, dans sa croix, qui surmontait leurs couronnes, ils voyaient la sauvegarde de leur autorité et le mémorial de leurs devoirs. Lois et institutions, tout ce qui règle la vie publique portait l'empreinte de la religion, s'inspirait de son esprit, appliquait ses maximes. Le christianisme formait la base de l'enseignement ; et, depuis l'école du hameau, où l'enfant du peuple apprenait à gouverner sa vie, jusqu'à l'université, où les sciences venaient se réunir en un faisceau harmonieux, le Verbe, précepteur de l'humanité, parlait par toutes les bouches et arrivait à tous les cœurs. Sanctifiée par la grâce du sacrement, la famille était chrétienne, et le pouvoir paternel s'y exerçait comme un autre sacerdoce qui avait le foyer domestique pour temple. La religion était le lien de toutes les associations, la splendeur de toutes les fêtes, la force de tous les serments, la majesté de tous les pouvoirs : elle était l'âme du corps social. Son nom était écrit sur la bannière de l'ouvrier comme sur l'oriflamme du soldat, titre d'honneur pour l'un, signe de ralliement pour l'autre, gage de bénédiction pour tous deux. Bref, cette société-là était née, elle avait vécu, elle avait grandi à l'ombre de la croix, et, de l'orient à l'occident, du septentrion au midi, tous les échos du monde pouvaient se renvoyer ces mots que la foi victorieuse avait gravés sur l'obélisque du Vatican : *Christus vincit, Christus regnat, Christus imperat.* Le Christ a vaincu, il règne, il gouverne !

« Ah ! je ne dis pas que tout fût parfait dans ce monde social où régnait le Christ. Non, je ne dis pas cela. Cent fois réduites, les passions humaines n'avaient pas désarmé ; elles ne désarmeront jamais. Au sein de cette chrétienté si grande et si belle, il s'était produit des déchirements profonds, de lamentables défaillances. L'orgueil y prolongeait ses révoltes, la cupidité ses injustices, la volupté ses abaissements. On pourra charger ce tableau tant que l'on voudra. Mais le principe de la civilisation chrétienne restait debout ; mais la royauté sociale de JÉSUS-CHRIST continuait à dominer le monde : l'autorité, sous toutes ses formes, s'y maintenait haute et respectée ; les traditions de la foi vivaient au cœur des peuples, et l'humanité, retrempée dans le sang du Calvaire, gardait le sentiment de ses destinées providentielles : elle savait d'où elle venait, vers quel but elle tendait, sous le souffle de Dieu qui dirigeait sa marche. Et, chaque fois qu'un désordre éclatait quelque part, une voix partait du centre de la chrétienté, grave et solennelle comme un écho de la voix de Dieu même : elle couvrait les bruits de ce monde ; elle arrivait en tous lieux, affirmant le droit, rappelant le devoir, condamnant l'injustice, arrêtant le mal dans son cours, quand elle n'avait pu le prévenir, protestant contre la violence, pour l'empêcher de prévaloir ; de telle sorte que, grâce à cette intervention souveraine du vicaire de Jésus-Christ, au milieu de toutes les rébellions et en dépit de tous les égarements, le vrai ne cessait pas d'être le vrai, et le bien restait le bien ! »

Il vint un jour où l'on parut se lasser de tant d'honneur et de tant de gloire. C'était au dix-huitième siècle. Des hommes corrompus et que la vérité gênait se prirent d'une orgueilleuse et fanatique fureur, et jurèrent de renverser le merveilleux édifice de la civilisation chrétienne ; ils jurèrent de détruire le catholicisme et la Divinité. C'était hardi, c'était téméraire ; mais ils comptaient sur leurs talents et sur les passions humaines, et, dès les premiers pas, ils purent se promettre le succès. Le fameux blasphème : *Écrasons l'infâme !* vola de bouche en bouche, et les salons splendides d'une société sans pudeur et sans frein accueillirent de leurs bravos ce mot d'ordre insensé. Parties de Luther et du protestantisme, la négation et l'incrédulité, qui avaient tout sapé, pendant deux siècles, firent alors des ravages immenses, au sein d'une terre si bien préparée ; et la France, un matin, s'étonna de se trouver athée. Ceux que le fléau n'avait pu atteindre virent le danger ; mais, ne pouvant le conjurer, ils appelèrent la justice de Dieu, tandis que les autres la défiaient de leurs sarcasmes et de leurs imprudentes railleries. La foudre n'éclata point ; d'où vint que, se voyant la risée des impies triomphants, et n'osant toutefois nier comme eux, bien des esprits faibles se prirent à douter.

Cependant la justice de Dieu était en route depuis plusieurs années, et les impies ne la remarquaient pas. Elle s'avançait, silencieuse et sourde : d'autant plus terrible qu'elle se hâtait moins ; comme ces charrues pesantes qui creusent un sillon d'autant plus large et plus profond qu'elles sont plus lourdes et plus lentes. La justice de Dieu labourait le monde ; et l'instrument qu'elle avait choisi pour son œuvre gigantesque était celui-là même que ses ennemis avaient forgé contre elle. Oui, Dieu laissait agir la philosophie du siècle ; il laissait la fausse science, il laissait les romans pénétrer la société malade, l'affaiblir, et lui ronger les entrailles. Il regardait faire, et il attendait la conséquence logique

JACQUES-BÉNIGNE BOSSUET, évêque de Meaux.

(D'après le tableau de Giraud.)

du principe posé ; car Dieu, quand il châtie, est un terrible logicien !

Et voici ce qu'il arriva. Le peuple, qui reçoit son enseignement des grands et qui s'attache en tout à se modeler sur eux, s'aperçut bientôt que ceux-ci ne croyaient plus en rien, et il se dit à lui-même : « Si les gens éclairés affirment qu'il n'y a point de Dieu, que l'autre vie est un rêve, et la justice une chimère, c'est que tout cela est vrai et que jusqu'ici on nous avait trompés. Eh bien, nous aussi, ne croyons plus à rien, si ce n'est aux plaisirs et au bien-être d'une vie qui passe ; et si le malheur de notre condition pénible ne doit être réparé un jour, réparons-le ici, afin de nous procurer les jouissances qu'à nos dépens d'autres possèdent à profusion. Oui, si Dieu n'existe pas, que nous importe la morale, et qu'avons-nous à faire de la conscience et de toutes les lois humaines ? La conscience est un préjugé, un épouvantail de l'erreur, et les lois, une tyrannie barbare et criminelle. » Sans Dieu, en effet, l'autorité n'est plus qu'un nom, la conscience et la justice, des sons vides de sens, et les droits de l'homme nécessairement remplacent ses devoirs ; il n'y a plus rien de sacré pour lui, en dehors de lui-même : plus que ses passions, plus que sa liberté, mais une liberté sans frein, sans limites comme sans honneur. « Il ne faut point s'étonner, dit Bossuet, si les peuples perdent le respect de la majesté et des lois, ni s'ils deviennent factieux, rebelles et opiniâtres. On énerve la religion, quand on la change, et on lui ôte un certain poids, qui seul est capable de tenir les peuples. Ils ont dans le fond du cœur je ne sais quoi d'inquiet, qui s'échappe, si on leur ôte ce frein nécessaire ; et on ne leur laisse plus rien à ménager, quand on leur permet de se rendre maîtres de leur religion. »

La conclusion logique attendue par Dieu fut celle-ci : égalité de tous les hommes, guerre à la richesse, à la religion, à la grandeur et à l'autorité. Il n'y a rien à dire : nos pères l'ont voulu ; ils ont défié Dieu, et Dieu a accepté le défi, sans répondre un seul mot, sans se déranger d'un pas, tant il méprise le blasphème et tant il voit l'homme petit, même quand il se dresse de toute la hauteur de sa taille chétive, pour le maudire et l'insulter.

Les choses en étaient là, vers la fin du dernier siècle : la seule pensée de Dieu et de ses lois, d'une morale obligatoire, d'un pouvoir et d'une autorité qui découlaient de lui, mettait les passions en fureur. Tout annonçait une prochaine et complète révolution ; elle éclata comme la foudre, et elle fut terrible. En moins de temps

qu'il n'en faudrait pour renverser le plus frêle édifice, la plus belle
et la plus ancienne monarchie du monde tomba sous les coups des
démolisseurs avec ses antiques croyances, ses vieilles lois, ses sages
institutions, consacrées par l'expérience et par le temps. L'Église
et l'État périrent ensemble. Tout s'abîma sous la terreur, tout fut
noyé dans une mer de sang !

Depuis, on a cherché à reconstruire la société, à relever les
ruines ; on a voulu créer un nouvel ordre de choses, sur des bases
nouvelles, sur des principes et des dogmes inconnus jusque-là. Rien
n'a réussi encore à faire oublier le passé, et les vieilles croyances
s'en vont, sans être remplacées. Les doctrines se succèdent avec
les essais ; l'espérance s'éteint avec la conscience et la foi ; le poison
se glisse avec l'erreur, par la double et puissante voie de l'école et
de la presse ; il se glisse et s'insinue jusqu'au cœur du peuple, jusqu'au cœur de la jeunesse et de l'enfance, et le mal va grandissant
chaque jour.

« Un phénomène étrange se produit sous nos yeux, dit un auteur
contemporain : on rencontre aujourd'hui des jeunes gens qui ne
croient plus à rien ! Que dis-je ? on compte par milliers les enfants
de quinze ans, les jeunes gens de dix-huit et de vingt ans qui n'ont
aucune croyance, aucune religion. Autrefois, à quinze ans, à vingt
ans, on pouvait abandonner quelques pratiques religieuses ; mais
on gardait la foi. Le vice pouvait souiller un instant le cœur, et
même profondément ; mais la foi en Dieu y subsistait, et la confiance en JÉSUS-CHRIST, et la prière, et des restes d'amour divin
que le moindre souffle pouvait rallumer. Aujourd'hui, toutes les
digues rompent à la fois, toutes les ancres cassent. Ce n'est pas
seulement la foi catholique qui disparaît ; toute foi s'en va, toute
religion s'éteint. Plus de prières, plus d'autels, plus de Christ,
hélas ! plus de Dieu à quinze ans ! »

A quoi cela tient-il, et comment expliquer une chute si précoce ?
Rien n'est plus simple, disent certains philosophes : les passions en
sont la cause ; elles corrompent le cœur et pervertissent l'intelligence
en l'affaiblissant. — Oui, mais les passions ne sont pas d'aujourd'hui,
et les effets que nous déplorons ne s'étaient jamais encore produits,
à aucune autre époque. De nos jours même on ne voit rien de semblable, chez aucun autre peuple. C'est une maladie locale et propre
à la France, dont il faut chercher la cause ailleurs qu'au cœur des
infortunés qui en sont la victime.

Il existe, en certaines contrées de l'Italie, une maladie funeste que les habitants nomment *malaria*. Au mois d'août, alors que le soleil inonde de ses feux caniculaires l'azur serein et transparent du ciel, on voit tout à coup les plantes se flétrir, les feuilles se dessécher, jaunir et se détacher des arbres. Au lieu de ces herbes touffues, pleines de senteurs sauvages, où de grands buffles noirs, ensevelis à moitié dans la verdure, regardaient passer les voyageurs, on n'aperçoit plus que des chardons stériles, quelques touffes grêles de gazon flétri, une terre gercée et de maigres brebis. Des miasmes pestilentiels s'exhalent à cette époque des terres insalubres et empoisonnent l'air, qui devient lourd et fétide. Les habitants fuient et les oiseaux émigrent sous des cieux plus propices.

C'est là l'image de ce qui se passe en France aujourd'hui. A l'extérieur, la société est belle, la civilisation ne laisse rien à désirer ; mais l'air que respirent les âmes est empoisonné. Des miasmes pestilentiels flottent dans l'atmosphère intellectuelle et pénètrent partout. La famille, l'école, la presse et le théâtre en sont pénétrés : nul ne saurait y échapper. Les plus faibles en meurent, et les plus forts en souffrent. Les jeunes gens surtout sont sujets aux ravages du fléau ; ils succombent en foule, moins consumés au dedans par les passions de leur jeunesse, qu'empoisonnés au dehors par l'air qu'ils respirent dans la société. C'est là la cause réelle et profonde du mal qui nous dévore. La famille n'est plus chrétienne ; l'école est impie, et la presse a perdu toute pudeur et toute dignité.

La famille n'est plus chrétienne : elle a forfait à son devoir et trahi sa mission. Instituée par Dieu pour élever l'enfant dans l'unité des principes et la sainteté du bien, la famille s'est corrompue, elle s'est divisée. La mère croit, c'est encore fréquent et même général, parmi nous ; mais le père ne croit pas, ou, s'il croit, il ne pratique pas. La mère prie et adore ; le père ne prie pas, il n'adore pas ; mais souvent il blasphème. Et lorsque la raison commence à ouvrir les yeux de l'enfant, l'enfant s'aperçoit de l'abîme qui sépare son père de sa mère ; il questionne d'abord naïvement sa mère ; puis, plus tard, il s'en étonne, il s'en scandalise, et enfin, au premier cri des passions, il s'en fait une arme puissante, dont il frappe au visage les auteurs de ses jours. Il appelle de ses désirs, il attend impatiemment le jour où, secouant les langes de l'enfance, *il sera assez grand pour ne plus prier Dieu*, comme son père.

Ébranlé, affaibli dans sa conscience par le spectacle de son père, le jeune homme passe à l'école. Et là, que rencontre-t-il ?... Hélas ! pas plus que le foyer l'école ne possède l'unité, pas plus que la famille elle ne respecte la sainteté de sa mission. Établie sur la terre pour être la gardienne de la science et de la morale, pour conserver et pour transmettre les grandes traditions du goût, du vrai, du beau, du bien, elle est devenue, parmi nous, une source empoisonnée qui flétrit et qui tue. Au lieu de montrer à l'enfant le sophiste qui nie, comme on montrait, à Sparte, des esclaves enivrés, afin d'en dégoûter le peuple ; au lieu de fermer les portes de l'école à tout ce qui abaisse et peut égarer l'enfant, nous les

LAMARTINE.

avons ouvertes à tous les sophismes, à tous les mensonges, à toutes les doctrines athées et corruptrices. Nous avons chassé Dieu du sanctuaire de l'école, et aussitôt le doute, l'impiété, l'indifférence et le mépris ont fait irruption de toutes parts. Et alors, qu'est devenu l'enfant ?

« Semblable, disait déjà en 1840 M. de Lamartine, à ces fils de barbares qu'on trempait tour à tour, en naissant, dans l'eau bouillante et dans l'eau glacée, pour les rendre insensibles aux impressions des climats, l'enfant a été jeté tour à tour dans l'incrédulité et dans la foi. Il sort de la maison d'un père peut-être croyant, peut-être sceptique ; il a vu sa mère affirmer et son père nier ; il entre dans un collège divisé d'esprit et de tendances. Il lui faudrait deux âmes, et il n'en a qu'une. On le tiraille, on le déchire en sens contraires. Le trouble et le désordre se mettent dans ses idées. Il en reste quelques lambeaux à la foi, quelques lambeaux à la raison. Il s'étonne de ces contradictions ; il commence à se douter qu'on lui joue une grande comédie ; que la société ne croit pas un mot de ce qu'elle enseigne; qu'elle a deux fois et deux morales : une foi et un Dieu pour les enfants, une foi et un Dieu pour les adolescents, peut-être une autre foi et un autre Dieu pour les hommes faits. Il succombe sous ce spectacle. Sa foi s'éteint; sa raison sans ardeur se refroidit; son âme se sèche, et son enthousiasme se change ou en indifférence ou en découragement. »

Voilà ce que disait M. de Lamartine, il y a près d'un demi-siècle. Écoutons maintenant une autre voix, encore moins suspecte, celle d'Alfred de Musset : «Ayant été atteint, jeune encore, d'une maladie morale abominable, je raconte ce qui m'est arrivé pendant trois ans. Si j'étais seul malade, je n'en dirais rien; mais comme il y en a beaucoup d'autres qui souffrent du même mal, j'écris pour ceux-là... Je n'avais pas seize ans que je ne croyais plus à rien. Ni enfant, ni au collège, je n'avais hanté les églises; ma religion, si j'en avais une, n'avait ni rite ni symbole, et je ne croyais qu'à un Dieu sans forme, sans culte, sans révélation. Empoisonné, dès l'adolescence, de tous les écrits du dernier siècle, j'y avais sucé de bonne heure le lait stérile de l'impiété. L'orgueil humain, ce Dieu de l'égoïste, fermait ma bouche à la prière, tandis que mon âme effrayée se réfugiait dans l'espoir du néant. »

Et ce n'était pas là une exception. C'était l'état général. « De même que ce soldat à qui l'on demandait jadis : A qui crois-tu ? et qui répondit : A moi ! Ainsi la jeunesse de France, à cette époque, entendant la même question, répondit : A rien! »

Au souffle de l'erreur, de l'athéisme et de l'impiété, les cœurs se flétrissent, comme des fleurs brisées, car le mal n'atteint pas seulement l'intelligence et la raison : il déprave et abêtit toutes les facultés. « Dans notre triste monde actuel, dit un romancier du jour, l'adolescent n'existe plus, ou c'est un être élevé d'une manière exceptionnelle. Celui que nous voyons tous les jours est un collégien mal peigné, assez malappris, infecté de quelque vice grossier qui a déjà détruit dans son être la sainteté du premier idéal. Ou si, par miracle, le pauvre enfant a échappé à cette peste des écoles, il est impossible qu'il ait conservé la chasteté de l'imagination et la sainte ignorance de son âge... Il est laid, même lorsque la nature l'a fait beau... Il a l'air honteux et ne vous regarde point en face; il dévore en secret de mauvais livres. Les caresses de sa mère le font rougir : on dirait qu'il s'en reconnaît indigne. Les plus belles langues du monde, les plus grands poèmes de l'humanité ne sont pour lui qu'un sujet de lassitude, de révolte et de dégoût. Nourri brutalement et sans intelligence des plus purs aliments, il a le goût dépravé et n'aspire qu'au mauvais. Il lui faudra des années pour perdre les fruits de cette détestable éducation, pour apprendre sa langue, en étudiant le latin, qu'il sait mal, et le grec, qu'il ne sait pas du tout, pour former son goût, pour avoir une idée juste de l'histoire, pour perdre ce cachet de laideur, qu'une enfance chagrine et l'abrutissement de l'esclavage ont imprimé sur son front, pour regarder franchement et porter haut la tête (¹). »

Voilà ce que nous avons fait de l'école et ce que l'école fait de la jeunesse aujourd'hui. Au siècle dernier, un sophiste osa proclamer *l'école sans Dieu;* on aurait dû le chasser à coups de verges, ou l'emprisonner, comme un empoisonneur public : on l'applaudit. Et aujourd'hui nous avons l'école sans Dieu, nous en voyons les résultats, et nous avons lieu de trembler pour l'avenir. Si, la première fois qu'on aperçut des laves brûlantes au sommet du Vésuve, on s'était plus alarmé, Herculanum et Pompéi seraient encore debout, et le voyageur qui visite avec émotion les débris de leur grandeur ne lirait pas sur leurs monuments ruinés ces tardives paroles : *Cavete, posteri, vestra res agitur!* Prenez garde, générations futures ! vous qui nous suivez, ne nous imitez pas !

Mais le mal ne s'arrête pas là, et il est d'autres voix que celle de l'enseignement pour le répandre et le propager. Affaibli et comme empoisonné dans l'école, le jeune homme, parvenu à sa vingtième année, entre dans la société. Il regarde autour de lui, et alors qu'aperçoit-il, dans le monde qui l'entoure ? De mauvais journaux dans tous les cafés, de mauvais livres chez tous les libraires, des théâtres sur tous les boulevards, et, dans ces théâtres, tous les crimes représentés, toutes les hontes, toutes les impudeurs applaudies et couronnées. Un poète contemporain a flétri, en vers pleins d'éloquence et

---

1. G. Sand.

d'énergie, l'œuvre infernale exercée de nos jours sur la jeunesse et
sur le peuple, par la double voix du théâtre et de la presse :

> « Oui, c'est la vérité, le théâtre et la presse
> Étalent aujourd'hui des spectacles hideux,
> Et c'est, en pleine rue, à se boucher les yeux !
> Un vil mépris de tout nous travaille sans cesse ;
> La Muse de nos temps ne se fait plus prêtresse,
> Mais bacchante; et le monde a dégradé ses dieux !...
> Oui, c'est la vérité, qu'à peine émancipée,
> L'intelligence humaine, hier esclave encor,
> A pris à tire-d'aile un monstrueux essor.
> Nos hommes ont souillé leur plus vaillante épée,
> La parole, cette arme au sein de Dieu trempée,
> Dont notre siècle au flanc porte la lame d'or.
> Oui, c'est la vérité, la France déraisonne.... »

La corruption s'étend ainsi, comme une eau débordée; elle pénètre
partout. Le peuple la boit, et la jeunesse l'aspire, avec une ardeur
passionnée, par tous les pores de son être : elle envahit son intelligence et déprave son cœur. Excités de la sorte et provoqués sans
cesse, les instincts mauvais montent et mugissent avec les appétits
grossiers, comme une mer en courroux. La société s'ébranle de plus
en plus et chancelle sur sa base : elle menace à chaque instant de
s'abattre et de tomber en ruines. *Cavete posteri!* hommes de l'avenir,
prenez garde !...

Ainsi, Dieu provoqué a relevé le gant, et nous comprenons
aujourd'hui que depuis longtemps la Justice divine se promène sur
la terre, un fouet à la main. Mais il est bien tard, et déjà peut-être
le mal est irréparable. Ah ! il faut bien l'avouer : la patience et le
silence du Tout-Puissant sont la plus terrible des punitions, et, quand
Dieu se tait, il faut trembler !... N'est-il pas vrai que si Dieu eût,
au xviiie siècle, écrasé de ses foudres les quelques insensés qui
criaient : « Écrasons l'infâme! » les grands arbres de la forêt humaine
auraient baissé la tête, et tout dès lors eût été dit ? Mais la société
criminelle et insolente méritait un autre châtiment, et voilà que
Dieu a laissé se glisser dans les veines du coupable un poison ardent
qui le dévore, qui le brûle et lui ronge les entrailles. Il ne meurt
pas immédiatement, non: la Locuste moderne n'a pas encore trouvé
le poison violent qui glace tout à coup ; l'infortuné se tord dans les
convulsions de sa lente agonie. Il conserve toute sa vigueur pour
assister lui-même à son propre supplice et savourer toute l'angoisse
de sa longue torture. Il cherche à rejeter de son sein le ver rongeur

qui le tourmente ; il s'agite, il se débat, il se tourne et se retourne
sur sa couche douloureuse, et toujours de nouvelles souffrances et de
nouvelles déceptions lui remettent devant les yeux le fantôme lugubre d'une mort inévitable et cruelle. Dites-moi si la foudre ne serait
pas un moindre châtiment, et si la justice de Dieu, descendant silencieuse sur le coupable, alors qu'il la narguait, n'est pas la justice la
plus terrible et la plus impitoyable pour ceux qui se sont joués d'elle.

Baptême de Clovis. (P. 38.)

Un romancier libre penseur nous a dépeint, dans un de ses
ouvrages, avec une éloquence saisissante, l'état de la société ravagée
par les doctrines du siècle, cherchant de tous côtés la vérité perdue
et les principes sacrés qui peuvent mettre un terme à ses anxiétés
pénibles, et l'arracher aux terribles catastrophes qu'elle entrevoit
dans l'avenir.

« Dans un siècle sans foi et sans crainte, dit l'auteur des *Lettres à Marcie*, lorsque soi-même on est entraîné par l'esprit d'examen et de doute, il est impossible de trouver, dans le vague de ses idées religieuses, la consolation et la force que nos pères puisaient dans un dogme absolu. Nous traversons une époque fatale. L'homme a dit au Christ : « Je n'ai plus besoin de toi : je suis assez sage, assez fort ; garde tes miracles pour les simples, réserve tes préceptes pour les faibles, présente ton hostie aux lèvres des petits enfants. Pour nous, il nous faut un Dieu plus neuf, une philosophie plus facile : nous voulons être libres. » Ce qu'on appela dès lors la philosophie fut l'absence de toute philosophie, car, avec le christianisme, on perdit le précepte de toute morale sentie et raisonnée, et l'habitude de veiller humblement sur soi-même, si salutaire, et qu'aucune sagesse ne peut remplacer... Mais le Christ criait toujours au fond de nos âmes...

« Voilà pourquoi l'ennui nous dévore, les passions nous égarent, et le suicide, démon des ténèbres, nous attend à notre chevet, ou nous attire le soir sur le bord des eaux. Nous n'avons plus de fond solide pour y jeter l'ancre de la volonté, et cette ancre inutile s'est brisée dans nos mains ; nous avons perdu la garde de nous-mêmes, l'empire de nos affections, la conscience de nos forces. Nous doutons même de notre existence éphémère, de notre rapide passage sur cette terre maudite, et on nous voit sans cesse arrêtés devant le spectacle de notre propre vie, comme un homme qui s'agite dans la fièvre et s'éveille en criant : « Que signifie ce rêve ? »... Voilà où nous en sommes venus et voilà pourquoi nous sommes accablés du poids de l'existence...

« Le malheur des temps présents est un hommage terrible, mais éclatant, rendu à la vérité. Si nous l'avions étouffée gaiement dans nos cœurs ; si nous étions descendus avec sérénité dans les abîmes du doute ; si nous avions perdu la foi, sans gémir et sans blasphémer, il serait prouvé que Dieu n'est pas nécessaire à l'homme, et alors Dieu ou l'homme n'existerait pas. Mais *nous souffrons*, mais nous nous sentons pleins de terreur ou de colère, et les hommes des faux biens souffrent plus encore, sous leur masque et derrière leur forfanterie, que nous, rêveurs et poètes, dans nos détresses solitaires. Et toute cette douleur est un autel qui s'élève ; c'est un chant, barbare encore et féroce, comme le furent, dans un autre ordre d'idées, ceux des druides, et pourtant c'est un hymne à la vérité ! A travers nos souffrances et nos délires, nous ne pouvons plus concevoir qu'un Dieu irrité, ennemi de l'homme, et, pour l'apaiser, nous lui offrons des hécatombes sinistres : les larmes de nos nuits sans repos, le sang de nos cœurs sans espoir. Le suicide immole encore des victimes humaines dans la nuit et dans l'orage.

« Mais le nuage sombre qui voile la face du Seigneur se dissipera :... la vérité renaît toujours de ses propres cendres, et on ne l'enterre pas sous des ruines. Jamais, quoi qu'on fasse, on ne détruit l'esprit de vie des religions. L'humanité tombe un instant, haletante et comme épuisée ; puis elle reprend courage et se relève, aussi ardente à rebâtir qu'elle le fut à détruire ; elle répare, quand les jours de santé sont revenus, le mal qu'elle a fait dans les jours de délire. Elle reconstruit tous les édifices, et c'est à l'Éternel, à la Perfection, à la Vérité qu'elle les dédie. Ainsi, sous les régions tropicales, la nature robuste et généreuse recommence son travail après de grands orages, et l'on voit la végétation, pressée de réparer le temps perdu, reverdir en un jour, et cacher sous un luxe magique les désastres de la veille...

« Dans ce dur pèlerinage, nous avons oublié jusqu'à la formule de nos prières ; nous n'osons plus invoquer Jésus !... Trop orgueilleux ou trop humbles avec la Divinité, n'ayant plus ni règle, ni communion, ni symbole, nous faisons entendre, sur nos sentiers perdus, de grands cris de détresse, prière instinctive qui monte aux cieux, non plus comme un cantique, mais comme un sanglot.

« Heureux ceux qui n'ont pas douté ! Quelques-uns ont marché, sans crainte et sans fatigue, par des chemins bénis. Ils ont gravi des pentes douces à travers de riantes vallées. Conduits par l'étoile mystérieuse de l'espérance, ces justes ont franchi le temps et les révolutions, sans être un seul instant ébranlés dans leur sainte confiance... Ils ont tendu la main à ceux qui tremblaient ; ils ont porté dans leurs bras les débiles et les accablés ;... ils ont placé leur temple sur les hauteurs, au-dessus des orages, au-dessus du souffle des passions humaines...

« Quant à nous, qui sommes les enfants du siècle, nous chercherons dans notre Éden ruiné quelques palmiers encore debout, pour nous agenouiller à l'ombre et demander à Dieu de rallumer la lampe de la foi... Là où notre conviction restera impuissante à percer le mystère de la lettre, nous nous rattacherons à l'esprit de l'Évangile, doctrine céleste de l'idéal, essence de la vie de l'âme. Avec cet aliment sain et robuste, cette morale toute tracée ; avec la ferme volonté de tout sacrifier à l'amour et à la recherche de la vérité, je pense que nous pouvons atteindre à une sorte de calme, ou du moins à un grand rassérènement de l'âme. Comment la pureté, ou tout au moins l'épuration de la conscience ne conduirait-elle pas à la lucidité de l'esprit, à un meilleur équilibre du caractère?... *L'existence d'un Dieu-Perfection nous est si intimement révélée, qu'elle ne peut être révoquée en doute dans l'état de santé morale.* Pour guérir les athées, il ne faudrait peut-être qu'observer une hygiène intellectuelle, combattre l'orgueil, la sensualité, l'égoïsme, entrer de bonne foi dans une réforme douce et graduée, suivre, en un mot, ne fût-ce que comme essai, un régime d'esprit et de corps. Je crois qu'au bout de peu de temps, et à leur propre insu d'abord, *ce besoin de croire* et d'aimer reviendrait naturellement germer dans leur sein. De ce besoin à la puissance de le satisfaire, il y a une progression infaillible, pleine de charme, que beaucoup d'entre nous ont connue, soit dans la guérison de quelque passion funeste, soit au déclin de quelque maladie physique... Attachons-nous à cette loi des siècles, si bien résumée par le christianisme, car elle a duré, et elle durera... Ne refaisons pas nos vies d'après un type inconnu encore à créer, si nous voulons trouver l'accord tant cherché de la vie sociale et de la tradition divine. Par la vertu nous arriverons à la vérité,... dans la vérité nous trouverons la paix! »

Oui, la vertu seule et la foi en la parole et les enseignements du Christ peuvent ici-bas donner quelque repos, quelque douceur, quelque félicité à l'âme humaine, au milieu des ténèbres qui l'environnent de toutes parts. « Comment voulez-vous, dit Jouffroy, que l'homme vive en paix, quand sa raison, chargée de la conduite de la vie, tombe dans l'incertitude sur la vie elle-même, et ne sait rien de ce qu'il faut qu'elle sache pour remplir sa mission? Comment vivre en paix, quand on ne sait ni d'où l'on vient, ni où l'on va, ni ce qu'on a à faire ici-bas? quand on ignore ce que signifient et l'homme, et l'espace, et la création? quand tout est énigmes, mystères, sujets de doutes et d'alarmes? Vivre en paix dans cette ignorance est chose contradictoire et impossible (1)! »... « La paix! la paix! qui me donnera la paix! s'écriait Gérard de Nerval. Il me faudrait des flots de paix pour noyer mes tristesses! Mais comment avoir la paix quand on n'a pas de guide, pas la plus petite étoile sur la tête (2)? »

Et si la paix est impossible; si, un jour ou l'autre, on sent là, sur son cœur, au milieu de sa poitrine en feu, le vautour impitoyable,

---

1. *Mélanges philos.*
2. *Lettres intimes*, p. 27.

SAINT LÉON LE GRAND arrêtant Attila, d'après une fresque de Raphaël au Vatican. (P. 34.)

qui ronge et qui dévore ; si le découragement, si une incurable mélancolie, comme dit encore Jouffroy, dort avec vous sur le même
oreiller, comment avoir la force de gouverner sa vie, de porter noblement et dignement sa couronne ? « Ah ! soyez-en sûr, écrivait
M. Schœrer, l'incrédulité tend à dépeupler le ciel et à désenchanter
la terre. Le surnaturel est la sphère naturelle de l'âme ; c'est l'essence de sa foi, de son espérance et de son amour ([1]) ! » Sans la foi,
pas d'espérance ; sans espérance, pas d'amour, pas de joie sur la
terre. Les doux rêves de la vie s'envolent alors de l'âme comme une
troupe d'oiseaux effrayés, tandis que la tristesse, l'ennui, le dégoût
en deviennent les sombres hôtes. « Je ne m'apercevais plus de mon
existence que par un profond sentiment d'ennui ! » disait un de ces
jeunes gens que le ver du scepticisme avait piqué dans sa fleur([2]). Et
un autre : « Pourquoi la terre est-elle désenchantée à mes yeux ? Je
ne connais pas la satiété ; je trouve partout le vide... L'ennui m'ac-
cable, le dégoût m'atterre ([3]) !... »

Dans un de ses ouvrages, tableau poétique de sa vie, sous le nom
d'un personnage bien connu dans le monde littéraire, Mme G. Sand
nous traduit, d'une manière poignante, les tortures de son intelligence et les angoisses de son cœur à la recherche d'un idéal de
bien-être, de calme et de bonheur, qu'elle poursuit, sans pouvoir
l'atteindre, en dehors de la religion :

« Qu'ai-je donc fait pour être frappée de malédiction ?... O vie ! ô
tourment ! tout aspirer, et ne rien saisir ! tout comprendre et ne rien
posséder ! arriver au scepticisme du cœur, comme Faust au scepticisme de l'esprit !... Pourquoi faut-il souffrir toujours d'un désir de
bien-être, qui se révèle sous la forme du beau, et qui plane dans tous
nos rêves, sans se poser jamais à terre ? Ce n'est pas notre âme seulement qui souffre de l'absence de Dieu, c'est notre être tout
entier.

« Il est des heures, dans la nuit, où je me sens accablée d'une
épouvantable douleur. D'abord c'est une tristesse vague, un ma-
laise inexprimable. La nature tout entière pèse sur moi, et je me
traîne, brisée, fléchissant sous le fardeau de la vie, comme un nain
qui serait forcé de porter un géant. Dans ces moments-là, j'ai besoin
d'expansion, j'ai besoin de soulagement, et je voudrais embrasser
l'univers dans une effusion filiale et fraternelle ; mais il semble que

1. *Mélanges de critique religieuse.*
2. Gœthe, *Mémoires.*
3. De Sénancourt, t. I.

l'univers me repousse tout à coup, et qu'il se tourne vers moi pour m'écraser, comme si moi, atome, j'insultais l'univers en l'appelant à moi. Je suis en désaccord avec tout, et mon âme crie, au sein de la création, comme une corde qui se brise, au milieu des mélodies triomphantes d'un instrument sacré.

« Hélas ! le désespoir règne, et la souffrance et la plainte émanent de tous les pores de la création. La vague se tord sur la grève en gémissant, le vent pleure lamentablement dans la forêt. Tous les arbres qui se plient et qui se relèvent, pour retomber encore sous le fouet de la tempête, subissent une torture effroyable. Il y a un être malheureux, un être immense, terrible, et tel que ce monde où nous vivons ne peut le contenir. Cet être invisible est dans tout, et sa voix remplit l'espace d'un éternel sanglot...

« Me voilà vieille comme si j'avais mille ans. Ma beauté, que l'on vante, n'est plus qu'un masque trompeur, sous lequel se cachent l'épuisement et l'agonie... J'ai perdu le sommeil. Vraiment, hélas ! je ne sais plus ce que c'est. Je ne sais comment appeler cet engourdissement lourd et douloureux, qui pèse sur mon cerveau et le remplit de rêves et de souffrances, pendant quelques heures de la nuit... Une sorte de délire amer et sombre plane sur mon âme privée de guide. Ma poitrine brûlante se soulève avec effort, sans pouvoir aspirer les parfums subtils de la nuit. Mes rêves n'ont plus, comme autrefois, ce désordre aimable et gracieux, qui résumait toute une vie d'enchantement dans quelques heures d'illusion. Mes rêves ont un effroyable caractère de vérité ; les spectres de toutes mes déceptions y repassent sans cesse, plus lamentables, plus hideux chaque nuit.

« C'est ainsi que j'existe désormais. J'appartiens toujours au dernier caprice qui traverse mon cerveau malade. L'enthousiasme s'est refroidi, et c'est après de longs jours d'assoupissement et de dégoût que je retrouve parfois de courtes heures de jeunesse et d'activité. L'ennui désole ma vie. Tout s'épuise pour moi, tout s'en va. J'ai vu à peu près la vie dans toutes ses phases, la société sous toutes ses faces, la nature dans toutes ses splendeurs. Que verrai-je maintenant ? Quand j'ai réussi à combler l'abîme d'une journée, je me demande avec effroi comment je comblerai celui du lendemain (¹). Il me

---

1. Sirius, roi des longues nuits, soleil du sombre hiver, toi qui devances l'aube en automne, et te plonges sous notre horizon, à la suite du soleil, au printemps ! frère du soleil, Sirius, monarque du firmament, toi qui braves la blanche clarté de la lune, quand tous les autres astres pâlissent devant elle, et qui perces de ton œil de feu le voile épais des

semble parfois qu'il existe encore des êtres dignes d'estime, des choses capables d'intéresser; mais, avant de les avoir examinées, j'y renonce par découragement et par fatigue. Je sens qu'il ne me reste pas assez de sensibilité pour apprécier les hommes, pas assez d'intelligence pour comprendre les choses. Je me replie sur moi-même avec un calme et sombre désespoir, et nul ne sait ce que je souffre. »

Voilà bien l'état de la société actuelle, insurgée contre Dieu. Les tortures de l'âme que nous venons d'étudier sont celles de bien des âmes, autour de nous, et c'est au milieu de telles angoisses qu'elles se meurent aujourd'hui. Le poison est terrible, mais la mort est lente et l'agonie cruelle. Le fléau s'attaque à tout, et ses ravages grandissent chaque jour. Ce n'est plus seulement aux dogmes révélés qu'on déclare la guerre : les fils de l'incrédulité travaillent de nos jours à ruiner la raison elle-même, afin de saper ainsi par sa base l'édifice religieux.

Ils ont rompu l'antique et nécessaire alliance de la religion, de la philosophie et des lettres, et, comme toutes les corruptions s'appellent, après avoir troublé les sources de la vérité et dégoûté les esprits de la raison, ils ont dépravé l'imagination, perverti le sens moral, et laissé les âmes, ainsi démantelées, ouvertes aux envahissements et aux ravages des passions. L'attrait de la jouissance, la satisfaction de tous les appétits, tels ont été désormais le mobile et le but final de la vie. Mais une société sans Dieu est une société sans frein, et, si l'amour du bien-être s'empare d'elle alors, qui pourra retenir le débordement de ses convoitises criminelles ?

S'il n'y a point de Dieu, point d'âme immortelle ; si le temps est tout et que l'éternité soit une chimère, n'est-il pas juste et sage de dire : « Jouissons ! » Et comme pour jouir il faut de l'or, l'avidité du plaisir produit une cupidité extrême. L'or devient le but unique de tous les désirs, la seule noblesse, le seul honneur, la seule considération enviable sur la terre. Une fièvre de gain, brûlante et

nuits brumeuses! tu n'es pas l'étoile de l'amour, tu n'es pas l'astre de l'espérance ; le rossignol ne s'inspire pas de ta mâle beauté, et les fleurs ne s'ouvrent pas sous ton austère influence ; mais l'aigle des montagnes te salue au matin d'une voix triste et farouche ; la neige s'amasse sous ton regard impassible, et la bise chante tes splendeurs sur les cordes d'airain de sa harpe lugubre. O le plus beau, le plus grand, le plus éclatant des flambeaux de la nuit, répands tes blancs rayons sur ma chevelure humide ; rends l'espoir à mon âme tremblante, et la force à mes membres glacés! Brille sur ma tête, éclaire ma route, verse-moi les flots de ta riche lumière! Roi de la nuit, toi qui montes, sans égal et sans rivaux, suivi de ton cortège étincelant, dans les régions de l'empyrée, protège ma course mystérieuse dans les ténèbres de la vie, car mon âme, c'est la nuit, c'est le froid, c'est le silence et la glace du tombeau! » *(Id.)*

contagieuse, s'empare de toutes les classes de la société : tous les
moyens sont bons, pourvu qu'ils procurent de l'argent. On s'agite,
on s'expose, on mendie pour obtenir ce qu'on désire. Et comme la
vie est courte, et que le temps, en dépit de notre activité, va plus

S. BERNARD.
D'après une gravure de la *Vie des Hommes Illustres* de Thevet. (P. 38.)

vite que nous, à peine gagné, avant même qu'il le soit, cet argent
se convertit en jouissances. Un luxe inouï désole les familles. On ne
voit que toilettes, bijoux, caprices et fantaisies ; on ne rêve plus que
soirées, festins, voyages ruineux, saisons de bains, fêtes bruyantes,

spectacles féeriques, campagnes et châteaux. On veut jouir : on jouit ; mais aussi on se blase bien vite, car les sens s'émoussent et le dégoût vient rapidement. Et cependant il faut jouir, jouir à tout prix ; il faut remplir ce vide immense, infini, que l'on ressent dans son cœur ; et l'on cherche alors de tous côtés des plaisirs nouveaux, des plaisirs inconnus : on s'adresse à la science, à la littérature, au théâtre, au roman. Alors, apparaissent sur les murs, dans les journaux, d'étranges réclames : on promet des étonnements, des stupéfactions, des féeries impossibles, des ivresses inouïes. On accourt, palpitant ; on attend, on espère, on jouit un instant ; puis on se retire, aussi blasé, aussi vide, aussi plein de dégoût qu'auparavant.

On rencontre souvent, au bord d'un ruisseau, un arbre centenaire, profondément enraciné, mais dégradé par le temps. Son large tronc crevassé laisse entrevoir dans son sein un amas de pourriture. Cependant son écorce robuste vit toujours, la sève y monte encore, et, chaque année, il se couronne de verdure, comme au temps de sa jeunesse ; et il reste debout sur le bord du courant, sans souci du ver qui le dévore, de la ruine fatale qui le menace à chaque instant. Telle est l'image d'une société sans foi et sans vertu : plus d'énergie, plus de courage ni de patriotisme : plus que de pâles motifs de bien faire, d'insignifiantes et basses raisons de travailler, d'obéir, de se dévouer et de souffrir. Elle ne meurt pas encore, elle ne succombe pas tout d'un coup ; mais elle languit, elle se traîne, semblable à ces malades que l'on voit errer mélancoliques et sans souffle, aux derniers rayons d'un soleil d'automne.

O sophistes, ô rêveurs, voilà votre œuvre !... *Panem et circenses !* s'écriaient les Romains de la décadence. Ce fut le dernier cri de l'Empire s'abîmant dans le sang et la boue. N'est-ce pas le nôtre aujourd'hui ?...

Quand un peuple n'écoute plus la voix salutaire de la vérité, quand il refuse de l'entendre, elle se réfugie avec tristesse dans l'âme du sage méprisé ; et alors c'est la foudre qui éclaire, et il se creuse sous les pas d'effroyables abîmes ! C'est l'heure des ténèbres et de la servitude, où le règne du droit fait place à l'empire de la force, où le monde est livré aux hommes de proie, où l'ignorance orgueilleuse prévaut contre la sagesse, où l'impiété remporte sur la justice désarmée ces victoires infâmes qui souillent l'histoire d'une nation.

Ainsi la barbarie des idées engendre celle des mœurs et façonne les générations à tous les esclavages.

Tels sont les maux profonds qui ravagent la société et menacent
à chaque instant de la ruiner. Mais, de même que Dieu garde des
châtiments particuliers, nous l'avons vu, pour ceux qui s'éloignent
de lui ; de même, il réserve aux nations qui le repoussent et qui
méprisent sa loi sainte des leçons sévères et terribles quelquefois :
il les humilie, et il les livre en spectacle au monde, ainsi déshono-
rées. N'est-ce pas là ce qu'il a fait pour nous, il y a quelques années ?
Nous étions en apparence au comble de la prospérité, et tout à coup
nous avons été réduits au dernier degré de la détresse et de l'abaissement. Et cependant que de voix autorisées nous avaient signalé
l'écueil et dénoncé l'abîme ! Quelques années à peine avant la catastrophe, un de nos poètes, dans la douleur de son patriotisme et de
sa foi, jetait, du fond de son âme de chrétien et de Français, ce cri
d'alarme inspiré :

> « Tu sauras à quel prix, aux temps de décadence,
> D'héroïques vertus un peuple se dispense ;
> Ce qu'il gagne en sagesse à voir chez lui raillés
> Le cœur et le blason des aïeux chevaliers.
> Ah ! malheur aux cités, quand la race amollie
> Du glaive et de la croix perd la sainte folie,
> Et tient qu'il est pour nous, sur la foi d'un rêveur,
> Des droits et des devoirs plus sacrés que l'honneur.
> J'entends, pâles rêveurs, scribes, marchands avares,
> Hennir à l'horizon les chevaux des barbares !
> O peuple ! et, contre toi tournant tes propres mains,
> Je te vois leur frayer de faciles chemins.
> Ils viendront ! Tu n'auras, ô ville condamnée,
> Pas même les honneurs d'une mort acharnée !
> Si quelque noble sang coule alors dans ton sein,
> C'est que tu dresseras l'échafaud assassin !...
> Ils viendront !... Pour ouvrir à leurs sombres cohortes,
> La discorde et la peur ébranleront tes portes.
> Alors l'impur sophisme, auteur de tous nos maux,
> Pour te masquer ta honte aura quelques grands mots (¹) ! »

Les barbares sont venus, et leurs *sombres cohortes* ont ravagé
nos champs et dévasté nos villes, et la discorde, pour achever nos
ruines, a brûlé sous leurs yeux ce que les barbares avaient épargné.
Mais la leçon n'a point corrigé le coupable : le sophisme continue
son œuvre de guerre et de destruction, et voilà que d'autres barbares, plus terribles encore que les premiers, apparaissent à l'horizon et menacent de tout renverser. Les sophismes, tombés dans le

---

1. V. de Laprade, *Poèmes évangél.*

cœur des masses, y deviennent des passions; les passions deviennent des appétits, et les appétits, des fureurs sauvages qui montent
avec une force irrésistible, comme les grandes eaux, et qu'il n'est
donné à aucune puissance humaine de faire reculer. « Les sophistes
créent les barbares, s'écriait naguère un grand orateur ([1]), les barbares, postérité effroyable, qui, par un juste jugement de Dieu, se
retourne contre le sein qui l'a portée, et le déchire. Je ne vous dirai
pas : La barbarie est à vos portes ! La barbarie... elle campe dans
vos rues, elle se dresse hurlante, entre vos académies, vos bourses
et vos théâtres, qui en ont été le premier asile; non pas la barbarie
encore fière et généreuse, sortie toute bouillante des forêts ger-
maines, pareille à un coursier fougueux qui n'a pas connu le frein,
mais la barbarie vile et flétrie, qui n'a que des voracités, sans avoir
des aspirations, mélange hideux des souillures du paganisme antique, des abjections du Bas-Empire et des hontes d'une civilisation
sénile et décrépite. Oui, les barbares sont là; ils forment leurs colonnes d'assaut pour pénétrer dans la place de vos jouissances. Et
quels barbares, grand Dieu!... Quand les Gaulois entrèrent dans la
vieille Rome, ils s'arrêtèrent, étonnés et troublés, devant la majesté
des pères conscrits, assis sur leurs chaises curules, semblables à des
dieux... Je vois bien les barbares; mais je cherche en vain les pères
conscrits. — Eh bien, la barbarie est sortie des entrailles de cette
civilisation raffinée, parce que cette civilisation n'a cru qu'à la force
de l'homme, force du nombre ou force de César. Elle a pensé que
la société pouvait se passer de vérité et de vertu, et que, pour porter
cet ordre matériel, qui lui est si cher, qui abrite ses capitaux et son
bien-être, il suffirait des intérêts, et, au besoin, du sabre d'un dicta-
teur. Méprise grossière ! L'édifice social repose, comme sur des colonnes de granit, sur certaines vérités de l'ordre spirituel: Dieu,
l'âme, la conscience et la justice. Enlevez ces colonnes, enlevez ces
fondements, et étonnez-vous que tout s'écroule ! »

Autrefois, la religion soutenait et consolait le pauvre. Parmi ses
labeurs et ses fatigues, elle lui montrait l'ordre de la Providence et
la volonté du Créateur; à ses yeux mouillés de larmes, à son cœur
broyé par la souffrance, elle faisait entrevoir les horizons du ciel, les
espérances éternelles et les joies de la patrie ; elle plaçait dans sa
demeure l'image du Christ pauvre et souffrant, et le pauvre consi-
dérait avec attendrissement, avec amour, les plaies saignantes du

---

1. R. P. Vincent de Pascal.

Sauveur, son front ceint d'épines, ses membres déchirés. Alors il comprenait le prix de la souffrance et de la pauvreté ; il bénissait la Providence et il se résignait. Aujourd'hui, l'ouvrier n'a plus rien de ce qui le consolait : on lui enlève son Dieu, sa religion et sa foi ; et

S. AUGUSTIN.

D'après une gravure de la *Vie des Hommes Illustres* de Thevet. (P. 38.)

il travaille, et il souffre sans espoir. Il souffre ! et tout le provoque, autour de lui, à la révolte et à la haine.

Au lieu de ces mœurs sobres, simples et sévères, qui, dans le riche, sont comme un hommage rendu à la pauvreté, l'ouvrier n'aperçoit plus partout que l'étalage insultant du luxe et de la corruption du riche. « Croyez-vous, s'écriait un orateur, il y a quelques années, en présence d'un brillant auditoire (¹), croyez-vous que ces domestiques, que ces cochers qui passent la nuit à vous attendre, sur leurs sièges glacés, et qui voient vos ombres voluptueuses danser demi nues aux vitres de vos salons illuminés; que ces femmes de chambre, témoins quotidiens de votre luxe, de votre oisiveté, de vos intrigues, souvent de vos scandales, et qui vous attendent jusqu'à minuit, en prenant sur votre table et en lisant les romans corrupteurs qui vous ont pervertis; croyez-vous que l'ouvrier, que l'homme du peuple, qui rentre, grave et triste, dans le taudis où sa femme misérable gémit, et que votre luxe équivoque éclabousse en passant; croyez-vous que dans toutes ces âmes ne se remuent pas l'envie, l'indignation, la colère ? Entendez les paroles haineuses et menaçantes que profèrent, chaque année, dans les clubs, dans les réunions populaires, non pas quelques misérables exaltés, quelques voix solitaires et perdues, mais des milliers de voix fortes et unies. L'ouvrier aujourd'hui s'appelle légion. Il s'est compté, il a tressailli en apprenant son nombre; il a regardé ses bras nerveux, et il a souri de pitié en voyant les bras énervés du riche. Comme Samson humilié, aveugle, tournant sa roue, et qui se consolait en sentant repousser ses cheveux et arriver l'heure de la vengeance, il a salué d'avance la grande catastrophe qui nous engloutira tous. »

Telle est aujourd'hui la gravité de notre situation : tout croule autour de nous, parce qu'il n'y a plus de fond solide, plus de principes et plus de bases, et les barbares s'apprêtent à fouler aux pieds les ruines de notre grandeur passée. Ah ! il y a dans l'Évangile un mot profond, comme tous les mots de l'Évangile : *Veritas liberabit vos*, la vérité sera votre délivrance, elle sera votre salut! Mais cette vérité qui sauve, cette vérité qui fait la liberté, la grandeur et la sécurité d'un peuple, la France l'a rejetée. Oui, le peuple qui faisait les œuvres de Dieu, *gesta Dei per Francos*, le peuple aux robustes croyances et à l'âme grande et fière, qui tenait parmi les nations l'épée de la justice, le peuple qui donnait au monde de si magnifiques leçons de grandeur et de respect, a renié sa foi, déchiré les pages divines de son histoire, anéanti tous les monuments du passé, élevé des statues à tous ses corrupteurs, aux aventuriers et aux bandits, et il s'est présenté au monde, marqué du signe de l'apostasie

---

1. Mgr Bougaud.

et les mains souillées du sang des martyrs, et il a dit, dans sa cynique audace : « Je suis la France nouvelle ! »

La France nouvelle ! Oui, nouvelle, en effet, et si nouvelle qu'elle n'est plus l'ombre d'elle-même et que nos pères ne pourraient la reconnaître. Voyez-la, les yeux sans éclairs et le blasphème sur les lèvres, le front découronné de toutes ses gloires et flétri par toutes les souillures; voyez-la passer, comme une esclave, d'un maître à un autre, sans souci de son honneur et de sa dignité. O Dieu ! est-ce là la France ?... Oui, c'est la France actuelle, la France du sophisme et de la révolution ; mais ce n'est pas la nôtre.

La nôtre, elle est sortie du baptistère de Reims, la foi dans le cœur et portant au front le signe victorieux du Christ. Elle était à Tolbiac avec Clovis, à Poitiers avec Charles-Martel, aux croisades avec Philippe-Auguste et saint Louis, à Orléans avec Jeanne d'Arc, à Castelfidardo avec les fils des Croisés, à Patay et à Coulmiers avec l'héroïque jeunesse qui mourait en criant : Vive Pie IX ! Vive la France !

Voilà notre France, à nous, l'antique et belle France de nos pères, toujours debout pour défendre le faible et l'opprimé, pour soutenir toutes les grandes et nobles causes : l'honneur, le devoir et la religion. Dieu et Patrie! telle était la devise de cette France d'autrefois, qui vit encore parmi nous et qui ne se laisse flétrir ni par l'erreur ni par le vice. Elle prie aujourd'hui, cette France, à genoux, silencieuse, humiliée, adorant la main qui l'a frappée. Comme elle accepta l'épreuve et l'expiation, elle attend l'heure marquée par Dieu, pour se relever et reprendre sa place à la tête des nations. Un de nos poètes l'a prédit en vers admirables :

> « Tu resteras, ô France, à la tête du monde,
> Le vrai peuple choisi pour montrer le chemin,
> Le peuple fraternel en qui l'amour abonde,
> Ouvrant à tous son cœur et sa loyale main.
> Car ton génie, à toi, c'est l'humanité même,
> L'âme du Dieu martyr saignant sur son autel.
> Accepte avec orgueil cette lutte suprême.
> Peuple, sois patient!... je te sais immortel.
> Tourne-toi vers le Christ, trop oublié naguère,
> Ce Dieu des chevaliers et non des conquérants,
> Qui t'employa mille ans à ses gestes de guerre...
> Pour son œuvre de paix, il a besoin des Francs.
> Tu ne tariras pas, ô source de lumière !
> Tes flots soulèveraient la pierre du tombeau.
> Jamais de ta splendeur, de ta liberté fière,
> Des barbares obscurs n'éteindront le flambeau.

> Tu vaincras! Dieu te garde une ère magnifique :
> Mon indomptable foi me l'a su découvrir.
> L'amour à ton enfant donne un cœur prophétique :
> Va, je le sentirais, si tu devais mourir ([1]) ! »

Non, la France ne périra pas ! Dieu fit les nations guérissables, et la France se relèvera ; elle apparaîtra de nouveau, aux yeux ravis des peuples ; elle apparaîtra, pleine de force, radieuse, triomphante et plus belle que jamais. Oui, la France se relèvera ; mais en méditant le passé, en se laissant impressionner par le souvenir de sa gloire, par les vertus de ses pères, en se retrempant dans l'esprit des grands siècles, des siècles de Clovis, de Charlemagne et de saint Louis. C'est là qu'elle retrouvera l'énergie de caractère qu'elle a perdue et qui la signala toujours à l'admiration des autres peuples, l'énergie de caractère, qui engendre les grandes entreprises et les nobles dévouements. « Personne n'a de caractère en ce temps-ci, disait un philosophe au commencement de ce siècle ([2]), et la raison, c'est que des deux éléments dont le caractère se compose, une volonté ferme et des principes arrêtés, le second manque et rend le premier inutile. »

L'absence des principes, de la foi, des convictions profondes, telle est la principale cause de l'abaissement des caractères. Le P. Lacordaire définissait le caractère : « quelque chose d'inébranlable dans les desseins, de plus inébranlable encore dans la fidélité à soi-même, à ses convictions, à ses amitiés, à ses vertus ; une force intime qui jaillit de la personne et inspire à tous cette certitude que nous appelons la sécurité. » En d'autres termes, le caractère, c'est l'énergie sourde et constante de la volonté. Or, c'est par la volonté que l'on devient un homme, et c'est par l'exercice de cette faculté souveraine que l'homme commande à la nature et se commande à lui-même. Mais la volonté toute seule ne peut rien ; abandonnée à elle-même, elle est aveugle et ne sait à quel parti se résoudre ; elle hésite, elle flotte, indécise et sans force : elle a besoin de la raison, de l'intelligence, pour sortir de son indécision et se déterminer. La force de la volonté, la puissance secrète qui produit en elle cette énergie intime qui la rend active, impétueuse, ferme et inébranlable, c'est l'intelligence, l'intelligence affermie elle-même par des convictions solides et profondes, appuyée sur les principes et les dogmes immuables de la foi chrétienne. C'est là l'immobile fondement de granit

---

1. V. de Laprade.
2. Th. Jouffroy.

qui résiste à tout, et qui reste, dans l'homme, quand tout croule et périt. C'est là la source généreuse du devoir, des nobles sacrifices, du dévouement sans bornes et du patriotisme.

L'énergie de caractère, c'est la légion des Thermopyles se précipitant, sans trembler, à une mort certaine, et luttant toute seule

CLOVIS.

D'après une gravure de la *Vie des Hommes illustres* de Thevet. (P. 40.)

contre l'armée des Perses. L'énergie de caractère, c'est ce vaillant capitaine disant à ses soldats: « Si j'avance, suivez-moi ; si je recule, tuez-moi ; si je meurs, vengez-moi! » C'est ce soldat, la poitrine sous les baïonnettes ennemies, et cueillant la mort en jetant à ses com-

pagnons ce cri de son devoir : « A moi, Auvergne ! » C'est encore
saint Bernard, jeune et plein de charmes, quittant le monde pour
n'être point séduit ; saint Augustin, s'arrachant aux honneurs, aux
plaisirs, aux séductions du siècle, pour embrasser la pénitence. C'est
ce jeune homme ardent, cette vierge faible, dans toute sa grâce et
sa beauté, répondant aux menaces, aux fureurs du proconsul par ce
cri sublime de fierté : « Je suis chrétien ! » et courant ensuite au
martyre en chantant des hymnes d'allégresse.

L'énergie de caractère, c'est le mépris de la souffrance et le mépris
de la mort. Quelque part qu'il marche dans la vie, quelle que soit la
carrière, qu'il ait à parcourir, tôt ou tard l'homme a besoin, pour
remplir son devoir, de mépriser la mort. Il est même des heures où
ce grand courage est la seule source du *bien-dire* et du *bien-faire*,
où les vertus privées ne servent plus à couvrir l'homme, mais où il
faut l'intrépidité d'une âme qui regarde plus haut que ce monde,
dans les régions sereines et lumineuses de la foi. Si cette foi lui
manque, c'est en vain que la patrie comptera sur cet homme, c'est
en vain que la justice et la vérité appelleront son dévouement : la
gloire passera devant lui en lui tendant la main, et il n'aura pour
lui répondre que les larmes de la faiblesse ou les défaillances de la
peur [1] !

Il faut donc que la France revienne à la foi, qu'elle revienne au
Christ ; il faut que la génération nouvelle, que la jeunesse d'aujour-
d'hui descende de nouveau dans la piscine sainte, dans le baptistère
de Reims ; il faut qu'elle abatte toutes ses idoles de chair et de sang,
qu'elle repousse avec horreur la honteuse philosophie des jouissances

---

1. « ... Si l'on supprime Dieu, disait le *Constitutionnel* en 1871, qui nous relèvera de
tous ces abaissements que nous avons subis? Sur les champs de bataille, les chefs qui ont
le plus de vaillance, les soldats qui savent le plus noblement mourir, quels sont-ils ? Si
l'on veut retrouver les traces de ce bel héroïsme français qui nous a rendus jadis si redoutables et si grands, il faut aller droit aux chrétiens. Les mobiles de Bretagne, de Vendée,
de Poitou, de la Dordogne, les zouaves de M. de Charette, les francs-tireurs de M. de
Cathelineau, voilà des Français. Il nous en eût fallu deux cent mille dans l'armée de la
Loire, et l'on n'aurait point eu le triste exemple de ces défaillances, de ces troubles, de ces
fuites, où l'on ne reconnaît plus la grande et forte nation de nos pères.

« Ah ! revenons au plus vite à ces sources divines du patriotisme et du devoir. Notre
pays serait à jamais perdu si, dans les malheurs qui ont tout à coup fondu sur lui, il ne
voyait pas un avertissement providentiel. Cet abaissement des caractères, ces absences
de discipline dont on se plaint ne sont point le mal d'un jour, d'une année, d'un règne ;
c'est le mal d'une époque,et nous éprouvons d'inexprimables tristesses en voyant,au milieu
même de nos désastres, reparaître les pernicieuses doctrines qui les ont amenés. Il faut
secouer ces mensonges et ces funestes rêveries : la France veut renaître ; elle ne fera
jamais cortège aux funérailles des athées. »

matérielles, qu'elle rejette et flétrisse tout ce qui prêche le plaisir et provoque les passions ; il faut qu'elle accepte tout entier l'enseignement de l'Évangile, qu'elle ouvre son intelligence à la vérité, qu'elle s'agenouille devant elle, qu'elle l'embrasse, dans la sincérité, dans la grandeur de son âme ardente et généreuse. « Ce qu'il nous faut, à cette heure, disait un orateur, au lendemain de nos désastres, ce qu'il nous faut, ce ne sont pas des hommes d'ordre : la France en est pleine, elle en est pleine à en mourir ! Ce qu'elle demande, ce qu'il lui faut à tout prix, pour vivre et prospérer, ce sont des hommes d'idées et de convictions, des hommes de cœur, des hommes de caractère ; en un mot, de vrais chrétiens. Ceux-là seuls combattront victorieusement, en eux et autour d'eux, ces affreux ennemis qui ont été les principaux agents de notre ruine : la mollesse, la frivolité, le luxe, l'égoïsme, et ce funeste sensualisme qui menace de tout envahir.

« Il faut que l'éducation fasse des hommes plus grands que leur temps ! Des vertus vulgaires ne suffisent pas à relever un peuple que ses vices ont conduit à sa ruine. Il y faut la foi, le dévouement, l'abnégation, la profonde énergie de la volonté : grandes vertus qui ne s'acquièrent qu'au prix de la souffrance et du sacrifice. Sans l'esprit, sans la pratique du sacrifice, il ne peut y avoir d'œuvre féconde, ni de véritable grandeur. La souffrance est la source sacrée où nous recevons notre véritable trempe virile : c'est l'école des grandes vertus et des grands caractères ; et quand Dieu appelle un homme à remplir une haute mission sur la terre, il a coutume de l'exercer par ce dur apprentissage.

« Oh ! nous l'avons trop oublié : c'est la souffrance qui fait l'homme. Gravons cette vérité dans la mémoire de la génération nouvelle. Que l'amère expiation de nos fautes serve d'éternelle leçon à ceux qui viendront après nous, et que leurs vertus soient plus grandes que nos infortunes ! Qu'ils aient l'ambition de réaliser dans leur vie la véritable grandeur, celle que donne la volonté appuyée sur les principes ! »

Ah ! revenons aux grands principes ; ne dispersons pas nos forces dans les vaines querelles, les agitations stériles, les cruels malentendus. La vérité n'est pas à faire : elle est faite. Dieu en a planté dans le monde le roc inébranlable, et l'a illuminé de clartés souveraines. C'est de là que nous viendra la force avec la lumière. Le christianisme a fait la France : il peut la refaire encore, et la flamme du patriotisme ne s'allume qu'au souffle de la foi !

O jeunes gens ! c'est vous qui êtes au fond de ma pensée, dans les pages que j'écris ; ce sont vos âmes qu'affectionne et que cherche mon âme. Votre mission est grande, à cette heure ; elle est solennelle et décisive. Demain, il vous faudra combattre ; préparez-vous, à l'ombre silencieuse de l'école et de l'Église ; préparez-vous à soutenir les luttes de la vie. Elles seront terribles ! Soyez les fils de l'obéissance et du sacrifice : vous serez les hommes de la régénération, les hommes du triomphe ! Dieu vous a fait des dons magnifiques : il ne s'agit point d'étouffer vos passions, toujours impétueuses, mais de les dominer par l'ascendant de la volonté, par l'énergie du caractère, de les maîtriser, de les tourner vers le bien, comme ce grand prince qui se tenait debout, au milieu des trahisons, au milieu des perfidies, et qui, sur le point de pardonner à ses ennemis, sentant bouillonner dans son cœur les fureurs de la vengeance, s'écriait, dans le transport de son âme :

> « Je suis maître de moi comme de l'univers !
> Je le suis, je veux l'être...... »

C'est là un ferme et beau langage, une parole sublime ! Gardez ainsi toujours vos âmes libres et fières, et n'oubliez jamais ce que vous devez à l'honneur et à la vérité. Vous êtes les fils de la vieille France, les hommes de l'avenir ; soyez dignes des premiers Francs : vous serez l'espérance et le salut de la patrie !

On exposait un jour, en présence du roi Clovis et de ses Francs, la Passion du Sauveur. Le roi écoutait en frémissant le détail des injustices et des ignominies subies par le divin Maître. Mais tout à coup, ne pouvant plus contenir le flot d'indignation qui remplissait son âme : « Ah ! s'écria-t-il en se dressant au milieu de l'assemblée, si j'avais été là avec mes Francs ! »

Cette parole est belle, elle est royale et digne d'un Français !... Ah ! si Clovis se levait en ce moment, s'il se dressait sur sa tombe, en voyant ce qui se passe dans le monde aujourd'hui, en voyant le Christ insulté, le Christ maudit et bafoué comme au jour de sa Passion, il me semble qu'il s'écrierait encore, après quatorze siècles : « Ah ! si j'étais là avec mes Francs ! »

Clovis n'est plus là, mais nous avons encore des Francs. Oui, nous avons encore les Francs de Clovis, les Francs de Charlemagne, les Francs de saint Louis, les chevaliers du Christ ! Nous avons une jeunesse chrétienne, une jeunesse ardente, bouillante et généreuse, une jeunesse qui sent frémir en elle la grande âme de Clovis et l'âme des vieux Francs, une jeunesse déterminée à défendre le Christ et à mourir pour lui !

Soyez toujours fiers d'appartenir à cette noble jeunesse, à cette troupe d'élite, à cette légion des Francs, des chevaliers du Christ ! Combattez pour la vérité, pour la vertu, pour la foi ; combattez pour le Christ et défendez-le partout, d'abord en vous-mêmes, en domptant vos passions, en repoussant loin de vous les doctrines malsaines, et combattez aussi autour de vous, comme ces preux chevaliers du moyen âge, toujours debout pour défendre, pour soutenir la foi !

Que le Christ soit toujours, dans la vie, le roi de vos pensées ! qu'il soit votre drapeau, votre honneur, votre gloire ! Que votre devise toujours, que votre cri de guerre soit celui des vieux Francs :

« Pour la France et pour Dieu ! »

II.
ROME, AU TEMPS DES CÉSARS.

I.

LE COLISÉE.

L'AMPHITHÉATRE Flavien ou Colisée, commencé sous le règne de Vespasien, fut achevé par Titus, son successeur, 78 ans après J.-C. Il formait un immense ovale de 157 pieds de haut, sur 1641 de circonférence. Cent mille spectateurs pouvaient y trouver place.

Deux portiques circulaires régnaient autour de l'édifice. Le portique extérieur, communiquant soit avec le portique intérieur, soit avec les différents escaliers qui montaient aux portiques supérieurs, servait d'entrée. De larges galeries, au nombre de quatre-vingts, appelées *vomitoria*, donnaient accès dans l'hémicycle et répandaient le flot des spectateurs sur les gradins de l'amphithéâtre. Au-dessus du portique extérieur s'en élevaient plusieurs autres, tous ornés de sculptures. Au sommet, le long du dernier portique, entre les ouvertures extérieures en forme de croisées, flanquées de gracieux pilastres, apparaissaient les consoles qui supportaient les poutres de bois, revêtues de bronze doré, destinées à soutenir le *velarium*.

Aux deux extrémités de l'ovale étaient pratiquées de larges portes. L'une servait à introduire les gladiateurs et les malheureux condamnés aux bêtes. L'autre donnait passage aux machines, aux arbres, vaisseaux et autres mécanismes employés dans certains spectacles.

Il y avait encore, donnant sur l'arène, deux autres portes : la porte des vivants, *Sanavivaria*, par laquelle sortaient les gladiateurs vivants, et la porte des morts, *Sandapilaria* ou *Libitinalis*, qui conduisait au *Spoliarium*. C'était là que l'on jetait les animaux et les gladiateurs tués ou blessés à mort. On les y entraînait avec des crocs, et des *confecteurs* les achevaient avec des haches ou des maillets.

Quand on voulait donner en spectacle au peuple un combat naval, un réservoir, communiquant par de larges canaux avec l'arène, la remplissait en quelques instants et la transformait en un véritable lac. Souvent on voyait, des flancs entr'ouverts d'un vaisseau, s'échapper des animaux de toute espèce qui fendaient les flots de cette mer improvisée.

L'arène, *arena*, comprenait l'espace vide, au centre de l'amphithéâtre. Elle était recouverte de sable. Celle du Colisée avait 285 pieds de long, sur 182 de large. Autour de l'arène régnait le *podium*, mur d'enceinte, de 8 pieds d'élévation, revêtu de marbre, et surmonté d'une pesante grille de fer, armée de pointes et penchée sur l'arène. A l'extrémité de la grille étaient fixés des cylindres de bois, garnis d'ivoire et roulant sur des tourillons; en sorte que les animaux qui tentaient de se précipiter sur les gradins, obligés de se prendre à ces rouleaux mobiles et glissants, retombaient aussitôt dans l'arène. La sûreté des spectateurs commandait ces précautions.

Dans le mur du *podium* étaient pratiquées, de distance en distance, de larges ouvertures fermées par des herses en fer. Elles conduisaient aux *carceres*, qui renfermaient les bêtes féroces. Lorsque le moment était venu, on ouvrait les portes, et les gladiateurs faisaient bondir les animaux dans l'arène, en les excitant à coups de lance et quelquefois même avec des tisons enflammés pour les rendre plus furieux.

Sur le *podium* se trouvait le pavillon de l'empereur, autour duquel prenaient place les préteurs, les vestales et tous ceux qui avaient droit à la chaise curule. Plus haut, s'élevaient et s'étendaient en forme de fer à cheval plusieurs rangs de gradins, *cunei*, coupés dans leur largeur par des couloirs destinés à introduire les spectateurs. Les premiers gradins étaient réservés aux sénateurs, aux chevaliers romains, aux ambassadeurs et aux magistrats. Les autres étaient occupés par le reste des citoyens.

La partie supérieure et la plus élevée des gradins était couronnée par un mur qui faisait le tour de l'enceinte : c'était le *podium* populaire. Dans l'intérieur de ce mur on avait pratiqué quelques loges, espèces de tribunes couvertes, où pouvaient se placer les spectateurs. La plate-forme qui dominait ces loges était assignée aux derniers rangs de la plèbe romaine. De distance en distance on y voyait de grands sièges, désignés par le nom de chaires, et réservés aux dames. Sur le parapet de ce *podium* se tenaient les musiciens, dont les clairons devaient animer les combattants et célébrer les vainqueurs.

Au-dessus de ce portique était situé un dernier étage, occupé par les mécaniciens, les soldats de marine, *manuales*, attachés à la manœuvre du *velarium*, et tous les employés du Colisée.

ROME. — Le Colisée.
D'après une ancienne gravure.

Lorsque l'empereur voulait gratifier le peuple d'une réjouissance publique, les procurateurs des jeux faisaient préparer l'amphithéâtre. On couvrait l'arène d'un sable fin, mélangé parfois de chrysocale, de vermillon et de limaille de pierres précieuses : le vermillon devait dissimuler les taches de sang, qui auraient offensé les regards des spectateurs. Il y avait un autre luxe plus commun : on réduisait en poudre une pierre blanche très friable, et l'arène, semée de cette poussière, semblait alors couverte d'une couche de neige. On étendait ensuite sur les gradins des tapis de laine ou de riches coussins.

D'autres préparatifs se faisaient au sommet de l'édifice. A l'extrémité des mâts dressés sur la plate-forme et la corniche extérieure on attachait des poulies, des cordages et des antennes soutenant les différentes parties du *velarium.* On désignait ainsi un immense voile de pourpre, formé de plusieurs pièces triangulaires, comme les voiles d'un vaisseau, et orné d'étoiles d'or, de dents d'ivoire, ou de riches broderies représentant des scènes de l'histoire. Le *velarium* était destiné à protéger les spectateurs contre les ardeurs du soleil ou les intempéries de l'air ; pendant l'été, il rafraîchissait l'amphithéâtre par ses ondulations. A un signal donné, les matelots exécutaient

ROME. — Intérieur du Colisée.
D'après une ancienne gravure.

leurs manœuvres, et l'on voyait de tous les points de la circonférence se dérouler, sur des cordages qui devaient les soutenir, les différentes parties du *velarium.* Toutes se réunissaient par leurs extrémités, à une certaine hauteur au-dessus du centre de l'arène, et formaient ainsi un seul et vaste toit, qui couvrait le Colisée tout entier. Les rayons du soleil, en traversant cette tenture, répandaient sur les gradins, sur les statues qui décoraient l'enceinte et sur l'arène, une teinte rose et des reflets magiques, qui charmaient les regards et reposaient la vue.

L'amphithéâtre ainsi disposé, les jeux pouvaient commencer.

II.

LE SPECTACLE. — LES PLAISIRS DE ROME.

LE flot des spectateurs a pénétré dans l'amphithéâtre par toutes les issues, car le soleil qui monte dans un ciel sans nuage annonce une belle journée, et l'on célèbre le glorieux anniversaire de la naissance de l'empereur. Le Colisée ressemble à un vaisseau immense,dans lequel la vague pénètre de tous côtés et qu'elle remplit jusqu'au fond,tandis que d'autres vagues le battent à l'extérieur et se brisent contre lui en mugissant.

Cent mille spectateurs ont trouvé place sur les gradins,et ils attendent, transportés de joie, l'ouverture des jeux. Un vague tumulte, un murmure sourd et confus s'élève du sein de cette foule,semblable au bruit de l'océan.

Cependant tout est prêt : les ambassadeurs de toutes les nations entourent de leurs costumes variés le trône de l'empereur; les sénateurs, drapés dans leurs manteaux blancs rehaussés d'or, sont assis sur leurs chaises curules; les chevaliers et les tribuns occupent leurs sièges, et les citoyens romains, en habits de fête, remplissent l'enceinte jusqu'au dernier portique, où l'on aperçoit, comme une ceinture éblouissante autour de l'amphithéâtre, les dames romaines, étincelantes de pourpre, d'or et de pierreries. Des rugissements étouffés, partant des loges souterraines, annoncent que les animaux sont aussi à leur poste.

Tout à coup les regards se portent vers le couloir qui conduit à l'entrée impériale. La porte s'ouvre : toutes les fanfares retentissent, et l'on voit paraître l'empereur, en manteau de pourpre, et entouré d'un brillant cortège. Il se dirige vers le pavillon qui lui est réservé, sous un arc de triomphe rappelant ceux des triomphateurs romains. Toute l'assemblée se lève ; les licteurs abaissent leurs faisceaux ; les sénateurs, les vestales s'inclinent ; tous les étages s'agitent et font tomber une pluie d'acclamations : « Bonheur et longue vie au maître du monde ! Bonheur à César ! A lui la victoire ! Qu'il soit invincible toujours ! » Les échos sonores du Colisée répètent cent fois ces cris, qui s'échappent par les bouches extérieures des vomitoires, comme par autant de porte-voix gigantesques,et roulent d'arceau en arceau, sous les vastes portiques des ambulacres. Les bêtes féroces, troublées dans leurs souterrains par ces puissantes clameurs, ébranlent l'amphithéâtre de leurs rugissements affreux,semblables au grondement lointain de la tempête.

Cependant l'empereur est assis sur son trône, et le silence s'est établi partout. Sur un signe du préteur, les trompettes retentissent, et l'on voit apparaître au milieu de l'arène les *venatores*, un fouet à la main, conduisant toute une armée de *bestiaires*, victimes destinées aux bêtes. Ce sont pour la plupart de pauvres esclaves fugitifs, des prisonniers de guerre, des chrétiens, de jeunes enfants, des femmes, des vieillards. Précédés d'un héraut, ils font le tour de l'arène, et, en passant devant la tente de l'empereur, ils s'inclinent en disant : « *Cæsar, morituri te salutant !* César, ceux qui vont mourir te saluent ! »

Les jeux doivent commencer par l'effusion du sang. On divise en plusieurs groupes les malheureux condamnés, afin de les faire égorger successivement et de prolonger les jouissances du peuple en les multipliant. Ceux qui doivent mourir les premiers sont enveloppés dans des filets ou attachés à des poteaux, tandis que les autres sont mis en réserve dans les *carceres*. Les spectateurs frémissent d'impatience et demandent les bêtes : ils brûlent de savourer les tortures de ces infortunés. Les vestales donnent le signal, et les herses se lèvent dans toute l'enceinte du *podium*. Aussitôt les lions, les ours, les panthères et les tigres, piqués ou brûlés par les gladiateurs, se précipitent dans l'arène, broyant ou déchirant les malheureuses victimes dévouées à leur fureur. Les cris de douleur s'élèvent de toutes parts, et les membres ensanglantés couvrent le sable en un instant. Un immense applaudissement salue cette première hécatombe, et les acclamations de la foule étouffent les râles des mourants. Chaque groupe de *bestiaires* vient à son tour réjouir de son sang, du spectacle de sa mort, les maîtres du monde. Les émotions deviennent plus vives, plus agréables ; mais le peuple n'est point rassasié encore : le sénat, les vestales, les matrones, les spectateurs demandent, en trépignant, de nouvelles victimes.

Cependant la liste funèbre est épuisée ; il n'y a plus de chair humaine à déchirer : tous les *bestiaires* sont morts. Les gladiateurs vont continuer la fête. Aussitôt les gardiens font rentrer les bêtes, et les *confecteurs*, armés de crocs, entraînent les cadavres dans le *spoliarium*, tandis que de jeunes et beaux esclaves, élégamment vêtus, retournent avec des râteaux d'airain la poussière ensanglantée.

En même temps une rosée merveilleuse et parfumée se répand dans l'atmosphère. Il y a dans tous les étages, de distance en distance, des fourneaux, cachés sous les gradins, où l'on fait bouillir des aromates et du safran, dont les vapeurs odorantes s'exhalent par des

tubes dissimulés ou les bouches des statues. Comme un immense
éventail, le *velarium* brodé d'or ondoie au-dessus des têtes et rafraîchit les spectateurs ; des symphonies et des chants, mêlés à un
orchestre de mille instruments, charment les oreilles, et des bouffons,
aux costumes les plus grotesques et les plus bizarres, amusent le
peuple impatient de nouveaux combats.

Enfin paraissent les gladiateurs. Ils défilent, montés sur des chars

Arc de triomphe des Césars, (dédié plus tard à Constantin) et appelé
Arc de Constantin. (P. 46.)

aux couleurs brillantes et variées, et tous ensemble, en passant
devant le pavillon de l'empereur, ils s'écrient : « *Cæsar, morituri te
salutant !* César, ceux qui vont mourir te saluent ! » Alors ils mettent
pied à terre et se dispersent dans l'arène. Il y a les rétiaires, *retiarii*,
armés d'un trident et d'un filet ; les *mirmillones*, qui portent une
faux et un bouclier ; les laquéaires, *laquearii*, qui tiennent un lacet
avec lequel ils cherchent à s'étrangler mutuellement ; et enfin les

gladiateurs proprement dits, *gladiatores* : les uns sont à pied, les autres à cheval, et pour armure ils ont une épée, un casque et un bouclier. Tous sont vêtus d'une écharpe rouge ou blanche, pendant

Martyr au Colisée. (P. 55.)

en draperie sur les cuisses, relevée sur les hanches, et fixée autour du corps par une brillante ceinture en cuivre ciselé. Un cothurne de cuir bleu ou une bottine de bronze forme leur chaussure : le reste du corps est entièrement nu. Quelques-uns vont combattre sur des chars traînés par des esclaves : ce sont les *essédaires ;* d'autres ont vendu leur vie pour amuser le peuple par le spectacle de leur mort : on les appelle *sine missione,* parce qu'ils doivent tous mourir.

Le signal est donné, les trompettes retentissent, et la lutte commence. Les épées se croisent, les lances s'entre-choquent et heurtent les boucliers ; le sang coule à flots. Le combat s'anime, il s'échauffe ; mais pas encore au gré du peuple : l'amphithéâtre se tient pour outragé, parce que les gladiateurs se tuent avec mollesse ou périssent sans gaîté. La fureur éclate sur tous les visages, des cris effroyables font trembler le Colisée ; les sénateurs, les vestales, tous les spectateurs se lèvent ; ils trépignent de rage et se livrent à des gestes si menaçants et si terribles, qu'on les dirait au moment de descendre dans l'arène pour déchirer les combattants. Excités par les cris et les menaces de la foule, les gladiateurs redoublent d'impétuosité : ils se précipitent les uns sur les autres, ils s'égorgent avec une joie sauvage. Le peuple est satisfait.

Chaque fois qu'une victime tombe ou que le sang jaillit d'une blessure profonde, des applaudissements éclatent de toutes parts : « Il en tient ! s'écrient les spectateurs enthousiasmés : *Hoc habet ! Hoc habet !* » Une joie féroce illumine tous les visages, les acclamations se succèdent : Rome est en délire.

Cependant le malheureux blessé se relève, et, mettant un genou en terre, il demande humblement grâce de la vie. Son vainqueur s'arrête, il promène ses regards sur l'amphithéâtre, attendant l'ordre du peuple. Si les pouces se lèvent, le gladiateur est sauvé ; s'ils s'abaissent, il est condamné. Il va mourir ; mais sa mort doit être pour les spectateurs une nouvelle et suprême jouissance ; car, s'il y a un art pour combattre, il y a aussi un art pour mourir. Le vainqueur présente au vaincu la pointe de son glaive. L'infortuné tend la gorge, et, sans trembler, joyeux, souriant à la foule, il dirige lui-même le fer homicide qui doit terminer sa vie. Une explosion de joie salue chaque exécution : le peuple romain s'enivre du sang de ses esclaves.

La trompette lugubre a sonné de nouveau, et la porte des *Morts* s'ouvre pour livrer passage aux cadavres des gladiateurs. Le sable de l'arène est retourné pour la seconde fois. Le troisième acte de la sanglante tragédie va commencer.

Tout à coup apparaissent des esclaves portant des réchauds remplis de charbons embrasés. Le peuple a lu le fait de Mucius Scævola, mais il ne l'a pas vu, et, comme il y a dans ce spectacle une torture à savourer, il veut en jouir. Un malheureux, conduit par des prétoriens et vêtu d'une robe soufrée, est obligé d'étendre la main sur ces brasiers ardents. Deux bourreaux, armés de torches, se tiennent à ses côtés, prêts à mettre le feu à son vêtement, au moindre signe de terreur ou d'hésitation.

Pour varier la scène, et aussi pour charmer le peuple par un spectacle inattendu, on a ménagé un intermède aussi bizarre que surprenant. Voici d'abord un éléphant funambule : il salue les spectateurs, puis marche sur un câble, tendu au milieu de l'arène. Après lui paraît un ours, paré comme une matrone ; il se promène, assis sur une chaise à porteurs ; un autre, en habit d'avocat, imite l'attitude et les gestes d'un orateur qui plaide. Vient ensuite un lion, un collier d'or au cou et secouant sa crinière étincelante de pierreries : c'est un roi dressé à la clémence ; il fait cent gentillesses avec un lièvre qu'on lui met dans la bouche. Douze éléphants lui succèdent, vêtus de la toge et du manteau romain : ils défilent gravement, et vont prendre place autour d'une table chargée de mets délicieux. Ils dînent avec décence, boivent dans des coupes d'or, et aspergent en badinant les spectateurs qui se trouvent devant eux.

Mais soudain l'amphithéâtre s'ébranle : un bruit sourd, comme celui d'un tonnerre lointain, retentit dans les soubassements de l'édifice ; le sable de l'arène se soulève à la fois sur mille points divers, et l'on voit apparaître, comme par enchantement, des plantes et des arbres de toute espèce. La scène, en un instant, s'est transformée en une forêt vivante. Des animaux se promènent sous ces bosquets magiques ; puis les arbres se mettent en marche, à l'imitation de ceux qu'Orphée entraînait à sa suite, et, afin que rien ne manque à l'exactitude de la représentation, l'Orphée du spectacle, tandis qu'il joue de la lyre, est dévoré par un ours.

Le peuple applaudit. Mais le soleil va terminer sa course, et le tigre impérial n'a point paru encore. Toutes les voix le réclament à la fois.

III.

LE GLADIATEUR ET LE TIGRE.

LE préteur ordonne d'amener le tigre.

En quelques instants la forêt a disparu, et l'arène, semée de vermillon, a repris son aspect ordinaire.

Un horrible rugissement, auquel répondent les cris de la foule, annonce l'arrivée du tigre. On venait d'ouvrir sa loge ([1]).

---

1. La narration suivante est extraite de Guiraud.

« A l'une des extrémités, un homme est couché sur le sable, nu et comme endormi, tant il se montre insouciant de ce qui agite si fort la multitude ; et, tandis que le tigre s'élance de tous côtés dans l'arène vide, impatient de la proie attendue. lui, appuyé sur un coude, semble fermer ses yeux pesants, comme un moissonneur, qui, fatigué d'un jour d'été, se couche et attend le sommeil.

Cependant plusieurs voix parties des gradins demandent à l'intendant des jeux de faire avancer la victime : car, ou le tigre ne l'a point distinguée, ou il l'a dédaignée, en la voyant si docile. Les préposés de l'arène, armés d'une longue pique, obéissent à la volonté du peuple, et, du bout de leur fer aigu, excitent le gladiateur. Mais, à peine a-t-il ressenti les atteintes de leurs lances, qu'il se lève avec un cri terrible, auquel répondent, en mugissant d'effroi, toutes les bêtes enfermées dans les cavernes de l'amphithéâtre. Saisissant aussitôt une des lances qui avaient ensanglanté sa peau, il l'arrache d'un seul effort à la main qui la tenait, la brise en deux portions, jette l'une à la tête de l'intendant, qu'il renverse, et, gardant celle qui est garnie de fer, il va lui-même avec cette arme au-devant de son sauvage ennemi.

Dès qu'il se fut levé, et que le regard des spectateurs put mesurer sur le sable l'ombre que projetait sa taille colossale, un murmure d'étonnement circula dans l'assemblée, et plus d'un Romain, le montrant du doigt avec une sorte d'orgueil, le nommait par son nom et racontait tous ses exploits du cirque et ses violences dans les séditions. Le peuple était content : tigre et gladiateur, il jugeait les deux adversaires dignes l'un de l'autre.

Pendant ce temps, le gladiateur s'avançait lentement dans l'arène, se tournant parfois du côté de la loge impériale, et laissant alors tomber ses bras avec une sorte d'abattement, ou creusant la terre, qu'il allait bientôt ensanglanter, du bout de sa lance.

Comme il était d'usage que les criminels ne fussent pas armés, quelques voix crièrent : « Point d'armes au bestiaire ! le bestiaire sans armes !... » Mais lui, brandissant le tronçon qu'il avait gardé, et le montrant à cette multitude : « Venez le prendre, » disait-il, mais d'une bouche contractée, avec des lèvres pâles et une voix rauque presque étouffée par la colère. Les cris ayant redoublé cependant, il leva la tête, fit du regard le tour de l'assemblée, lui sourit dédaigneusement, et, brisant de nouveau entre ses mains l'arme qu'on lui demandait, il en jeta les débris à la tête du tigre, qui aiguisait en ce moment ses dents et ses griffes contre le socle d'une colonne. Ce fut là son défi.

ROME. — Ruines du palais des Césars, sur le Palatin.

L'animal, se sentant frappé, détourna la tête, et, voyant son adversaire debout au milieu de l'arène, d'un bond il s'élança sur lui ; mais le gladiateur l'évita en se baissant jusqu'à terre, et le tigre alla tomber en rugissant à quelques pas. Le gladiateur se releva, et trois fois il trompa par la même manœuvre la fureur de son sauvage en - nemi. Enfin le tigre vint à lui à pas comptés, les yeux étincelant s, la queue droite, la langue déjà sanglante, montrant les dents et allo n- geant le museau; mais cette fois ce fut le gladiateur qui, au mome nt où il allait le saisir, le franchit d'un saut, aux applaudissemen ts de la foule, que l'émotion de cette lutte maîtrisait déjà tout entiè re.

Enfin, après avoir longtemps fatigué son ennemi furieux, plus excédé des encouragements que la foule semblait lui donner que des lenteurs d'un combat qui avait paru d'abord si inégal, le gladia- teur l'attendit de pied ferme ; et le tigre, tout haletant, courut à lui avec un mugissement de joie. Un cri d'horreur, ou peut-être de joie aussi, partit en même temps de tous les gradins, quand l'ani- mal, se dressant sur ses pattes, posa ses griffes sur les épaules nues du gladiateur, et avança sa tête pour le dévorer; mais celui-ci jeta sa tête en arrière, et, saisissant de ses deux bras raidis le cou soyeux de l'animal, il le serra avec une telle force, que, sans lâcher prise, le tigre redressa son museau et le leva violemment, pour faire arriver jusqu'à ses poumons un peu d'air, dont les mains du gladiateur lui fermaient le passage, comme deux tenailles de forgeron.

Le gladiateur cependant, sentant ses forces faiblir et s'en aller avec son sang, sous les griffes tenaces, redoublait d'efforts pour en finir au plus tôt; car la lutte, en se prolongeant, devait tourner contre lui. Se dressant donc sur ses pieds, et se laissant tomber de tout son poids sur son ennemi, dont les jambes ployèrent sous le fardeau, il brisa ses côtes et fit rendre à sa poitrine écrasée un son qui s'échappa de sa gorge longtemps étreinte, avec des flots de sang et d'écume. Se relevant alors tout à coup à moitié, et, déga- geant ses épaules, dont un lambeau demeura attaché à l'une des griffes sanglantes, il posa un genou sur le flanc pantelant de l'ani- mal, et, le pressant avec une force que la victoire avait redoublée, il le sentit se débattre un moment sous lui; puis, le comprimant toujours, il vit ses muscles se raidir, et sa tête, un moment redressée, retomber sur le sable, la gueule entr' ouverte et souillée d'écume, les dents serrées et les yeux éteints.

Une acclamation générale s'éleva aussitôt, et le gladiateur, dont le triomphe avait ranimé les forces, se redressa sur ses pieds, et, saisissant le monstrueux cadavre, le jeta de loin, comme un hommage, sous la loge impériale. »

IV.

LES MARTYRS.

IL était d'usage à cette époque de clore tous les spectacles par le supplice d'un chrétien.

Il y avait alors, dans la prison de Saint-Pierre, un illustre captif appelé Eudore. On l'avait amené à l'amphithéâtre pour cette circonstance ([1]).

« A la porte de l'arène, les gladiateurs voulurent le revêtir de la robe des prêtres de Cybèle : « Je ne mourrai point, s'écrie Eudore, dans le déguisement d'un lâche déserteur et sous les couleurs de l'idolâtrie : je déchirerai plutôt de mes mains l'appareil de mes blessures. J'appartiens au peuple romain et à César: si vous les privez par ma mort du combat que je leur dois, vous en répondrez sur votre tête. » Intimidés par cette menace, les gladiateurs ouvrent les portes de l'amphithéâtre, et le martyr entre seul et triomphant dans l'arène.

Aussitôt un cri universel, des applaudissements furieux, prolongés depuis le faîte jusqu'à la base de l'édifice, en font mugir les échos. Les lions et toutes les bêtes renfermées dans les cavernes répondent dignement aux éclats de cette joie féroce; le peuple lui-même tremble d'épouvante: le martyr seul n'est point effrayé. Il songe avec attendrissement à son père, à ses sœurs, à sa patrie; il recommande à l'Éternel son épouse Cymodocée : ce fut sa dernière pensée de la terre; il tourne son espoir et son cœur uniquement vers le Ciel.

On n'avait point encore lâché les bêtes, et l'intendant des jeux n'avait pas donné le signal. Le martyr blessé demande au peuple la permission de s'asseoir sur l'arène, afin de mieux conserver ses forces : le peuple y consent, dans l'espoir de jouir d'un plus long combat. Le jeune homme, enveloppé de son manteau, s'incline sur le sable qui va boire son sang, comme un pasteur se couche sur la mousse, au fond d'un bois solitaire.

Cependant Cymodocée est sortie furtivement de la maison de son père, et, revêtue de la robe du martyre, elle s'est élancée au milieu de Rome, sur le Forum des Césars, pour y chercher l'amphi-

---

1. Le récit qui va suivre est emprunté à Chateaubriand. Bien qu'assigné par l'auteur à une époque différente, il concorde en tous points avec le spectacle que nous avons décrit.

théâtre. La foule, répandue dans les rues, la reconnaissant à son costume pour une chrétienne, la conduit au supplice avec des hurlements de joie.

Le gladiateur commis à l'introduction des martyrs n'avait point d'ordre pour cette victime, et refusait de l'admettre au lieu du sacrifice; mais une des portes de l'arène, venant à s'ouvrir, laisse voir Eudore dans l'enceinte : Cymodocée s'élance comme une flèche légère, et va tomber dans les bras de son époux.

Cent mille spectateurs se lèvent sur les gradins de l'amphithéâtre et s'agitent en tumulte. On se penche en avant, on regarde dans l'arène, on se demande quelle est cette femme qui vient de se jeter dans les bras du chrétien.

L'horreur, le ravissement, une affreuse douleur, une joie inouïe, ôtaient la parole au martyr : il pressait Cymodocée sur son cœur; il aurait voulu la repousser; il sentait que chaque minute écoulée amenait la fin d'une vie pour laquelle il eût donné un million de fois la sienne. A la fin il s'écrie, en versant un torrent de larmes :

« O Cymodocée ! que venez-vous faire ici ? Dieu ! est-ce dans ce moment que je devais jamais vous voir ! Quel charme ou quel malheur vous a conduite sur ce champ de carnage? Pourquoi venez-vous ébranler ma foi ? Comment pourrai-je vous voir mourir ?

« Seigneur, dit Cymodocée avec des sanglots, pardonnez à votre servante. J'ai lu dans vos livres saints : « La femme quittera son père et sa mère pour s'attacher à son époux. J'ai quitté mon père, je me suis dérobée à son amour, et je viens demander votre grâce à l'empereur, ou partager votre mort... »

Mais déjà les gladiateurs excitaient les bêtes, et le signal allait être donné. Eudore s'inclina respectueusement devant César, et Cymodocée s'avança sous le balcon pour demander à l'empereur la grâce d'Eudore, et s'offrir elle-même en sacrifice. La foule tira César de l'embarras de se montrer miséricordieux ou cruel : depuis longtemps elle attendait le combat; la soif du sang avait redoublé à la vue des victimes. On crie de toutes parts: « Les bêtes ! Qu'on lâche les bêtes ! Les impies aux bêtes ! »

Eudore veut parler au peuple en faveur de Cymodocée: mille voix étouffent sa voix : « Qu'on donne le signal ! Les bêtes ! Les chrétiens aux bêtes ! »

Le son de la trompette se fait entendre : c'est l'annonce de l'apparition des bêtes féroces. Le chef des rétiaires traverse l'arène, et vient ouvrir la loge d'un tigre connu par sa férocité.

Alors s'élève entre Eudore et Cymodocée un combat à jamais mémorable : chacun des deux époux voulait mourir le dernier.

« Eudore, disait Cymodocée, si vous n'étiez pas blessé, je vous demanderais à combattre la première ; mais à présent j'ai plus de force que vous, et je puis vous voir mourir. — Cymodocée, répondit Eudore, il y a plus longtemps que vous que je suis chrétien : je pourrai mieux supporter la douleur ; laissez-moi quitter la terre le dernier. »

En prononçant ces paroles, le martyr se dépouille de son manteau ; il en couvre Cymodocée, afin de mieux dérober aux yeux des spec-

Le Forum romanum vu du Capitole. (P. 56.)

tateurs les charmes de la fille d'Homère, lorsqu'elle sera traînée sur l'arène par le tigre. — La trompette sonne pour la seconde fois. — On entend gémir la porte de fer de la caverne du tigre : le gladiateur l'avait ouverte. Eudore place Cymodocée derrière lui. On le voyait debout, uniquement attentif à la prière, les bras étendus en forme de croix, et les yeux levés vers le ciel. — La trompette sonne pour la troisième fois. — Les chaînes du tigre tombent, et l'animal furieux s'élance en rugissant dans l'arène. Un mouvement involontaire fait tressaillir les spectateurs. Cymodocée, saisie d'effroi, s'écrie :

« Ah ! sauvez-moi ! » Et elle se jette dans les bras d'Eudore, qui se retourne vers elle. Il la serre contre sa poitrine ; il aurait voulu la cacher dans son cœur.

Le tigre arrive aux deux martyrs. Il se lève debout, et, enfonçant ses ongles dans les flancs du fils de Lasthénès, il déchire avec ses dents les épaules du confesseur intrépide. Comme Cymodocée, toujours pressée dans le sein de son époux, ouvrait sur lui des yeux pleins d'amour et de frayeur, elle aperçoit la tête sanglante du tigre auprès de la tête d'Eudore. A l'instant la chaleur abandonne les membres de la vierge victorieuse : ses paupières se ferment : elle demeure suspendue aux bras de son époux. Les saintes martyres Eulalie, Félicité, Perpétue, descendent pour chercher leur compagne : le tigre avait brisé le cou d'ivoire de la fille d'Homère. L'ange de la mort coupe en souriant le fil des jours de Cymodocée. Elle exhale son dernier soupir sans effort et sans douleur ; elle rend au Ciel un souffle divin qui semblait tenir à peine à ce corps formé par les grâces. Eudore la suit un moment après dans les éternelles demeures. »

Les deux martyrs étaient allés, en terminant sur la terre le spectacle d'un peuple inhumain, en commencer au ciel un autre, plus magnifique et plus ravissant, qui ne finira jamais. Mais le peuple corrompu, le peuple efféminé de la vieille Rome allait faire place à la société chrétienne. L'empire des Césars allait finir.

ROME CHRÉTIENNE. — La basilique de Saint-Pierre et le palais du Vatican.

III.
VERCINGÉTORIX
ET LES DERNIERS GAULOIS.

I.

LA FORÊT DES CARNUTES ET LE CHANT DU VIEUX BARDE.

LES dernières tribus gauloises venaient de succomber sous la terrible épée de Jules César. Partout la domination romaine faisait peser son joug de fer, et ses légions triomphantes rançonnaient les malheureux vaincus. La Gaule gémissait ; mais ses guerriers découragés ne pouvaient rien pour elle, et ses armées étaient anéanties. César était parti pour Rome; sa conquête était assurée: ses légions désormais pouvaient se reposer. Le général allait préparer l'assujettissement de Rome, qui devait suivre, dans ses projets, l'asservissement des Gaules. Pendant ce temps, un jeune Gaulois s'apprêtait à rendre à son pays la liberté perdue.

Il y avait alors, dans les montagnes de l'Arverne, un jeune homme dont le père, appelé Celtil, avait été condamné par ses compatriotes au supplice du feu, pour avoir tenté de se faire roi. Ce jeune homme se nommait Vercingétorix. César, qui cherchait partout à remplacer les républiques de la Gaule par des rois qui fussent ses serviteurs, avait attiré près de lui le fils de Celtil, lui avait donné le titre d'ami et lui avait fait entrevoir la couronne des Arvernes. Vercingétorix avait refusé, et il était revenu dans ses montagnes, bien décidé à ne pas livrer sa patrie, mais à l'arracher au joug honteux qui l'opprimait, ou à mourir pour elle! Il avait ranimé le courage des enfants de l'Auvergne, et soufflé l'espérance au cœur de tous les guerriers. Déjà des conjurations secrètes s'étaient formées sur divers points de la Gaule, et l'on avait convoqué, pour une décision suprême, les députés de toutes les tribus (¹).

Dans les profondeurs cachées d'une immense forêt, au pays des Carnutes, et au centre de la Gaule, sous les ombrages mystérieux de chênes touffus que les rayons du soleil ne peuvent pénétrer, se dressent en un vaste circuit, semblables à des géants debout, des blocs de pierre que le ciseau n'a point taillés. Là, tout est sombre, tout est majestueux, et les herbes ensanglantées qui croissent en ce lieu inspirent la terreur. C'est la forêt sainte, c'est le temple des Gaulois, asile révéré des prêtres, consacré par la prière et par les sacrifices.

Au jour fixé, tous les députés se réunissent dans l'enceinte sacrée, autour de laquelle les druides ont dressé les étendards de toutes les tribus. Bientôt le son des harpes retentit, comme une plainte lugubre, parmi le silence des guerriers. Les prêtres, le regard morne et le front humilié, fixent tristement le sol : on dirait des statues de marbre pleurant sur des ruines! Puis, tout se tait, et le silence de la mort plane un instant sur la foule recueillie. Alors, un guerrier s'avance, et, s'adressant au chef des bardes :

1. La Gaule, d'après le témoignage des historiens, était couverte de marais inabordables et de vastes forêts, peuplées de loups, d'ours, d'élans, d'aurochs ou grands bœufs sauvages, et de troupeaux de porcs. Les Gaulois étaient de haute taille; ils avaient le teint blanc, les yeux bleus, les cheveux blonds ou châtains, qu'ils portaient dans toute leur longueur. Ils se rasaient le visage, à l'exception de la lèvre supérieure, où ils laissaient croître de longues moustaches. Ils étaient braves, hardis, aventureux, bienveillants, généreux, francs et hospitaliers, mais, en même temps, légers, inconstants, curieux, crédules, présomptueux et querelleurs: qualités et défauts qu'ils nous ont transmis. Ils recherchaient l'éclat dans le vêtement et dans la parole, savaient bien parler ainsi que bien combattre, mais se décourageaient au moindre échec. Ils affectionnaient les ornements d'or, les étoffes rayées et les couleurs vives, un langage éclatant, sonore, pompeux et semé de figures hardies.

A la tête de la nation étaient les prêtres ou druides, c'est-à-dire *hommes du chêne*. Ils vivaient avec austérité, au fond des forêts les plus sauvages et les plus épaisses, adorant Hésus, le dieu de la guerre, et Teutatès, le dieu des arts et du commerce. Ils se divisaient en trois ordres. Les *druides* proprement dits, vêtus de longues robes blanches et portant des couronnes de chêne : ils étudiaient la théologie, l'astronomie, la médecine, les mathématiques et la poésie, enseignaient la jeunesse et rendaient la justice. Les *bardes*, vêtus de bleu, poètes héroïques et religieux, dépositaires des traditions nationales : ils chantaient les dieux et les héros tombés dans les batailles, enflammaient le cœur des guerriers et leur inspiraient le mépris de la mort par les rimes résonnantes de leurs vers, rapides comme l'élan des chevaux de guerre. Les *ovates*, vêtus de vert, qui célébraient les sacrifices, dans l'enceinte des grands chênes et des pierres sacrées, car les Gaulois n'avaient d'autres temples que la voûte sombre des forêts de chênes.

Après les druides venaient les nobles ou chevaliers, qui combattaient à cheval et formaient la cavalerie gauloise. Les guerriers portaient une cuirasse de métal, un casque surmonté de deux ailes d'oiseau. Ils suspendaient à leur ceinture une épée sans pointe et tenaient à la main deux forts javelots, ou une lance, dont le fer large et recourbé faisait d'horribles blessures.

« O toi, dit-il, toi que le ciel inspire et qui chantas si longtemps, au milieu de nous, la guerre et les combats, pleureras-tu toujours nos défaites passées, au fond de tes forêts, et fuiras-tu toujours tes frères opprimés ?... Pourquoi ne viens-tu plus t'asseoir à nos festins et célébrer avec nous la gloire des aïeux ? Tu nous chanterais encore les exploits des héros, et tu ferais revivre en nos cœurs l'espérance et la liberté ! Ta harpe trop longtemps fut muette en ta main : barde, quitte enfin tes vieux chênes, et redis-nous les chants aimés de la patrie, les promesses du ciel, la gloire du passé. Toi qui connais tous les secrets des dieux, ranime enfin l'espoir en l'âme des guerriers, car depuis bien longtemps, sous le joug des vainqueurs, nos haines sont lassées : la tienne seule encore a foi dans l'avenir ! »

Le guerrier cesse de parler, et le vieux barde, levant les yeux au ciel, semble invoquer les dieux. Sa longue barbe cendrée descend à flots épais sur sa robe d'azur, et sa longue chevelure couvre comme d'un voile ses épaules courbées par l'âge. Trois fois le vieillard élève et abaisse tour à tour en silence ses mains entre-croisées ; puis, se dressant de toute sa haute taille, sur la pierre sacrée des druides, et reposant sur la foule son regard inspiré :

« Oui ! s'écrie-t-il, d'une voix grave et solennelle, oui, jeunes gens, j'ai foi dans l'avenir, et l'espérance encore nourrira bien longtemps en mon cœur le feu qui le dévore ! Au milieu de la nuit, j'ai foi dans la lumière et j'ai foi dans l'aurore, car ma haine est tenace, et mon cœur frémissant, malgré tous nos malheurs, croit encore au réveil, à la vengeance, au sang !

Dans nos forêts profondes, asiles séculaires, je sens croître et grandir ma haine d'heure en heure : c'est qu'ici tout est fier, tout est grand, tout est libre ; ici, rien n'est courbé sous le joug flétrissant d'un esclavage honteux. Depuis le tronc vieilli, jusqu'à l'aurochs sauvage, partout, dans nos forêts, règne la liberté ! Ici, sous ces voûtes sacrées, sous ces sombres feuillages, j'ai vu tomber pour vous des chefs preux et vaillants, des frères, des amis. Gaulois ! qu'avez-vous fait pour consoler leurs ombres ?... Vous deviez les venger ; ou, marchant sur leurs traces, vous auriez dû mourir !... Vous vous êtes soumis !... Et moi, je vous suivrais, race dégénérée, accordant mon vieux luth au milieu de vos fêtes ! Non, non, vous me feriez douter de la patrie, alors que célébrant les hauts faits de nos aïeux, sur vos fronts avilis je verrais en traits de feu vos hontes retracées.

Non, vous n'êtes plus Gaulois! Laissez donc ma retraite; laissez,

laissez-moi mon vieux chêne au fond de mes grands bois ! Voyez !...
Comme au temps de nos gloires, fier et sublime, il dresse encore sa
tête : il est resté debout, il est demeuré libre !... Et d'un peuple
étranger vous subissez les lois ! Le Romain orgueilleux, qu'exalte
sa victoire, foule d'un pied brutal la terre des aïeux ; la défaite de
leurs fils a flétri leur vieille et noble gloire : la bravoure, l'honneur,
tout est mort avec eux !...

Vous, qui souillez leur grand nom et contristez leurs ombres,
pourquoi sacrifier, auprès de leurs tombeaux, des brebis, des coursiers, impuissantes victimes ? Présentez-leur plutôt, hécatombe
sanglante offerte à la Patrie, des légions de Romains sous le glaive
expirant : ce sont aux guerriers morts de dignes sacrifices ! Pour
laver votre honte, Gaulois, il faut du sang, du sang !...

Le barde en attendant gardera le silence... Et quand mes yeux
verront luire sur nous le jour que je désire et qu'appellent mes
vœux ; quand ils verront les bras de nos guerriers frapper comme
autrefois l'ennemi terrassé, et dans nos rangs, trophée de la victoire,
une tête romaine à chaque fer de lance, alors je reprendrai ma place
parmi vous ; mes chants cadenceront la marche des combats, et,
retrouvant enfin une joyeuse ivresse, je dirai les exploits des guerriers triomphants ! »

Le barde se tait, et les harpes sonores, qui ont accompagné sa
voix, résonnent seules un instant sous les doigts des prêtresses,
parmi le murmure du vent, dans les profondeurs de la forêt. Et
lorsque le concert sacré a cessé de faire entendre ses mélodieux
accords : « Fils du ciel, s'écrie le chef des députés de l'Arverne,
Vercingétorix, en s'adressant au barde, ta voix a réveillé dans nos
cœurs l'amour de l'indépendance et l'espoir de la liberté. Oui, nous
voulons secouer le joug qui nous écrase, effacer nos défaites et
venger notre gloire. Courage, ô mes frères d'armes, courage ! la
Gaule va renaître, et les beaux jours vont luire de nouveau sur elle !
N'oublions pas que ces mêmes Romains qui nous oppriment, nous
les avons vaincus plus d'une fois, nous les avons poursuivis et traqués jusqu'au sein même de Rome ! Nous pouvons les vaincre
encore ! Comme Brennus, lorsqu'il jetait son épée dans la balance,
en criant aux légions humiliées : « Malheur aux vaincus ! » répétons en ce jour aux échos de la Gaule entière, répétons partout :
« Malheur ! malheur aux Romains ! » et jurons d'écraser nos oppresseurs, de reconquérir l'indépendance et la liberté de la grande
patrie, ou de mourir pour elle ! »

A ces mots, tous les guerriers frémissent, et, portant la main à leurs épées : « Vengeance! s'écrient-ils, vengeance et liberté! Mort aux tyrans! mort aux vainqueurs! »

On réunit alors en faisceau les étendards de toutes les tribus; les guerriers plantent leurs glaives dans le gazon ensanglanté ; puis, tous ensemble, étendant la main vers les drapeaux réunis de la Gaule, ils jurent sur leurs épées, en présence des bardes et des prêtres, sous les dômes majestueux des chênes consacrés, de défendre la Gaule, de lui rendre la liberté ou de verser pour elle jusqu'à la dernière goutte de leur sang.

Quelques jours après, Orléans *(Genabum)* tombait au pouvoir des Carnutes. Le soir même de cette victoire, la nouvelle, transmise de bourg en bourg, de colline en colline, à travers la Gaule, parvenait chez les Arvernes. Ce fut le signal d'une insurrection générale. Enthousiasmé par ce premier succès, Vercingétorix se mit à la tête des clans de la montagne, proclama l'indépendance de la patrie commune, et se rendit maître de Gergovie, capitale de l'Auvergne. Toutes les tribus voisines imitèrent cet exemple, et vingt nations, en quelques jours, se trouvèrent sous les armes et proclamèrent Vercingétorix chef suprême de la guerre. L'étendard de l'indépendance fut arboré partout.

C'en était fait de la domination romaine en Gaule, si César ne se hâtait d'accourir.

II.

LE HÉROS DES GAULES.

DES bords de la Garonne aux rivages de l'Escaut, partout les tribus gauloises étaient debout, unies et frémissantes, n'attendant que le signal de leur chef pour se jeter sur la province romaine et détruire son armée.

César apprit, à Rome, la nouvelle de la formidable insurrection. Il partit aussitôt, et, rapide comme la foudre, il parut tout à coup, à la tête de ses légions, sous les murs de Narbonne, menacée par le Gaulois Luctère, lieutenant de Vercingétorix. Devant l'armée du proconsul, supérieure à la sienne, Luctère fut obligé de se replier, et il s'enfonça dans les montagnes de l'Auvergne. César le suivit. Les Cévennes étaient couvertes d'une couche de neige de six pieds d'épaisseur. Il les franchit en quelques jours, et fondit subitement sur le territoire des Arvernes, ravageant les campagnes, incendiant

les villes, et semant partout, sur son passage, la terreur et la con-
sternation.

Vercingétorix marchait en ce moment contre les légions romaines,
campées aux environs de Sens. A la nouvelle de l'invasion subite
de César, il revint précipitamment sur ses pas, pour défendre son

JULES CÉSAR.
D'après une gravure de la *Vie des Hommes Illustres* de Thevet.

pays. Mais déjà le proconsul, lui échappant, avait remonté le Rhône
et la Saône, rallié un détachement de cavalerie et toutes les légions
des contrées environnantes ; il s'était emparé de Langres et de
Beaune et s'était porté rapidement sur la capitale des Auréliens,
Orléans. La ville, surprise, ne put se défendre. César la livra aux

flammes et fit massacrer tous les habitants ; puis il ramena ses troupes contre Vercingétorix qui accourait en toute hâte.

Le chef des Gaulois comprit qu'il ne pourrait vaincre les Romains en bataille rangée, à cause de la supériorité de leur tactique et de leur science militaire : il entreprit de les vaincre par la famine. Il fit décider par le conseil des fédérés gaulois qu'on brûlerait toutes les villes et tous les bourgs du centre de la Gaule, afin que César n'y pût trouver aucune subsistance. Cette résolution héroïque pouvait sauver la patrie. Plus de vingt villes du Berri furent brûlées en un jour ; mais quand il s'agit de brûler aussi Avaricum, qui est aujourd'hui Bourges, les Bituriges supplièrent qu'on épargnât leur capitale, qui était, disaient-ils, la plus belle ville de la Gaule ; et ils promirent de la bien défendre.

Ils la défendirent en effet avec un grand courage, et tinrent l'armée romaine sous leurs murs, pendant trente jours, l'inquiétant et la harcelant par des sorties continuelles, détruisant ses ouvrages, et ruinant par des mines souterraines les tours qu'elle construisait pour saper leurs remparts, tandis que Vercingétorix, établi sur les hauteurs environnantes, cherchait à bloquer les assiégeants et à leur couper les vivres. Mais rien ne put dégager la place, cernée de tous côtés par les troupes de César. Les assiégés résolurent alors, d'après les conseils de Vercingétorix, de laisser dans la ville leurs femmes et leurs enfants, et de se replier, pendant la nuit, sur le camp des Arvernes. Comme ils allaient partir, les femmes et les enfants accoururent, poussant des cris et versant des larmes, les suppliant de ne pas les abandonner à la fureur des ennemis. Les Gaulois résistaient, émus, mais inflexibles, et déjà les portes s'ouvraient, lorsque les Romains, avertis par ces clameurs, leur barrèrent le passage. Les Bituriges durent abandonner leur projet et se renfermer dans leurs murailles.

Le lendemain, favorisés par une pluie abondante qui avait contraint les assiégés de chercher un abri et de négliger la garde des remparts, les Romains réussirent à s'établir sur un point de l'enceinte. Les Gaulois accoururent aussitôt, et, formant le carré, se préparèrent au combat. Mais les Romains, au lieu de descendre dans la place, se hâtèrent d'occuper les remparts, et ils s'y établirent solidement. Les Bituriges comprirent alors que tout était fini et que la retraite allait bientôt leur être fermée partout. Épouvantés, ils se précipitèrent en masse vers l'autre extrémité de la ville. Les portes se trouvèrent trop étroites pour donner passage à cette foule en désordre, poursuivie par les soldats de César. Les uns tombèrent sous les coups de l'infanterie romaine ; les autres, qui avaient réussi à gagner la campagne, furent massacrés par la cavalerie. Quarante mille personnes périrent en ce jour : on n'épargna, dit César lui-même, ni les vieillards, ni les femmes, ni les enfants ; la population de Bourges tout entière fut passée au fil de l'épée.

Ce fut un coup terrible pour la Gaule, et les ressources que l'armée romaine trouva dans la ville rendirent inutiles tous les sacrifices qu'on s'était imposés. Mais il n'est point de revers irréparable, lorsqu'on oppose à la mauvaise fortune un courage énergique et opiniâtre. Vercingétorix rendit la confiance à ses soldats, et il les accoutuma aux rudes travaux, à la manière de combattre et aux exercices des Romains.

Au printemps, quand les opérations recommencèrent, le général gaulois s'attacha à l'armée de César, qui marchait contre Gergovie, capitale des Arvernes ; il la suivit pas à pas, la harcela, lui coupa les fourrages et les vivres, sans engager d'action générale ; puis, la devançant tout à coup par une marche rapide, il s'établit dans une position formidable, sur la montagne de Gergovie. C'était pour notre héros une première victoire que d'avoir su contenir l'impétuosité gauloise, et d'avoir réglé le courage jusque-là indiscipliné de ses fougueux soldats. Il était digne de vaincre César : il le vainquit un jour, sous les murs mêmes de Gergovie.

Déjà le général romain, ayant réussi à tromper la vigilance de Vercingétorix, avait percé les lignes de l'armée gauloise et pénétré jusqu'aux murs de la place, que ses soldats escaladaient, entraînés, malgré ses ordres, par l'ardeur de la victoire et l'espoir du butin. Tout semblait perdu. Du haut des remparts, les femmes jetaient aux Romains leur or, leurs bijoux, leurs vêtements précieux, les suppliant de ne pas les traiter comme les femmes de Bourges et d'épargner leurs enfants. Mais tout à coup on vit accourir, sur le flanc des Romains, les Gaulois de Vercingétorix. Surpris par cette attaque imprévue, les soldats du proconsul ne purent tenir longtemps. Après une lutte meurtrière, culbutés sur tous les points, ils durent se replier devant la bravoure et l'impétuosité gauloises. César, vaincu, fut obligé d'abandonner Gergovie et de se retirer sur le territoire des Éduens, ses anciens alliés. C'était sa première défaite.

Mais ce n'était pas assez d'avoir vaincu les Romains : il fallait encore les anéantir. Vercingétorix ordonna une seconde fois la dévastation de tous les pays où se porterait César. Puis, fidèle à la tactique si sage qu'il avait adoptée de ruiner les Romains en détail, sans engager d'action générale, il les suivit dans leurs marches, les inquiétant sans cesse, et ralliant les renforts que lui attirait de tous côtés le bruit de sa victoire. Les Éduens venaient de se déclarer pour lui, et Vercingétorix comptait pouvoir bientôt défaire, avec sa belle cavalerie gauloise, la cavalerie romaine, qui était peu nombreuse, puis harceler et détruire peu à peu, en lui coupant les vivres, la redoutable infanterie de César, grossie des légions de Labiénus, qui venait d'opérer sa jonction avec son général en chef.

Le proconsul, devant la défection de ses alliés, se repliait vers les frontières des Séquanes, à travers le pays des Lingons. Vercingétorix, croyant le moment favorable pour attaquer l'armée romaine, rassemble ses cavaliers et les exhorte, en termes pleins de vigueur et pleins de feu, à charger l'ennemi. Animés et transportés par ses paroles, les Gaulois s'engagent, par serment, à ne point rentrer sous le toit domestique, à ne revoir ni leurs femmes ni leurs enfants, qu'ils n'aient traversé deux fois toutes les troupes de César, et quinze mille cavaliers se précipitent aussitôt, tête baissée, sur les colonnes ennemies. A l'aspect de ces terribles escadrons, qui fondent sur lui comme un orage impétueux, César fait faire volte-face, et distribue sa cavalerie en trois corps pour repousser l'attaque des Arvernes. Le combat s'engage de part et d'autre avec fureur : la cavalerie de César est écrasée sous le choc irrésistible des Gaulois. Le proconsul lance aussitôt contre la masse des cavaliers arvernes toutes ses légions. Les Gaulois, dont les rangs sont déformés, ne peuvent enfoncer les lignes profondes des Romains, et ils sont repoussés avec des pertes considérables. Dix fois Vercingétorix les ramène à la charge, et dix fois leurs escadrons fougueux viennent se briser sur les piques inébranlables de l'infanterie romaine. Pendant ce temps, la cavalerie germaine, au service de César, tombe sur les troupes que Vercingétorix tenait en réserve. L'infanterie gauloise, rompue et dispersée, abandonne le champ de bataille, couvert de morts. Dès lors, la bataille était perdue.

Les pertes des Romains, dans cette journée, furent énormes. On se battit des deux côtés avec un acharnement sans égal. Le proconsul, qui payait de sa personne comme un hardi soldat, un moment, dit-on, tomba, dans la mêlée, au pouvoir des Arvernes ; mais un officier gaulois l'ayant reconnu et s'étant écrié : *Voilà César !* saisis

Statue de Vercingétorix à Alésia.

d'épouvante, ceux qui l'entouraient prirent la fuite et le laissèrent en liberté. César perdit son épée dans la lutte, et les Gaulois suspendirent plus tard aux autels de leurs dieux cet illustre trophée.

Vercingétorix, voyant sa cavalerie décimée et son infanterie mise en déroute, fit sonner la retraite et se replia sur *Alésia*, place forte située sur une montagne, à quelques lieues du champ de bataille. César le suivit et vint camper au pied même des retranchements gaulois. Il aurait pu attaquer de vive force les troupes de Vercingétorix, dans leur nouvelle position ; mais il avait appris ce que valait son adversaire ; il préféra lutter avec lui de prudence et d'opiniâtreté, et il résolut d'affamer et d'assiéger à la fois la ville et l'armée, en les enfermant dans une immense ligne de circonvallation.

Vercingétorix comprit tout d'abord l'intention du proconsul, et il lança sur lui dix mille cavaliers. Cette fois encore la cavalerie gauloise battit les Romains et fut battue à son tour par la cavalerie germaine.

Il ne restait plus qu'une voie de salut. La Gaule tout entière se levant et venant combattre l'envahisseur dans ce champ clos d'Alésia, où Vercingétorix commandait encore à quatre-vingt mille guerriers, pouvait l'écraser de sa masse. Le chef gaulois se réfugia dans ce dernier espoir. Il réunit tout ce qu'il lui restait de cavaliers, et, prenant congé d'eux : « Partez, leur dit-il, tandis que les passages ne sont pas encore fermés ; retournez chacun dans votre nation ; levez tout ce qui peut tenir une arme, et revenez nous délivrer, vos frères et moi. J'ai des vivres pour trente jours : nous vous attendrons. » Quand la nuit fut devenue noire, les cavaliers congédiés passèrent par l'intervalle que laissaient encore libre les ouvrages romains, et ils allèrent tenter une levée en masse de la Gaule tout entière.

Le cri de détresse des assiégés d'Alésia fut entendu comme le dernier appel de la patrie en danger, et deux cent cinquante mille hommes se levèrent aussitôt et marchèrent contre les troupes de César.

Pendant ce temps, le général romain faisait exécuter autour d'Alésia, malgré les efforts de Vercingétorix, les travaux gigantesques qu'il avait résolus. Autour de la montagne sur laquelle était située la ville, s'étendait une vallée de trois mille pas, bordée de tous côtés par une ceinture de collines. César prit position sur ces collines, et il entoura la ville et la montagne d'un ensemble d'ouvrages de onze mille pas de tour. L'imagination recule devant le souvenir de ces travaux, et l'histoire n'a conservé aucune tradition militaire aussi merveilleuse. Il y avait trois fossés de quinze pieds de large, et, derrière le troisième, un rempart crénelé de douze pieds de haut, hérissé dans sa base d'une haie de pieux aigus, et flanqué, de quatre-vingts pieds en quatre-vingts pieds, de tours solides et formidables. Pour se protéger contre les sorties des assiégés, qui inquiétaient, jour et nuit, les travailleurs, César fit planter, en avant des fossés, des arbres entiers, les branches en haut et à fleur de terre. Il y en avait cinq rangs, liés ensemble, et quiconque s'y engageait ne pouvait en sortir. Au devant étaient des fosses de trois pieds, disposées en quinconce, qui se rétrécissaient peu à peu, et garnies de pieux aigus, durcis à la flamme, et de pointes de fer. Il y en avait huit rangs, à trois pieds de distance l'un de l'autre ; le tout, recouvert de ronces et de broussailles, pour cacher le piège. Ces ouvrages terminés, César en fit exécuter d'absolument semblables, en dehors et à l'extérieur du rempart, afin de recevoir les armées de la Gaule et de repousser leurs assauts. L'ensemble des travaux embrassait une étendue de quatorze mille pas. Ce fut à l'abri de ces formidables retranchements que César attendit l'arrivée des armées gauloises, et ce fut ainsi qu'avec soixante mille soldats seulement, mais les premiers soldats du monde, il parvint à cerner de toutes parts une armée de quatre-vingt mille hommes.

Cependant les secours attendus n'arrivaient pas, et les assiégés commençaient à perdre espoir : les trente jours fixés par Vercingétorix étaient écoulés, et l'on ne voyait rien paraître à l'horizon. Les ressources manquaient, et la famine était dans la ville et dans l'armée.

Ne recevant aucune nouvelle de ce qui se passait en Gaule, Vercingétorix convoqua son conseil de guerre.

Les avis furent partagés. Quelques chefs parlaient de capituler ; d'autres conseillaient de tenter une sortie, de rompre les lignes de César, ou de mourir jusqu'au dernier. Alors un Arverne, célèbre par sa naissance et son crédit, prit la parole : « Je ne répondrai pas, dit-il, à ceux qui, sous prétexte de capituler, consentent à se courber sous le plus dur et le plus honteux esclavage : ils ont oublié le massacre d'Orléans, la sanglante exécution de Bourges et de tant d'autres villes. Ils ne sont plus Gaulois, et sont indignes de paraître ici. Je m'adresserai donc à ceux qui veulent tenter une sortie, et je leur demanderai, bien que leur résolution soit digne de notre antique valeur, s'il n'y a pas plus de faiblesse que de courage à ne pas savoir supporter quelques instants de disette ; s'il n'est pas moins rare d'affronter la mort que de se résigner à la douleur ? Notre devoir, en ce moment, est de considérer avant tout les intérêts de la Gaule, que nous avons appelée à notre secours. Lorsque quatre-vingt mille hommes auront trouvé la mort dans cette plaine, que pourront faire alors et que deviendront nos parents, nos femmes, nos amis ? Vous priverez ainsi de la force de vos bras, de l'appui de vos armes, ceux qui s'oublient et se dévouent pour vous sauver la vie, et vous livrerez vos frères à l'avilissement d'un éternel esclavage. Eh quoi ! parce que le secours n'arrive pas à jour fixe, vous doutez de la foi et du patriotisme de la Gaule ! Croyez-vous que les Romains, s'ils n'avaient rien à craindre du dehors, travailleraient chaque jour à de nouveaux retranchements ? Non, non, les Romains savent que les Gaulois arrivent, et si les messages de nos frères ne peuvent parvenir jusqu'à nous, ces travaux gigantesques nous annoncent leur approche. Croyez en mon expérience : attendons, et, s'il le faut, imitons l'exemple des Cimbres et des Teutons, qui, dans une semblable circonstance, soutinrent leur existence avec les corps de ceux que leur âge rendait inutiles à la guerre. N'aurions-nous pas cet exemple, nous devrions le donner nous-mêmes à nos descendants, car les Cimbres avaient moins à craindre que nous : il leur restait une patrie, et les Romains veulent nous ravir la nôtre, nous enlever nos biens, nos cités et nos richesses, et nous imposer leur joug. Si vous ignorez les traitements qu'ils ont infligés aux nations lointaines, regardez autour de vous, et voyez si la souffrance et la mort ne sont pas préférables à la honte et aux brutalités de l'esclavage et de la tyrannie ! »

Ces paroles étaient sages, mais l'expédient était barbare : on les rejeta, et l'on résolut de faire sortir de la place les femmes, les vieillards et les enfants, afin de réserver le peu qui restait de vivres pour les combattants. César refusa de laisser passer ces malheureux, et ils demeurèrent, mourant de faim, entre les deux armées.

Le secours attendu parut enfin, et deux cent cinquante mille guerriers se déployèrent, en vue d'Alésia, sous les ordres de l'Atrébate Comm et de l'Arverne Vergasillaun, parent de Vercingétorix. Les assiégés les saluèrent d'une immense acclamation et se crurent sauvés. Une lutte gigantesque allait s'engager entre César et la liberté : le sort de la Gaule allait se décider, sous les murs d'Alésia !

La lutte commença, ardente et vive, lutte suprême et dernier effort des Gaules. Il y eut trois jours de batailles immenses, où les assiégeants, devenus les assiégés, durent combattre deux ennemis à la fois, et où Vercingétorix, d'un côté, et l'armée de secours, de l'autre, donnèrent assaut sur assaut à la double enceinte de César.

Ce fut Vercingétorix qui commença l'attaque. Le premier fossé

Vercingétorix jeta à terre son épée, son casque et son javelot. (P. 75.)

Dieu et Patrie.

des retranchements fut emporté. On combattit depuis le milieu du jour jusqu'au coucher du soleil, sans que la victoire penchât pour l'une ou l'autre des deux armées. Alors César lança ses Germains auxiliaires, qui chargèrent vigoureusement les Gaulois épuisés. L'armée de Vercingétorix, rompue et dispersée, abandonna le champ de bataille, couvert de morts, et rentra tristement dans Alésia. Un jour entier s'écoula, sans aucune nouvelle tentative. Les Gaulois confédérés en profitèrent pour confectionner des claies, des échelles et des harpons ; puis, vers minuit, ils sortirent en silence de leur camp, et s'avancèrent jusqu'aux retranchements extérieurs, du côté de la plaine. Poussant alors des cris effroyables, afin d'avertir les assiégés de leur approche, ils jetèrent leurs claies, attaquèrent le rempart, et disposèrent tout pour un assaut. Vercingétorix, de son côté, donna le signal avec la trompette et fit sortir ses soldats de la place. Mais les Romains tinrent vigoureusement contre cette double attaque, et les retranchements ne purent être emportés. Les assaillants se retirèrent, comme la veille, après avoir perdu beaucoup de monde, sous le rempart, dans les chausse-trapes et les fossés.

Repoussés deux fois, les Gaulois tinrent conseil, et une action générale et décisive fut résolue pour le lendemain. Dès le point du jour, Vergasillaun, chargé d'enlever une colline, défendue par deux légions, sort du camp et commence la lutte. A cette vue, Vercingétorix se précipite dans la plaine avec ses guerriers. La bataille s'engage sur tous les points avec acharnement. Les Romains, pressés entre deux corps d'armée, se voyant hors d'état de défendre leur ligne trop étendue et de faire face partout à leurs nombreux ennemis, hésitent un instant et songent à se replier. Déjà Vercingétorix, impétueux comme un lion, avait franchi tous les fossés, détruit le rempart sur un point, et il se précipitait vers la plaine, culbutant et massacrant tout sur son passage. A cette vue, César lance contre lui successivement les six cohortes de Brutus et les sept de Fabius, et se porte lui-même sur le lieu du combat, courant de ligne en ligne, parmi ses légionnaires ébranlés ; puis, se mettant à leur tête, il les lance une dernière fois contre l'armée de secours, tandis que ses cohortes arrêtent Vercingétorix. Les Gaulois tiennent bon contre cette charge désespérée et font des prodiges de valeur. Mais soudain, la cavalerie romaine, qui les a tournés, tombe sur eux avec fureur. Surpris par cette attaque imprévue, et saisis d'une terreur panique, les Gaulois lâchent pied et fuient de toutes parts. Les uns sont écrasés sous les pieds des chevaux, les autres massacrés par les légionnaires, acharnés à leur poursuite.

C'en était fait de l'indépendance de la Gaule et de sa grande armée. Vercingétorix rentra dans Alésia. Tout était perdu !

Le héros ne songea plus dès lors qu'à ses compagnons d'armes. Il était le seul homme qui eût arrêté la fortune de César et remporté sur lui une victoire et il savait que César n'en voulait qu'à lui. Il jugea qu'il pouvait encore sauver ses amis. « C'est moi, leur dit-il, qui vous ai poussés à cette guerre et conduits jusqu'ici. Je suis prêt à satisfaire aux Romains par une mort volontaire, ou à me livrer, vivant, aux pieds du proconsul. »

Les héros gaulois avaient coutume, lorsqu'ils étaient vaincus, de se donner la mort. Vercingétorix renonça à mourir libre, pour le salut de ses frères. Il fit demander à César ses volontés. Le proconsul exigea que les Gaulois livrassent leurs chefs.

Le lendemain, comme César était assis sur un tribunal, au milieu de son armée, on vit arriver tout à coup, au galop de son cheval, un cavalier de grande taille, aux traits mâles et fiers, et revêtu d'une brillante et magnifique armure. C'était Vercingétorix. Il courut droit à César, fit tourner son cheval en cercle, autour du tribunal, puis, jetant aux pieds du proconsul son épée, son casque et son javelot, il demeura immobile et muet.

Une grande âme est plus qu'un grand génie. Le vainqueur fut moins grand que le vaincu. César accorda la vie et la liberté à vingt mille guerriers de l'Arverne et du pays des Éduens, pour prix du sacrifice de Vercingétorix ; mais il accabla de reproches le héros de Gergovie, et fit charger de chaînes celui dont le seul crime était d'avoir vaincu César.

Vercingétorix languit, pendant six ans, dans la prison Mamertine. Quand le général romain, après avoir renversé les républiques gauloises, eut dompté Rome elle-même, il traîna Vercingétorix derrière son char, dans une pompe triomphale ; puis il le livra à la hache des licteurs.

Ainsi finit le héros des Gaules, l'immortel Vercingétorix, dont un historien a pu dire : « Je salue en lui le premier des Français ! » Ainsi tomba cette première France, la France des Gaulois, impétueuse et fière comme son glorieux nom, et brave comme le fer de sa vaillante épée !

IV.
CHANTS GUERRIERS DE SELMA.

LÈVE-TOI, Crumlin, lève-toi ! voici les vaisseaux de Swaran. L'ennemi est immense, et la mer sombre roule avec ses vagues une foule de héros [1].

— Fils de Colma, répond le chef aux yeux bleus, je te vois toujours trembler. Sais-tu si ce n'est pas Fingal, le roi des monts solitaires, qui vient me secourir dans les vertes plaines d'Ullin ?

— J'ai vu leur chef, reprend le guerrier : il est haut et menaçant comme un rocher de glace. Sa lance ressemble à un vieux sapin, et son bouclier est aussi large que la lune au bord de l'horizon. Il était debout sur le sable de la grève, et ses troupes s'amassaient autour de lui, comme une nuée d'orage. Les héros ne peuvent soutenir son aspect ; son bras les sème dans la poussière. Nul autre que Fingal, le roi des collines orageuses, n'ose affronter Swaran dans les combats. Un jour, ils luttèrent ensemble sur la cime du Loda : le sol de la forêt fut labouré sous leurs pas, et les roches, arrachées de leurs bases, roulèrent dans la vallée. Trois jours entiers ils combattirent ainsi : les guerriers attendaient à l'écart, immobiles et glacés d'effroi. Au quatrième jour, Fingal leur cria : « Le roi de l'Océan est tombé ! — Il est debout ! » répondit Swaran plein de vigueur et d'audace. — Et maintenant, prince, n'essaye pas de résister à celui qui brise tout sur sa route, comme les tempêtes de Malmor.

— Jamais, s'écria Crumlin, jamais je ne céderai à un homme ! Va, Moran, va frapper de ma lance le bouclier redoutable de Caïrbar,

---

1. D'après les poésies d'Ossian.

suspendu aux portes de Tura. Que ses frémissements sonores réveillent l'esprit de la guerre : on l'entendra sur les montagnes. »

Moran part ; il frappe le bouclier : les hauteurs et les vallées répondent ; les échos s'étendent dans la forêt ; le cerf tressaille au bord des lacs solitaires. Déjà Curach se lève, il s'élance fougueux et menaçant, et Connal, après lui, brandit sa pique sanglante.

« Enfants de la mer, prenez vos armes ! Levez-vous, levez-vous, héros terribles, quittez la solitude de vos forêts profondes ; à la voix puissante du bouclier de Caïrbar, accourez, faites siffler sous vos pas la bruyère de Mora ! Que vos panaches blancs couvrent les flancs de la montagne, comme l'écume de la mer, quand les noirs ouragans la répandent à flots sur les roches noirâtres. »

Tous les chefs sont rassemblés : les guerriers les entourent. Leurs âmes frémissent et s'enflamment au souvenir des combats et des siècles passés ; leurs regards étincelants cherchent l'ennemi. Leurs bras nerveux reposent sur la poignée de leurs épées, et l'éclair jaillit de leurs flancs d'acier. Le bruit de leurs armures fait vibrer les airs, et leurs dogues excités font entendre de longs et lugubres aboiements. Toutes les voix entonnent l'hymne des combats, et les échos du Cromla le redisent au loin.

La troupe envahit les sommets du Léna et s'étend sur les bruyères. On dirait un brouillard d'automne, lorsque, rassemblant ses flocons épars dans la plaine, il monte sur les collines obscurcies, et, de leur cime, élève peu à peu sa tête dans les cieux.

Cependant Crumlin consulte ses guerriers : « Combattrons-nous, dit-il, fils des vallées, ou céderons-nous au roi de Loclin les vertes plaines d'Inisfail ?

— Levez-vous, vents orageux d'Érin, répond Connal ; mugissez, ouragans des bruyères ! Puissé-je mourir au milieu de la tempête, enlevé dans un nuage par les fantômes irrités des morts, si jamais la chasse valut pour moi l'ivresse des combats ! Mais, hélas ! les vaisseaux de Swaran offrent l'aspect d'une forêt chargée de vapeurs, lorsque les arbres secoués plient tour à tour sous l'effort de l'aquilon. La foule de ses soldats est trop grande. Attendons l'arrivée de Fingal, Fingal, qui balaye les guerriers, comme la tempête disperse le feuillage, quand le fracas des torrents tourmente les échos de Cona, et que la nuit s'assied sur la colline, dans son manteau de brume.

— Attendons l'arrivée de Fingal ! » s'écrient tous les chefs ensemble.

Alors Crumlin sonne l'alarme sur son bouclier. Ceux que le sort a désignés pour veiller pendant la nuit se mettent en marche; le reste de l'armée, couché sur la colline, s'endort, dans les ténèbres, au murmure des vents.

Les ombres des héros décédés erraient au-dessus d'eux, portées dans les nuages ; et l'on entendait au loin, parmi le silence du Léna, les voix grêles des fantômes, présages de la mort.

Le souffle des vents inclinait les grands bois : les torrents agités grondaient de roche en roche, et les étoiles scintillaient à peine au travers des vapeurs qui couraient dans les cieux. Le chef d'Érin était assis, triste et pensif, au bord d'un ruisseau, dont le murmure retentissait parmi les rochers aigus, et Connal, couché au pied d'un vieux chêne, écoutait le bruit du vent qui gémissait dans les grands arbres. Les voix sombres des fantômes venaient, à travers les bruyères de Léna, frapper son oreille. Il était seul et loin du reste des guerriers : l'enfant de la guerre méprisait les surprises de l'ennemi.

Tout à coup, il aperçoit, chevauchant sur un météore enflammé, l'ombre de Crugal. Son visage est pâle comme les rayons de la lune à son couchant ; les brumes de la colline lui font un linceul, et ses yeux sans éclat ressemblent à deux lumières mourantes.

Le fantôme étend sa main glacée sur le héros ; sa voix éteinte pousse un murmure faible, comme le vent du soir pleurant dans les roseaux : « Mon ombre, dit-il, ô Connal, erre sur les collines qui m'ont vu naître ; mais mon corps est couché sans sépulture sur les sables d'Ullin. Tu ne t'entretiendras plus avec Crugal. Jamais tu ne reverras la trace de ses pas empreinte sur la bruyère. Je suis léger comme le vent du Cromla : je ne suis plus qu'une vapeur mouvante et fugitive. Fils de Colgar, je vois s'avancer le sombre nuage de la mort ; il s'arrête suspendu sur les plaines de Léna. Les enfants des vertes contrées d'Érin succomberont : éloigne-toi, car ces lieux sont peuplés de fantômes. »

Semblable à la lune qui s'éclipse, il disparaît dans un tourbillon. « Arrête, s'écrie Connal, arrête, ombre de mon ami !... Reviens encore sur ton rayon céleste. Dis-moi quelle colline est l'asile de ton repos. N'entendrai-je plus ta voix dans le bruit des orages, dans le murmure des torrents, lorsque les fantômes, portés sur l'aile des vents, traversent le désert ? »

Connal se lève : ses armes retentissent. Il frappe son bouclier à l'oreille de Crumlin, et le chef s'éveille.

« Pourquoi, Connal, viens-tu troubler mon sommeil ?

— Fils de Sémo, répond Connal, j'ai vu l'ombre de Crugal. Il m'a parlé ! Sa voix ressemblait au murmure d'un ruisseau dans le lointain. Ce qu'il m'a dit, ô prince, est pénible pour un guerrier ; mais je dois te le transmettre, car les morts connaissent l'avenir et s'occupent des mortels. Demain, la paix, ô Crumlin ! ou prépare-toi à fuir à travers les plaines de Léna.

— Que les morts m'oublient dans leurs cavernes, reprend le chef d'Érin ; jamais Swaran ne me verra fuir devant lui ! Si je dois succomber, ma tombe instruira l'avenir de ma renommée. Le chasseur arrosera ma pierre de quelques larmes, et le deuil environnera la demeure de mon épouse. Je ne crains point la mort ; mais je crains de fuir. Va, fils de Colgar, frappe le bouclier de Caïrbar : il est suspendu parmi les lances ; que mes guerriers, réveillés en sursaut, prennent les armes pour de nouveaux combats. Malgré les retards de Fingal, nous vaincrons. Oui, nous vaincrons, ou nous mourrons dans le champ des héros ! »

Le son du bouclier se répand au loin : les guerriers se lèvent de toutes parts. Debout, ils ressemblent à autant de chênes pliant sous leur ramure, lorsqu'ils sont battus par l'ouragan d'hiver, et que les vents font craquer leurs branches desséchées.

La tête grisâtre du Cromla se dégage des nuées ; la lumière du jour naissant tremble sur l'Océan à demi éclairé ; une vapeur bleuâtre chemine lentement le long des flancs de la montagne et cache les guerriers d'Inisfail.

« Aux armes ! crie Swaran ; aux armes ! guerriers de Loclin ! Les enfants d'Érin ont fui devant nous. Poursuivons-les dans les plaines de Léna. Et toi, Morla, vole au palais de Cormac : somme-le de se soumettre à Swaran, avant que tout son peuple ne soit jeté dans la tombe, avant que le silence de la mort ne règne sur les collines d'Ullin. »

A ces mots, tous ses guerriers se précipitent, tels qu'une nuée d'oiseaux de mer chassés du rivage par les vagues en fureur. On croirait entendre le fracas de mille torrents qui s'entre-choquent dans les vallées de Cona, lorsque, après une nuit orageuse, ils roulent leurs ondes encore agitées, à la pâle clarté de l'aurore.

Comme on voit les ombres de l'automne s'étendre et glisser au flanc des collines ; tels, et plus sombres et plus rapides, se suivent et passent les guerriers des forêts de Loclin. Mais soudain un vent froid s'élève du côté de la mer, et d'un souffle déchire le voile de brume qui reposait sur l'onde. Alors les bataillons d'Inisfail appa-

raissent sur le rivage, comme une chaîne d'écueils. Leur chef marche,
couvert de ses armes : il est semblable à un fantôme entouré de sanglants météores, et tenant dans ses mains les traits de la tempête.

Swaran, surpris, arrête sa marche, et Carril embouche la trompette de la guerre. Il entonne l'hymne de la bataille et verse son
âme dans l'âme des héros.

Quand il a fini, Swaran donne le signal de l'attaque. Les guerriers
se précipitent comme un torrent qui sort du désert, entraînant dans
sa course les blocs de pierre et les arbres déracinés. Crumlin reste
immobile, tel que les monts inébranlables qui défient les orages.
Que les vents luttent de furie, que la grêle tombe et batte les rochers, ferme sur sa base, le mont résiste et couvre de son ombre les
vallées silencieuses de Cona. Tel Crumlin protégeait les enfants
d'Érin et levait sa tête altière au milieu des bataillons.

Le sang des héros mourant autour de lui ruisselle comme la
source du Légo. Mais l'armée d'Érin d'un bout à l'autre se fond
ainsi que la neige aux rayons du soleil. Le champ de bataille est
conquis par l'ennemi. L'armée de Crumlin fuit en désordre.

Elle s'arrête sur les sommets du Cromla. Les guerriers attristés
comptent leurs rangs, éclaircis comme une forêt qu'a traversée la
foudre en allumant l'incendie. — Crumlin, debout près d'un chêne,
roulait, dans un morne silence, ses yeux enflammés, et semblait
prêter l'oreille aux vents qui frissonnaient dans ses longs cheveux.
Les restes de son armée étaient rassemblés autour de lui; appuyés
sur leurs lances, tous les guerriers attendaient, pleins de tristesse,
les ordres de leur chef. Crumlin, les yeux fixés vers la terre et la
tête penchée, comme le roi des forêts battu par la tempête, s'abandonnait à sa douleur et paraissait plongé tout entier dans les réflexions les plus amères. Les pensées se pressaient dans son âme,
comme le flot presse le flot, quand il bondit écumant sur le rivage.
Par intervalles il portait ses regards du côté de la mer : aucun vaisseau ne paraissait à sa vue ; et des soupirs s'exhalaient de sa poitrine en feu...

Mais soudain, relevant la tête et secouant son angoisse, comme
un arbre centenaire secoue les gouttes de la pluie après un jour
d'orage : « O vous, s'écrie-t-il, ombres des héros couchés dans la
plaine, hôtes légers des nuages, accourez au-devant de vos frères,
qui vont mourir demain ! Faites-leur place auprès de vous, dans
l'asile de vos collines vaporeuses ! Qu'ils puissent un jour, portés
sur les vents, traverser l'espace, visiter mon sommeil, si la mort doit

m'épargner; qu'ils viennent consoler mes longs regrets, dans le silence de mes nuits solitaires !... O mes enfants, si vous tombez ici, comme vos frères, sur les bruyères d'Érin, je vous reverrai encore. Bientôt, bientôt nos ombres pâles se rencontreront dans les nuages, et traverseront ensemble les coteaux de Cona ! »

Tout à coup, des bords de l'océan, accourt, d'un pas agile, Moran, fils de Fithil.

« Les vaisseaux, crie Moran, les vaisseaux de l'île solitaire! Voici Fingal, le chef des héros, le fléau des boucliers! Les vagues écument sous ses vaisseaux rapides ; ses mâts, chargés de voiles blanches, offrent à l'œil une forêt dans les nuages.

« Accourez, soufflez ensemble, dit Crumlin, ô vents qui protégez la féconde Érin ! Viens, Fingal, viens apporter la mort à mes ennemis ! O mon ami! tes voiles réjouissent mes yeux, comme les clartés de l'aube après un sommeil troublé. Tu nous rends le courage, la force et la victoire. »

La voix sombre des vents mugissait au loin dans les rameaux des arbres, et la pluie s'amassait sur la tête du Cromla. Le chef d'Érin fait sonner la trompe des batailles, et il se met en marche avec ses guerriers. Il a bientôt rejoint les troupes de Selma.

Mais déjà Fingal a rangé ses bataillons sur le rivage, et ses bardes ont entonné l'hymne des combats. Comme on voit au-dessus d'une mer orageuse les nuages glisser autour d'un météore nocturne, qui éclaire leurs noirs flocons, ainsi les héros de Selma se groupent autour de leur chef.

Lui, tranquille au milieu d'eux, et le regard en feu, il élève et abaisse sa lance tour à tour, selon que les sons harmonieux des harpes s'enflent ou diminuent. Bientôt des cris retentissent de toutes parts : les guerriers se précipitent sur les troupes de Swaran.

L'ouragan déchaîné sur Morven, les nuages amoncelés, les flots de l'océan furieux sont moins terribles que la mêlée des deux peuples sur la plaine immense de Léna. Les cris des mourants hurlent parmi les collines, comme les aboiements de la foudre dans la nuit, lorsque la nue se déchire au-dessus de Cona, et qu'on entend les cris aigus de mille fantômes portés sur les vents.

Fingal s'élance au plus épais des rangs ennemis. Les chênes courbés gémissent, et les rochers s'écroulent sous les pieds des bataillons.

Le sang ruisselle sous la main de Fingal; dans sa course impétueuse, il dévore le champ de bataille. Ryno s'avance à sa suite comme une colonne de feu. Gaul, Fergus et Fillan frappent à coups redoublés.

Qui pourrait compter les morts et les exploits des héros, dans cette journée célèbre, où Fingal, bouillant de rage, foudroya les guerriers de Loclin ? Les gémissements erraient de colline en colline, jusqu'à ce que la nuit vînt tout couvrir de ses ombres. Pâles et frissonnant d'effroi, comme un troupeau de timides chevreuils, les enfants de Loclin se retirent sur les hauteurs.

Les vainqueurs vont s'asseoir pour entendre le son des harpes, au bord du paisible ruisseau de Lubar. Fingal écoute le chant des bardes qui célèbrent son triomphe. Le vent agite sa chevelure épaisse, et ses pensées mélancoliques retournent vers le passé.

Les ombres du soir enveloppent de longs voiles flottants la cime du Cromla. Les étoiles du nord s'allument au-dessus des flots d'Ullin et scintillent comme des yeux de flamme, parmi les vapeurs fugitives du firmament. Un vent sourd mugit au fond des bois : le silence et la nuit couvrent le champ de la mort.

Cependant sur le penchant du Mora les guerriers se rassemblent, et vainqueurs et vaincus préparent un festin. Cent chênes antiques s'embrasent au souffle des vents. La coupe de la fête s'emplit et circule à la ronde. La joie brille sur tous les visages : seul, le roi de Loclin garde un morne silence. La douleur et le ressentiment se peignent dans ses yeux enflammés. Souvent il tourne ses regards vers la plaine de Léna, et soupire au souvenir de sa défaite.

Fingal était debout, appuyé sur le bouclier de ses pères. Ses longs cheveux, doucement agités par la brise, reluisaient aux clartés de la nuit. Il remarque la douleur profonde de Swaran, et s'adressant au premier de ses bardes : « Entonne, Ullin, dit-il, entonne l'hymne de la paix : adoucis mon âme après la bataille ; que j'oublie le bruit des armes, qui murmure encore à mon oreille ; que cent harpes s'apprêtent et consolent le roi de Loclin! Mon glaive foudroie les guerriers dans le combat ; mais, dès qu'ils m'ont cédé la victoire, je dépose le glaive et j'offre au vaincu la coupe hospitalière. »

Et le barde chanta :

« Blanche étoile des nuits, diamant lumineux au front d'azur du crépuscule, que vois-tu dans la plaine ? Les bruits du jour ont cessé ; les vents se taisent ; l'écho du torrent semble s'évanouir ; les vagues aplanies rampent au pied des rochers ; les moucherons, voltigeant parmi les parfums du soir, remplissent de bourdonnements le silence des airs.

« Étoile brillante, que vois-tu dans la plaine? Mais déjà ta douce lueur descend peu à peu sur les bords de l'horizon. Les flots de la mer s'entr'ouvrent pour te recevoir et baigner, ô fille du ciel, ta chevelure argentée! Salut, reine de la paix, salut! Protège les héros qui ont combattu ensemble. Ils se sont assis au même festin, ils ont trempé leurs lèvres à la même coupe, et l'amitié jurée sera éternelle! »

Mais soudain les harpes cessèrent leurs accords, et celle d'Ullin résonna seule, comme des sanglots. Le barde inspiré chanta l'hymne des morts ; tous les guerriers silencieux se levèrent, et la tristesse envahit leurs âmes, comme la brume envahit la plaine après un jour d'automne.

La voix disait :

« Penchez-vous au bord de vos nuages, ombres de nos pères ; écartez loin de vous la terreur et les feux qui vous environnent ; recevez près de vous les héros qui expirent à cette heure, couchés dans les herbes de Léna. Qu'ils vivent heureux, parmi les astres des nuits et les météores lumineux, jusqu'à ce que nous allions nous-mêmes les rejoindre! Ombres de nos pères, penchez-vous au bord de vos nuages, et que la flamme de vos yeux s'abaisse sur les enfants d'Érin ! »

La voix du barde s'éteignit ; mais, sous ses doigts, sa harpe fit entendre des sons lugubres comme le chant des funérailles. Puis tout à coup, haletant, l'âme emportée par le souffle prophétique, il reprit : « Levez-vous, levez-vous, vents d'automne, soufflez sur la plaine déserte ; torrents des montagnes, pleurez ; et vous, noires tempêtes, gémissez dans la cime des chênes ! Selma n'est plus !... O Morven ! pourquoi ta lumière s'est-elle éteinte ? Tes palais eux-mêmes, avec ceux qui les habitaient, sont tombés sur la bruyère... et maintenant l'ombre de la mort les environne !

« Selma n'est plus qu'un monceau de ruines ! le silence habite Selma ! Le bruit des coupes ne s'y fait plus entendre : le chant des bardes et le concert des harpes ne résonnent plus sous ses voûtes immenses. Des tertres verdoyants, où des pierres couvertes de mousse élèvent d'espace en espace leurs têtes grisâtres, voilà tout ce qui reste des splendeurs d'autrefois. Selma, Selma, palais des rois, asile des conquêtes ! ta gloire s'est évanouie, et le deuil s'est assis sur tes ruines solitaires ! »

La voix du barde expira sur ses lèvres.

Fingal frémit, et des larmes roulèrent sous les paupières des guerriers.

Dieu et Patrie.

V.
LE ROI DES ASTURIES.

I.

LE SANG DE L'ESPAGNE ET LES PRISONS DE CORDOUE.

E huitième siècle venait de s'ouvrir, et, avec lui, une ère de grandeur et d'accroissement semblait commencer pour les enfants de Mahomet. Partis du fond de l'Arabie, les farouches disciples du Coran avaient étendu la puissance de leur cimeterre sur toutes les côtes de l'Afrique, faisant disparaître, sous les pieds ensanglantés de leurs chevaux numides, les derniers vestiges du catholicisme avec les premières fleurs de la civilisation chrétienne. Tout cédait devant eux : partout ils apportaient la désolation, le ravage et la mort. Déjà même, guidés par un traître de la nation des Goths, ils avaient franchi la mer et passé en Espagne. En vain le généreux Théodemir et l'intrépide Roderic avaient cherché à s'opposer à ces hordes fanatiques : la bataille de Xérès avait livré l'Espagne ; l'antique puissance des Wisigoths n'était plus ! Le roi Roderic avait succombé dans le combat, sous les coups de Tarik : Tolède, Cordoue, Mérida avaient ouvert leurs portes ; tout pliait maintenant sous le joug de ces impitoyables vainqueurs. C'en était fait de l'Espagne, peut-être même de l'Europe et du monde chrétien, si Dieu n'eût suscité un sauveur !

Mais l'heure n'avait point sonné encore. Semblable à un torrent dévastateur, qui renverse tout sur son passage, le flot mahométan s'avançait toujours, de plus en plus menaçant et orgueilleux, refoulant vers les Pyrénées les derniers défenseurs de l'Espagne. Arrivant de tous côtés, en désordre, poursuivis et traqués par les hordes ennemies, les soldats wisigoths se réfugiaient dans les gorges sauvages des Asturies. Leurs bandes éparses se multipliaient de jour en jour, bientôt ils furent assez nombreux pour former une petite armée. Retranchés dans ces défilés inaccessibles, inconnus aux envahisseurs de l'Espagne, et protégés par les forêts et les montagnes, les braves défenseurs de la foi nourrissaient en leurs cœurs généreux l'espérance de pouvoir un jour reprendre les armes et reconquérir leur indépendance et leur liberté. Mais il fallait se réorganiser, choisir un chef, et attendre l'heure marquée par Dieu.

Cependant on avait relevé, sur le champ de bataille de Xérès, couvert de blessures et de sang, le porte-lance de Roderic, l'intrépide Pélage. Fidèle écuyer et soldat plein de bravoure, il était tombé près de son roi, sans pouvoir le sauver, et si la mort l'avait épargné, il avait du moins versé généreusement son sang pour la défense de son pays. Épuisé, mais plein de vie encore, on l'avait jeté dans un noir cachot. L'illustre prisonnier gémit, pendant plusieurs années, dans l'isolement et la captivité, priant Dieu pour sa patrie, et appelant de tous ses vœux l'heure fortunée où il lui serait permis de rompre ses fers et de se mettre à la tête des Espagnols, pour reconquérir le royaume de ses pères, car la famille royale tout entière avait péri dans les plaines de Xérès.

Depuis cinq ans déjà Pélage attendait : le Ciel n'exauçait point les désirs généreux de l'infortuné captif. Les Arabes s'avançaient toujours, étendant et affermissant de plus en plus leurs conquêtes. Déjà ils avaient soumis les provinces du centre de l'Espagne, et leurs hordes implacables se rapprochaient des Asturies. Pélage suivait avec anxiété les progrès de l'ennemi, et la soif de la vengeance s'enflammait en son cœur et croissait, chaque jour, avec les ardeurs de son patriotisme.

Confiants en leurs succès et comptant sur la durée de leur domination, les disciples du Coran établissaient partout, sous l'étendard du prophète, les lois et les coutumes de l'Orient. Les mosquées remplaçaient les églises, et les palais des Wisigoths étaient transformés en sérails. Pélage, que les vainqueurs semblaient n'avoir plus à redouter, fut transféré, vers l'année 717, dans la forteresse de Cordoue. C'était une citadelle immense et gigantesque, bâtie sur les bords du fleuve. Reconstruite en partie et décorée par les Arabes, elle était devenue la résidence du gouverneur de la province. Les mille pointes de ses tours, ses dômes, ses clochers moresques, ses flèches et ses pignons dentelés lui donnaient un aspect imposant et redoutable. Le soir, lorsque le soleil couchant projetait ses derniers rayons sur la crête des montagnes, et que les ternes lueurs du crépuscule couvraient comme d'un voile mystérieux toutes ces constructions irrégulières et bizarres, le palais ressemblait à une masse informe de rochers aigus. L'intérieur du château était une merveille, mais nul chrétien ne pouvait y pénétrer. Les cachots seuls, au-dessus desquels s'élevait la terrible forteresse, avaient reçu les larmes, les prières et les sanglots des fidèles enfants du Christ.

Pélage était détenu dans un de ces cachots, éclairé par une fenêtre byzantine donnant sur les terrasses du sérail. Bien que l'ouverture fût étroite et masquée dans l'épaisseur des constructions, le prisonnier pouvait reposer sa vue sur la verdure des collines et des bosquets environnants, respirer le parfum des orangers et s'enivrer des concerts harmonieux que faisaient entendre mille oiseaux cachés dans les bocages odoriférants. Au crépuscule, alors que les femmes du calife, à demi voilées, sortaient dans le jardin pour respirer la fraîcheur de la nuit, Pélage, afin d'attirer l'attention des illustres esclaves, chantait, de sa voix mâle et sonore, des refrains guerriers, souvenirs du passé et seuls adoucissements permis à sa longue et pénible captivité.

Depuis quelque temps il chantait ainsi, chaque soir, et les échos seuls des voûtes solitaires répondaient à sa voix. On était alors au milieu de l'été : le ciel de l'Espagne avait revêtu cet azur sans tache qui enfante ces nuits enchanteresses dont le calme, la fraîcheur et les parfums sont autant de voluptés.

Cependant la voix de Pélage ne se perdait pas en vain. Assise, chaque soir, près de la fenêtre du cachot, dans une touffe épaisse d'ormeaux et de lauriers, une jeune femme prêtait l'oreille. Aux accents plaintifs de cette voix pleine et vibrante, elle sentait son cœur tressaillir. Peut-être ces refrains guerriers rappelaient-ils à la noble odalisque des souvenirs aimés ; peut-être Dieu lui avait-il donné une âme naturellement tendre et compatissante... Elle aurait voulu connaître celui dont les chants la pénétraient de si douces et de si mystérieuses émotions ; elle aurait voulu adoucir son infortune, lui rendre la lumière avec la liberté. Chaque matin, le captif recevait, en même temps que sa nourriture, un bouquet de violettes ou de camélias. Il ignorait quelle était la main qui l'avait cueilli, le cœur généreux qui le lui envoyait ; l'esclave même qui le lui apportait n'en connaissait point l'origine ; mais il devait s'informer de la santé de Pélage et le questionner sur sa famille et sur son passé.

Un soir, le prisonnier avait chanté avec plus d'expression que jamais : il avait rappelé son pays, ses montagnes, les joies et les plaisirs de son enfance dans le palais de son roi, et ses accents pleins de tristesse, dont chaque note semblait un soupir, avaient ému jusqu'aux larmes la jeune Africaine. Aïda prit sa guitare, et, sous ses doigts inspirés, les cordes frémirent et résonnèrent, comme la brise du printemps dans les rameaux touffus. Sa voix moelleuse et timide se mêlait aux accords de l'instrument qui palpitait sous ses doigts. Elle disait :

« O toi, dont la voix harmonieuse résonne à mon oreille comme les frissons mystérieux des cèdres verdoyants, caressés par les souffles de l'Arabie, sur les collines de l'Hedjaz ! pourquoi les chaînes de la captivité retiennent-elles tes pas, loin des bosquets, loin des palais où s'écoula ta jeunesse ? Oh ! que ne puis-je, hors des portiques du harem, fuir avec toi, loin du maître qui me retient captive ! que ne puis-je entendre, toute ma vie, les accents de ta voix ! Ton regard doit être plus pénétrant que les rayons du soleil sur les plaines d'Arménie, ton sourire plus aimable et plus caressant que le zéphyr matinal, quand il balance le lotus en fleur sur les fontaines du désert !

« La fortune n'est qu'un songe, mais quand elle verserait à mes pieds des perles et des diamants ; quand les péristyles de ce palais seraient formés d'ambre lumineux ; quand ses bassins seraient remplis d'eau de rose, et ses parterres, de tulipes couleur de feu, je quitterais avec plaisir ce séjour enchanteur, pour habiter près de toi, sous la tente des guerriers ! Mais, hélas ! plus que toi je suis captive, noble Espagnol : je ne fuirai jamais cette prison !... Je ne connais point le Dieu que tu adores, mais je le prie et l'implore en mon cœur, et je veux te rendre la liberté, afin que tu serves longtemps encore ta patrie et ton Dieu !... Puisse la tendresse du ciel t'envelopper, comme la brume de l'aurore, quand elle couvre de son manteau de gaze les collines verdoyantes ! Puissent les fleurs du Paradis parfumer l'air que tu respires, le souffle bienfaisant qui te caresse, et s'épanouir dans les rêves de ton âme !... »

Pélage écoutait, du fond de son cachot, émerveillé, ravi. Cette voix douce et compatissante lui semblait venir du ciel. Et lorsque les dernières palpitations de la mystérieuse harmonie se furent perdues dans le silence et dans la nuit, le jeune Espagnol s'écria, dans une prière ardente comme le feu : « Merci, mon Dieu ! merci ! Ah ! je savais bien que ma confiance en vous ne serait point trompée, que votre Providence veillait sur l'Espagne et sur moi ! Et toi, messager divin, ange céleste, ange mystérieux, dont la voix m'a réjoui, et que mon âme brûle de connaître : merci, mille fois merci de ce baume sacré que tes accents mélodieux ont versé dans mon âme ! Ma liberté, ma vie, mon bonheur sont entre tes mains, et Pélage toujours gardera dans son cœur ta pensée, le souvenir de ton âme généreuse et de tes bienfaits ! »

Le lendemain, un esclave muet vint apporter à l'illustre captif des vêtements arabes, et il lui fit signe de le suivre à travers la forteresse. — Pélage s'enfonce d'abord sous les galeries souterraines, puis il monte un escalier, dont les degrés tortueux tournent plusieurs fois sur eux-mêmes. Il traverse ensuite une série de corridors sombres et de portiques illuminés : il entend, sur son passage, les jets d'eau parfumée tomber en murmurant dans les bassins de marbre, et gazouiller dans les volières dorées les serins et les mésanges des îles fortunées; il respire les vapeurs enivrantes et les exhalaisons balsamiques qui s'échappent des étuves orientales ou des cassolettes d'or placées de distance en distance. Bientôt il aperçoit devant lui une large porte surmontée d'un croissant, et il se trouve dans une vaste salle, tendue de riches étoffes de pourpre et de soie. Une odeur plus douce et plus suave que celle des fleurs de l'Inde et du Liban parfume ce séjour enchanté. Des tapis de Perse déroulent sous les pieds leurs tissus moelleux et diaprés ; l'ambre des Maldives, les perles d'Hévila, les draperies de Surate et de Cachemire, les bouquets de safran sont confusément épars dans ces lieux que le guerrier admire. Au centre de l'appartement est un bassin de jaspe, d'où s'élance, pour retomber en pluie transparente et fraîche, une gerbe de cristal limpide. La voûte est arrondie en dôme et revêtue d'or et d'azur avec de riches encadrements de guirlandes et d'arabesques. C'est l'appartement public des femmes du sérail. Pélage s'arrête, il considère en silence toutes les richesses qui l'entourent, tandis que la belle et généreuse Aïda, dissimulée parmi les draperies et les fleurs, attache avec respect ses regards émus sur le noble visage du guerrier, dont elle voudrait pour toujours graver en son cœur les traits et l'expression. Mais l'odalisque ne peut adresser la parole à Pélage, ni paraître devant lui, car les lois du sérail sont impitoyables, et la moindre faute en ce point est punie de mort.

L'esclave conduisit ensuite le prisonnier, à travers les galeries moresques et les cours orientales, jusqu'à une porte dérobée, donnant sur les bords du fleuve. Pélage sortit, remercia son guide, qui lui remit, en le quittant, une bourse pleine d'or, présent généreux

CORDOUE. (P. 85.)

et délicat de sa libératrice ; puis il s'éloigna. La forteresse disparut bientôt à ses regards : Pélage était libre, il était sauvé. Il leva les yeux au ciel, remercia la Providence et se dirigea, protégé par son déguisement arabe, vers le nord de l'Espagne, vers les Asturies, où il savait que ses compagnons s'étaient réfugiés.

II.

LA GROTTE DE CAVADONGA.

LES Musulmans continuaient leurs courses et leurs déprédations. Ils avaient atteint les provinces septentrionales et marchaient vers les Asturies, afin d'écraser, dans un dernier combat, les héros échappés au désastre de Xérès.

Cependant les défenseurs de l'Espagne, après avoir longtemps attendu et demandé un chef, désespérant de retrouver jamais un rejeton de la famille royale, s'étaient réunis : ils avaient délibéré, et tous les vœux s'étaient portés sur le comte don Pédro, guerrier plein de courage, qui s'était distingué dans le dernier combat.

Déjà le nouveau roi n'attendait plus que l'onction sainte pour prendre en main le sceptre et ceindre la couronne ; le peuple, assemblé dans la grotte de Cavadonga, consacrée à la Mère de Dieu, et au fond de laquelle on avait élevé un autel de circonstance, attendait, dans un silence profond, la cérémonie du sacre, et déjà l'ancien évêque de Tolède, revêtu des ornements pontificaux, s'avançait au milieu des assistants, lorsque tout à coup des hennissements se font entendre, et un cheval, ruisselant de sueur, franchit au galop le seuil du temple improvisé, et s'arrête immobile en présence de la foule. Le cavalier qui le monte paraît, comme lui, accablé de fatigue ; son visage, pâle et amaigri, porte l'empreinte de la souffrance ; ses traits mâles et fortement accentués et ses yeux pleins de feu dénotent une énergie peu commune. Son costume est celui des chasseurs de la montagne.

A cette apparition subite, la foule, saisie d'étonnement, a tourné la tête ; mais l'inconnu, descendant de cheval et s'avançant au milieu des guerriers réunis : « Espagnols, s'écrie-t-il, je suis Pélage, le dernier rejeton de vos anciens rois, Pélage, que vous avez cru mort ! Comme vous, j'ai combattu à Xérès, et les nombreuses blessures dont je suis couvert attestent que j'y ai fait mon devoir et que j'ai versé mon sang pour la liberté espagnole et pour la foi de mes pères ! Depuis ce jour, la captivité m'a retenu loin de vous, et, dans les fers, je n'ai cessé de pleurer les désastres de la patrie et de prier pour elle, brûlant du désir de la venger. Mais enfin le Ciel m'a rendu la liberté, et aujourd'hui que l'espérance renaît en vos âmes et que vous voulez faire revivre la nation espagnole, je viens vous offrir un cœur pour vous aimer et un bras pour vous défendre ! »

Aussitôt des cris d'admiration et d'enthousiasme éclatent de toutes parts : « *Vive Pélage ! Vive notre roi ! Vive le sauveur de l'Espagne !...* » La grotte résonne de ces acclamations patriotiques, et les échos sonores des montagnes, répercutant au loin, de gorge en gorge, les cris des Espagnols, vont redire à toutes les Asturies la scène imposante et grandiose qui se passe en ce moment dans la grotte de Cavadonga. — Don Pédro, le premier, s'avance et prête serment de fidélité et d'obéissance au nouveau roi, et lorsque les cris d'enthousiasme se sont apaisés, l'archevêque de Tolède, s'adressant au prince : « C'est Dieu qui vous amène, lui dit-il, Dieu qui ne veut pas que la nation espagnole périsse ! Non, il est écrit là-haut que l'Espagne se relèvera, victorieuse et triomphante des ennemis de sa foi, et que son astre resplendira de nouveau, plus pur et plus brillant que jamais ! Prince, vous êtes le sauveur que la Providence nous prépare. Dieu vous envoie pour conduire à la victoire les glorieux défenseurs du catholicisme : vous êtes digne de son choix, et vous sauverez l'Espagne ! Nous vous choisissons pour notre roi ! Mais, hélas ! quel royaume avons-nous à vous offrir ? Des montagnes, des cimes couvertes de neige, des rocs escarpés : voilà l'empire sur lequel vous êtes appelé à régner ! Vos sujets sont presque tous devant vous : ils sont en bien petit nombre ! C'est là tout ce qui reste de la nation espagnole, fauchée dans sa fleur au funeste combat de Xérès ! Mais si le nombre en est restreint, en revanche, ils sont pleins de courage et de résolution, et brûlent du désir de venger l'Espagne. C'est une poignée de braves, et chacun d'eux est un héros ! Tous vous jurent, en ce moment, obéissance et fidélité ; tous sont prêts à mourir pour Dieu, pour l'Espagne et pour leur roi ! A vous, prince, de les guider au combat, de les conduire à la victoire ! Il faut effacer le désastre de Xérès, venger Auria et affranchir l'Espagne ! La Providence veille sur nous, la sainte Mère de Dieu nous protège : forts de l'appui du Ciel, nous serons invincibles et notre cause triomphera. Puisse saint Jacques, le glorieux patron de l'Espagne, nous assister et vous bénir ! »

Lorsque l'évêque eut cessé de parler, Pélage s'approcha de l'autel et vint s'agenouiller aux pieds du Pontife. Alors commença la cérémonie du sacre : l'archevêque, debout près de l'autel, dans toute la dignité de son sacerdoce, et au milieu du silence profond des guerriers émus, fit couler l'huile sainte sur le front du nouveau roi.

C'était un spectacle touchant et à la fois plein de majesté que l'aspect de cette auguste cérémonie. On aurait pu se croire transporté aux premiers temps de l'Église, en voyant cette foule prosternée dans un si profond recueillement, ce roi dont tout l'empire consistait en un pays couvert de rochers et de montagnes, ce vénérable prélat, étendant les mains sur lui pour le bénir, et cette cérémonie si imposante s'accomplissant dans une grotte sauvage et solitaire, au fond des montagnes des Asturies !

Pendant ce temps, huit montagnards, portant un large bouclier, s'étaient avancés vers Pélage. Ils le posèrent sous les pieds du prince ; puis, le soulevant avec lenteur : « Espagnols, s'écria l'évêque, voilà votre roi ! Soyez désormais pour lui de braves auxiliaires et de fidèles sujets ! »

Aussitôt les cris et les vivats éclatèrent de toutes parts, et le son belliqueux des trompettes, mêlé aux acclamations du peuple, fit résonner dans ses profondeurs la grotte de Cavadonga. Cependant, le prince s'était placé sur un rocher qui dominait la foule. Là, il suspendit le transport des assistants, et, promenant avec majesté ses regards autour de lui :

« Braves amis, s'écria-t-il, vous n'avez point désespéré de l'Espagne, vous qui avez voulu demeurer jusqu'au bout ses défenseurs. Oui, je reconnais en vous le sang généreux de l'antique race des Goths ! Vous n'avez point dégénéré, et par vous nous sauverons la patrie ! Oui, nous sauverons l'Espagne, nous vengerons la foi ou nous mourrons ensemble !

« Espagne, ô ma patrie, qu'est devenue ta gloire ? qu'est devenu ton nom ? Flétrie et foulée aux pieds par ces farouches et barbares envahisseurs, tu gémis dans l'oppression et dans le deuil !... Toi, naguère si florissante et si fière, je te vois maintenant triste et dévastée, couverte des ruines de tes villes, baignée du sang de tes guerriers ! Terre sacrée ! ainsi, ni tant de miracles dont nos aïeux furent témoins, ni le glorieux sacrifice des martyrs qui te donnèrent la foi, n'ont pu te préserver du joug impie des infidèles, et, courbée sous l'oppression de ton brutal vainqueur, tu pleures et tu gémis ! Tes campagnes, autrefois si riantes et si tranquilles, sont maintenant mornes et désolées, tes cités sont désertes ou réduites en cendres : un voile de tristesse et de douleur s'est étendu sur toi !... Auria, ô ma patrie ! j'ai vu les débris de tes tours et de tes édifices, j'ai vu tes champs couverts d'une poussière ensanglantée ; je t'ai vue livrée au pillage de ces bandits avides et sanguinaires ! J'ai vu dans tes rues désertes les oiseaux de proie se disputer les restes mutilés de nos frères les plus généreux et les plus braves. J'ai entendu les gémissements et les sanglots de tant de victimes, entassées dans les cachots d'un barbare vainqueur. Moi-même j'ai pleuré dans les fers, et j'ai mangé longtemps le pain de la captivité... Mais enfin le jour de la délivrance s'est levé. Espagne, tes enfants sont prêts à te venger ou à mourir pour toi ! Je jure, par saint Jacques, en face de cet autel, je jure de te sauver, ô ma patrie, de relever ta gloire ou de m'ensevelir sous tes ruines ! Cieux, vallées, torrents, antiques montagnes, soyez mes témoins ! Et toi, sainte Cavadonga, mes premiers regards t'ont vue libre, et, avant que le Musulman impose ici son joug odieux, la dernière goutte de sang de Pélage aura coulé pour te défendre ! Les Asturies ont tiré le glaive : elles ne le poseront pas que notre patrie ne soit libre, que le dernier des infidèles n'ait rougi de son sang la dernière de ses mosquées ! Oui, mes braves amis, je le jure, par le sang de tous nos frères égorgés, par le sang de la patrie !... Ce serment, que mes successeurs le répètent, et que ce glaive, transmis comme un sceptre aux enfants de mes enfants, ne cesse de leur rappeler leurs engagements et leurs devoirs, tant qu'un ennemi vivant souillera le sol de l'Espagne ! »

Aussitôt, des cris d'enthousiasme retentissent de tous côtés : « *Vive Pélage ! Vive l'Espagne ! Mort aux infidèles !* » Les épées, les lances et les massues s'agitent dans les airs ; tous jurent de rester fidèles à Dieu, à la patrie, à leur nouveau prince, et vont attendre, dans les défilés, le jour qui doit éclairer leurs premiers combats.

III.

LE TOMBEAU DES ARABES ET LE HÉROS DES ASTURIES.

DEPUIS l'apparition de Pélage dans les Asturies, depuis son sacre et le serment d'obéissance que lui avaient juré tous les fidèles Espagnols dans la grotte de Cavadonga, chaque jour amenait dans ces montagnes de nouveaux réfugiés, prêts à répandre jusqu'à la dernière goutte de leur sang pour la défense de leur patrie.

Cependant les Musulmans, sous les ordres d'Alcaman et de Munuza, se rapprochaient de plus en plus des Asturies, saccageant les villes, dévastant les campagnes, égorgeant jusqu'aux femmes et aux enfants, et marquant leur passage par une longue traînée de sang et de feu.

Pélage les attendait, retiré avec l'élite de sa petite armée, dans la grotte de Cavadonga. De là, il surveillait, nuit et jour, les Arabes, épiant l'occasion favorable pour leur livrer bataille. La position qu'il occupait était admirablement choisie. La grotte de Cavadonga s'enfonçait dans les flancs d'un énorme rocher, dont la cime, s'élançant vers le ciel, dominait toute la plaine de Léon. Devant la grotte s'étendait un plateau, protégé et dissimulé par une ceinture de roches inaccessibles, et ne communiquant avec la plaine que par une gorge étroite et profonde, courant, l'espace de plusieurs lieues, entre deux montagnes à pic ; et c'était là le chemin que devaient prendre les Musulmans, pour atteindre Pélage. Dans de telles conditions, ce n'était pas le nombre, mais la bravoure et l'habileté, qui devaient décider de la victoire; aussi Pélage s'était dit que si les Arabes pénétraient dans les défilés des Asturies, ils y trouveraient leur tombeau. Habitués à la guerre de plaines, ils allaient combattre dans un pays inconnu, semé d'obstacles et entrecoupé de précipices, contre des montagnards, accoutumés, dès leur tendre enfance, à parcourir ces lieux.

Pour ne point donner l'éveil aux ennemis, Pélage avait résolu de ne réunir son armée qu'au dernier moment. Il attendait ainsi, depuis quelques jours, sans qu'on lui eût encore signalé l'ennemi, lorsque, une nuit, tandis qu'il reposait, il lui sembla voir une clarté soudaine, qui fit resplendir toute l'enceinte, et il entendit une voix mystérieuse, qui lui disait : « Va, mon fils, rassemble tes compagnons.... Sois sans crainte, je serai près de toi !... »

Puis la voix se tut, la clarté s'évanouit; mais Pélage sentit son courage redoubler avec l'assurance de venger bientôt sa patrie et son Dieu.

Le lendemain, dès l'aurore, toutes les montagnes retentissaient du signal convenu, et les sons guerriers de l'olifant, répétés de cime en cime, allaient annoncer aux Espagnols que le moment était venu de se réunir autour de leur nouveau roi. Bientôt on vit arriver de tous côtés les derniers défenseurs de l'Espagne, et les échos des Asturies redirent, pendant tout ce jour, les cris de vengeance et les chants guerriers des montagnards qui se dirigeaient vers la grotte de Cavadonga.

Mais déjà aussi, des points les plus élevés, on apercevait au loin, dans les plaines de Léon, d'immenses tourbillons de poussière, que l'armée musulmane soulevait dans sa marche; bientôt même on put distinguer, au milieu d'une forêt de lances, l'acier poli des cuirasses et des cimeterres, qui reluisaient aux feux du soleil. Cependant, la petite armée espagnole grossissait d'instant en instant. Lorsque tous les montagnards furent réunis devant la grotte, Pélage gravit un petit monticule qui dominait le plateau, et aussitôt éclatèrent les cris de *Vive Pélage ! Vive l'Espagne !*

Debout, sous un chêne séculaire que les traditions nationales avaient consacré, Pélage promena d'abord avec majesté ses regards autour de lui, puis, d'un geste, suspendant les transports de la multitude, il tira son épée, et, le bras étendu vers la plaine de Léon, où l'on apercevait, par une échappée de vue, l'armée musulmane : « Braves amis ! s'écria-t-il, nous allons donc nous mesurer avec ces orgueilleux et barbares infidèles, qui se vantent d'avoir anéanti l'Espagne ! Voyez, aux pieds de ces montagnes, leurs hordes dévastatrices ! Considérez d'ici les ruines de notre chère patrie ! Voyez cette fumée sinistre qui s'élève partout de nos villes embrasées !... Et nos femmes ! et nos enfants ! et nos frères ! qu'en ont-ils fait ? Leur sang crie vengeance !... Resterons-nous plus longtemps spectateurs impassibles de semblables excès ?... Non, non ! mes amis, l'heure de la vengeance a sonné ; nos cruels ennemis ont attiré sur eux le courroux du ciel par leurs atrocités sans nombre, et Dieu nous a choisis pour être les instruments de sa justice !

« Parmi vous, chers compagnons, je le sais, il n'y a que des braves ; mais, si la vue du danger, si la crainte de la mort pouvait vous faire hésiter un instant, rappelez-vous que le salut de l'Espagne, que le salut de l'Europe et du monde chrétien dépend de votre valeur ! L'Europe a les yeux sur nous, en ce moment : si nous résistons, elle résistera ; notre sang appellera celui d'autres guerriers, fiers de marcher sur nos traces. Oui, chers compagnons, nous sauverons l'Europe, si nous sommes vainqueurs ; et, si nous succombons, notre sacrifice même enfantera ceux qui doivent la sauver.

« O sainte Cavadonga ! je te prends à témoin des serments que font aujourd'hui les derniers défenseurs de l'Espagne. O grande et malheureuse patrie ! accepte le sacrifice de notre sang et de notre vie ! Dans deux jours tu seras libre, ou nous ne serons plus !...

« Mais, quel que soit l'avenir que Dieu réserve à notre dévouement, les siècles rediront notre héroïsme, et notre martyre sera couronné, chers compagnons, par Celui de qui nous défendons la cause !

« D'ailleurs, qu'avons-nous à redouter, au milieu de ces montagnes ?... Retranchés derrière les rochers qui en dominent toutes les gorges, que l'infidèle s'y engage, et je vous promets la victoire !... »

Tous les Espagnols s'écrièrent : *Vive l'Espagne ! Mort à l'infidèle !* Et les échos des Asturies redirent cent fois leur serment... Puis, le calme se fit dans la foule des guerriers, les chefs donnèrent leurs ordres et fixèrent à tous les positions qu'ils devaient occuper, et chacun se retira pour aller attendre, dans les défilés, le signal du combat.

Bientôt le plateau de Cavadonga, tout à l'heure si bruyant et si animé, retomba dans un profond silence, et, à la place de cette foule agitée, on n'aperçut plus, devant la grotte, que Pélage, entouré de douze cents hommes d'élite, les seuls qu'il eût voulu garder autour de lui, pour donner le change à l'ennemi.

De leur côté, les Arabes s'approchaient de plus en plus : déjà leur avant-garde sondait les gorges et s'assurait des passages, et l'on distinguait leurs colonnes profondes et nombreuses, campées au pied même des Asturies. Bientôt vint la nuit, et tout, sur la montagne, rentra dans le calme. Mais, des rochers où ils étaient placés, les Espagnols découvraient, dans la plaine, les feux du camp des Arabes et les tourbillons de flamme et de fumée qui s'élevaient des villages incendiés.

Le lendemain, les Maures, ayant appris que Pélage était à Cavadonga, envoyèrent vers lui un Espagnol, le traître Oppa, qui avait renié sa foi et son pays pour se mettre au service du vainqueur. Lorsqu'il fut arrivé à la grotte, il y trouva Pélage, entouré des quelques braves qu'il avait conservés avec lui, et, s'approchant du roi : « Mon frère, lui dit-il, pourquoi continuer une résistance aussi folle que désespérée ? Que comptez-vous faire avec cette poignée d'hommes, dans ce trou de montagne, lorsque toutes les forces de l'Espagne réunies n'ont pu résister aux Arabes ? Si vous déposez les armes, ils vous rendront vos biens et vous combleront d'honneurs. Si, au contraire, vous les poussez à bout, une fois vainqueurs, ils feront payer chèrement le sang que vous leur aurez fait verser. Croyez-moi, faites votre soumission : c'est un frère qui vous le conseille... »

Pélage ne put en entendre davantage, et, incapable de maîtriser plus longtemps sa juste indignation : « Jusqu'où va ton audace, s'écria-t-il, misérable parjure ? Oser venir me faire de semblables propositions ! Ignores-tu donc de quel sang est issu Pélage ? Et après avoir méconnu ton devoir et renié ton Dieu, penses-tu m'entraîner à imiter ton crime ? Retire-toi, sacrilège, et va dire à celui dont tu t'es fait l'esclave que Pélage l'attend ! »

A ces paroles énergiques, Oppa, comprenant que rien ne pourrait triompher d'une âme aussi droite et aussi déterminée, se retira et alla porter à Alcaman la réponse du roi des Asturies.

Le chef arabe, persuadé, sur le rapport d'Oppa, que Pélage n'avait avec lui que les douze cents guerriers qui se trouvaient dans la grotte, n'hésita plus dès lors à pénétrer dans les montagnes, et, le lendemain, dès l'aurore, l'armée musulmane se mettait en marche vers la grotte.

De son côté, Pélage observait les infidèles, attendant, pour les attaquer, que leur armée tout entière fût engagée dans les défilés. Bientôt les premières phalanges ennemies apparurent sur le plateau de Cavadonga. En apercevant Pélage et sa petite troupe, les Musulmans poussèrent des cris de fureur et firent pleuvoir sur eux une grêle de traits. Mais les flèches des infidèles, comme détournées par une main invisible, étaient repoussées contre eux, ou allaient s'émousser sur les parois de la grotte. Cependant le nombre des assaillants augmentait de minute en minute, et bientôt le plateau de Cavadonga fut envahi tout entier. Pélage, jugeant alors le moment favorable, fit donner le signal du combat, et aussitôt le son du cor retentit sur toutes les crêtes des Asturies.

A ce signal, les défenseurs de l'Espagne surgissent de tous côtés et apparaissent, menaçants, autour de l'armée musulmane. Les Arabes, étonnés, lèvent les yeux ; et quelle n'est pas leur terreur, en voyant toutes les hauteurs qui les dominent garnies d'Espagnols ! Ils hésitent d'abord, puis cherchent à se replier.

Mais Pélage, en même temps qu'il faisait donner le signal convenu, s'était précipité, avec ses braves compagnons, au milieu des infidèles, et, tandis qu'avec sa petite troupe il soutenait, à Cavadonga, le choc des Musulmans, les Espagnols faisaient descendre sur les ennemis, entassés dans les gorges, des avalanches de rochers, qui rompaient leurs rangs et broyaient leurs lignes. Bientôt ce ne fut plus, dans l'armée des infidèles, qu'une horrible confusion. Vingt fois ils s'élancèrent vers les hauteurs, pour atteindre les chrétiens, et vingt fois ils furent repoussés par les traits que faisaient pleuvoir sur eux les montagnards, retranchés sur toutes les crêtes environnantes.

Cependant, Pélage accomplissait, sur le plateau de Cavadonga, des prodiges de valeur. A la tête de ses intrépides soldats, il causait aux Musulmans un mal effroyable. Sorti de la grotte, à travers les flèches ennemies, il eut bientôt culbuté les premières lignes et pénétré

jusqu'aux cavaliers arabes. Ce fut alors un massacre épouvantable. Hommes et chevaux, tout tombait sous le fer des Espagnols.

Tout à coup, Pélage aperçoit, au milieu de la mêlée, le superbe Alcaman. Il court droit à lui, et, sans s'inquiéter des coups que lui portent les cavaliers de l'escorte, il l'attaque et le perce de son épée. Pélage était couvert de blessures, mais Alcaman était mort. Dès ce moment commença la déroute des Arabes. En quelques instants, le plateau fut évacué : tous se précipitèrent dans la gorge qui les avait introduits, cherchant à regagner la plaine ; mais les premiers rangs se trouvant arrêtés par les montagnards, qui avaient occupé les avenues du défilé pour leur couper la retraite, ils se jetaient les uns sur les autres, pressés, d'un côté, par Pélage et ses compagnons, écrasés, de l'autre, sous un tourbillon de pierres, qui s'abattait sur eux de toutes les hauteurs. Plus ils s'entassaient, plus le massacre devenait affreux. Les chevaux eux-mêmes, affolés de terreur, se précipitaient au milieu des archers, qu'ils renversaient et foulaient aux pieds. La confusion était à son comble. Il y eut, pendant quelques instants, une scène des plus horribles : d'un côté, les cris de vengeance des Espagnols, et, de l'autre, le mugissement sourd, le fracas sinistre des rochers, bondissant, sur toutes les pentes, jusqu'au fond de la vallée, et les hurlements lugubres des Musulmans, tombant, broyés, sous leurs masses impitoyables.

La bataille était gagnée, et l'armée musulmane, naguère si brillante et si fière, était anéantie. L'Espagne était sauvée, et, avec elle, l'Europe et la civilisation chrétienne !

Ainsi, un homme de foi et de dévoûment, soutenu par une poignée de braves, avait réussi à dégager l'Espagne, vaincue et à bout de ressources, de l'étreinte formidable des Musulmans.

Après ce triomphe, Pélage, considéré à juste titre comme le libérateur de sa patrie, marcha de conquête en conquête : Léon, Gian, Astorga tombèrent successivement en son pouvoir.

Bientôt fut fondé le royaume des Asturies, royaume qui, allant toujours s'agrandissant, devait, après quelques siècles, finir par absorber l'Espagne tout entière.

VI.
L'ÉPÉE DE CHARLEMAGNE.

I.

CHARLEMAGNE ET LA FRANCE GUERRIÈRE.

TOUT peuple a son berceau et sa jeunesse... Le souvenir qu'il en conserve, et qu'il aime à renouveler, fait sa plus douce joie dans la prospérité, et entretient au jour du malheur l'espérance dans son âme. Il se retrempe et se rajeunit en pensant à son origine, souvent héroïque, toujours glorieuse.

La France, elle aussi, a eu son berceau et sa jeunesse, préludes glorieux de sa grandeur future.

Son berceau ?... c'est le champ de bataille de Tolbiac, où l'Allemand pour la première fois recula devant l'épée des Francs. C'est la basilique de Reims, où Clovis vient courber sa tête victorieuse sous la main de saint Remi et recevoir sur son front l'eau régénératrice du baptême... Berceau magnifique, digne d'une grande nation et d'un grand peuple.

Sa jeunesse ?... C'est ce siècle héroïque où la France chrétienne lutte seule contre l'invasion Musulmane : le siècle de Charles Martel, de Roland et de Charlemagne. Jeunesse sans égale dans les fastes de l'histoire, où un peuple s'élève dans la foi qui le soutient et dans le sang qui le féconde.

C'est alors que la France, appelée par Dieu à de hautes destinées, voit une ère nouvelle s'ouvrir devant elle. A l'ombre de ces grands noms, elle peut désormais marcher la tête haute, portant dans son sein les germes de sa splendeur future. Telles sont les origines de notre histoire nationale, origines magnifiques, qui font déjà présager dans la France de Clovis et de Charlemagne la France des Croisades et de saint Louis.

Les rois mérovingiens, après trois siècles de règne, ont vu leur autorité s'évanouir comme un fantôme, et leur trône mal affermi s'écrouler tout d'un coup dans la honte et la mollesse. Au-dessus de ces ruines Pépin a déjà planté son épée redoutable, et, sur son lit de mort, il lègue à ses fils de grandes espérances à réaliser. C'est l'heure solennelle où vont se fixer pour jamais les destinées de la France. Lui sera-t-il donné de relever le trône de ses ruines, et de le mettre à l'abri des attaques du temps ? Ou bien, après une existence éphémère, la France ira-t-elle grossir de sa chute l'histoire de la décadence des nations ?...

Mais, non, Dieu ne laissera pas périr ce royaume, né d'un miracle, d'un acte de foi sur un champ de bataille. Il enverra un homme, qui, par la force de son épée et la puissance de son génie, l'élèvera au premier rang des empires chrétiens. Et cet homme sera Charlemagne.

A ce nom, un silence solennel se fait dans l'histoire : tout semble s'effacer pour faire place à ce grand homme. Sa belle et sublime figure domine du haut de sa splendeur les gloires de son siècle et les éclipse toutes par l'ascendant et la puissance de son génie. Comme un astre resplendissant dissipe les ténèbres épaisses de la nuit et monte majestueusement à l'horizon, jusqu'au moment où, parvenu au sommet de sa course, il illumine le monde d'un éclat sans égal, ainsi Charlemagne apparaît au milieu des lueurs encore incertaines de notre histoire, et s'élève radieux, dissipant peu à peu les ténèbres qui l'environnent et grandissant chaque jour au milieu de l'admiration de la France et de la Chrétienté tout entière. Guerrier intrépide autant que chrétien, il porte ses armes successivement en Espagne, en Saxe et en Italie, et sa redoutable épée partout fait triompher la cause de la foi et de la sainte Église, dont il se proclame le défenseur et le fils dévoué.

En lui se personnifie l'esprit de haine et de vengeance contre les Musulmans. On oublie qu'il a fait la guerre aux Saxons et aux Lombards, ou plutôt, on transforme en sarrasins les Lombards et les Saxons, et on ne fait de sa vie qu'une lutte continuelle, acharnée, sans trêve ni fin, contre les infidèles. Charlemagne, toujours Charlemagne, tel est le sujet de tous les poèmes et de toutes les chansons du moyen âge. La légende s'en empare, les trouvères et les

STATUE DE CHARLEMAGNE

élevée sur le parvis de N.-D., à Paris.

troubadours le chantent dans leurs vers, et portent son nom, entouré du respect et de la vénération des peuples, jusque dans les siècles les plus reculés. Ils ornent son histoire des épisodes les plus merveilleux, ils l'entourent de tout ce que la chevalerie peut imaginer de plus pur et de plus glorieux, ils font rayonner sa figure d'un éclat ravissant. Et le géant, croissant de plus en plus par la grandeur de leurs récits, s'élève peu à peu jusqu'aux hauteurs les plus sublimes de l'épopée. Chanté par les poètes, canonisé par le peuple, Charlemagne devient ainsi le sujet de tous les poèmes héroïques du moyen âge. Tout ce que l'imagination ardente des trouvères a pu enfanter s'accumule sur sa tête et ajoute chaque jour un fleuron de plus à sa couronne immortelle. Présenté sous des aspects différents, mais toujours avec une majesté incomparable, il apparaît aux yeux du peuple comme le héros chrétien et français par excellence, éternel adversaire des ennemis de la patrie et de la religion, terreur des infidèles, soutien et défenseur de l'Église de Jésus-Christ. Son nom suffit à ranimer les courages endormis, à provoquer les plus nobles, les plus héroïques dévouements, et, deux siècles plus tard, quand la foule, soulevée par la parole brûlante d'Urbain II et de Pierre l'Ermite, s'écriera, à Clermont : *Dieu le veut ! Dieu le veut !* le souvenir du grand empereur, excitant encore son enthousiasme guerrier, l'entraînera à ces entreprises gigantesques qu'on appelle les Croisades.

Ainsi, l'épée de Charlemagne, le rayonnement de sa glorieuse mémoire à travers les siècles, ont suscité d'incomparables faits d'armes, produit des merveilles d'héroïsme et d'audace. Comme un astre brillant, au ciel de notre histoire, le souvenir du grand empereur a plané jusqu'à nos jours, et sa bannière triomphante a conduit longtemps nos armées à la victoire, et guidé notre nation, à travers les peuples de la terre, sur le chemin de la gloire, sur le chemin de l'honneur et du devoir, de la fidélité à la Patrie, à l'Église et à Dieu.

II.

ROLAND A RONCEVAUX.

CHARLEMAGNE a planté son étendard victorieux sur les murs de Pampelune, et le croissant lui-même, tant de fois triomphant, s'est incliné devant l'oriflamme du grand empereur. Après sa victoire, Charles donne à son armée le signal du départ. Cent mille guerriers se mettent en route pour le doux pays de France.

La joie est dans tous les cœurs et sur tous les visages ; le ciel est pur, le soleil radieux. L'armée s'engage dans les sombres gorges des Pyrénées.

On avance sans crainte, car Roland commande l'arrière-garde. Autour du brave Paladin s'est rassemblée l'élite de la France. On y remarque Olivier, son ami Olivier, l'héroïque Gérin, Ivoire le Breton, le vieux Gérard de Roussillon, l'Archevêque Turpin, qui a conservé sous la mitre l'intrépidité du guerrier.

Roland n'a avec lui que vingt mille hommes, mais c'est la fleur des soldats français.

Déjà l'armée a franchi les Pyrénées.

Roland, avec son arrière-garde, se trouve encore dans les défilés de Roncevaux. Il s'avance lentement et sans crainte.

Mais il n'est pas seul à troubler le silence de cette solitude : l'Arabe Marsille, averti par Ganelon, dont la jalousie et la haine ont fait un traître, arrive en toute hâte avec son armée. Bientôt quatre cent mille guerriers seront là, prêts à en attaquer vingt mille. Malgré la supériorité du nombre, ce n'est pas sans effroi que tous ces infidèles s'avancent pour combattre le redoutable Roland. Ils approchent cependant, soutenus par leur haine.

Un bruit sinistre, celui d'une armée en marche, et qu'on n'aperçoit pas encore, a frappé tout à coup les oreilles d'Olivier. Il monte sur un tertre élevé :

« *L'ennemi, voici l'ennemi*, s'écrie-t-il en apercevant les Sarrasins.

— Sont-ils nombreux ? lui demande Roland sans s'effrayer.

— Je ne puis les compter, répond Olivier : toute la plaine est couverte de leurs nombreux bataillons. Ami, sonnez votre olifant, pour que Charlemagne vienne à notre secours.

—Seraient-ils innombrables, s'écrie fièrement le bouillant Paladin, il ne sera pas dit que pour eux j'aurai appelé Charlemagne : ce serait me couvrir de honte. Nous pouvons vaincre seuls ; ne sommes-nous pas tous braves ? et n'avons-nous pas nos épées ?

— Ami Roland, sonnez votre olifant, reprend Olivier ; le son en ira jusqu'à Charles, et les Français, j'en suis sûr, retourneront sur leurs pas.

— A Dieu ne plaise, réplique Roland ! Je frapperai grands coups de Durandal, et les Sarrasins fuiront épouvantés. »

En disant ces mots, il s'élance aux côtés d'Olivier. Aussi loin que la vue peut s'étendre, il aperçoit les infidèles, dont les casques et les cuirasses resplendissent au soleil. Ce spectacle remplit d'indignation son noble cœur : — « Il faut que nous ayons été trahis, dit-il, et cependant, comment un traître a-t-il pu se glisser dans les rangs des Français ? » Puis, se tournant vers ses compagnons : « Mes amis, s'écrie-t-il, ce n'est pas la première fois que vous êtes en présence de ces mécréants… Vous les avez déjà vaincus, vous les vaincrez encore. Vous allez recevoir la bénédiction de l'Archevêque Turpin, et ensuite vous combattrez vaillamment pour votre Dieu et pour votre roi. »

L'Archevêque étend sa main pour bénir : « Soldats, s'écrie-t-il, je vous donne l'absolution de vos fautes. Pour votre pénitence, vous frapperez les païens. »

Bientôt les premiers Sarrasins paraissent. Montés pour la plupart sur des chevaux rapides, ils accourent en désordre pour frapper les premiers coups. Un fils du roi Marsille les précède : Il a juré d'immoler lui-même Roland, et c'est sur lui qu'il s'élance d'abord. Mais Roland le prévient, et, dit la légende, il fend du même coup d'épée le cheval et le cavalier.

Un si beau fait d'armes excite l'ardeur des Français, qui se précipitent sur les Sarrasins. La mêlée devient générale. En un instant la terre est jonchée de morts : les guerriers français semblent se multiplier ; tous font des prodiges de valeur. Olivier a brisé sa lance par la violence de ses coups ; il ne lui reste plus dans la main qu'un tronçon, dont il se sert encore avec bonheur contre les infidèles. Plusieurs ennemis ont aussi succombé, sous les coups de Turpin, qui, après avoir levé la main pour bénir les soldats de Roland, la lève maintenant pour frapper les ennemis de la foi.

L'impétueux Roland fait mieux encore. Pareil à un lion furieux, il s'élance dans les rangs les plus serrés des ennemis, et chaque coup de son épée fait voler une tête. Partout sur son passage le sol se couvre de monceaux de cadavres. Nul ne peut lui résister : tous succombent ou fuient à son approche. Sa vaillante et terrible épée, souillée de sang jusqu'à la garde, frappe sans relâche et sans merci. Pour un Français tué, dix Arabes mordent la poussière. Mais aussitôt d'autres infidèles les remplacent, et leurs flots se renouvellent sans cesse. Accablés par le nombre, après une lutte héroïque et acharnée, les nôtres sont près de succomber. Beaucoup d'entr'eux sont morts, et le nombre de ceux qui restent s'affaiblit à chaque instant. Roland jette un regard autour de lui : il voit de tous côtés des cadavres sanglants, des blessés, des mourants. Quel spectacle !

Cependant Olivier, Gérard, tous les Paladins sont morts. Roland

Mort de Roland. — L'Ange de la France vient recueillir son âme.

seul et Turpin sont encore debout, avec soixante guerriers seulement. C'est tout ce qui reste de cette vaillante armée.

A la tête de cette poignée de héros, Roland combat toujours.
Mais que peut leur bravoure contre les nuées de Sarrasins qui les
entourent ? A chaque instant leurs rangs s'éclaircissent, et bientôt
ils vont succomber.

Alors Roland saisit son olifant d'ivoire et sonne à se rompre les
veines ; puis il s'élance de nouveau au milieu des ennemis, et fait
à lui seul, dit la légende, reculer quarante mille hommes. Les
Sarrasins fuient épouvantés. Mais lui, épuisé, couvert de blessures
et de sang, rassemblant ses forces, il va chercher les corps de ses
compagnons d'armes, les dépose pieusement, côte à côte, autour de
l'archevêque blessé, qui meurt en les bénissant. Puis, sentant ses
forces l'abandonner, il gravit une éminence et se couche pour
mourir, les yeux tournés vers l'Espagne.

Il songe alors à son épée, sa vaillante épée, la terreur des mécréants, et, la plaçant sur son cœur, afin qu'elle soit avec Dieu sa
dernière pensée et son dernier regard : « Chère Durandal, dit-il.

> O chère Durandal, toujours resplendissante,
> Qui jetas tant de fois l'horreur et l'épouvante
>   Parmi les ennemis,
> Roland ne t'aura plus, Roland sur la montagne
> Bientôt succombera, loin du grand Charlemagne,
>   Loin de tous ses amis.
>
> Hélas ! non sans regrets, ô sainte et noble épée
> Sur qui la croix rayonne, et dans l'acier trempée
>   Toute brillante d'or,
> Hélas ! non sans regrets, de toi je me sépare,
> De toi qui fis trembler si souvent le barbare,
>   Qui fais trembler encor !
>
> Et qui donc maintenant, Durandal invincible,
> Usera de tes coups, de ta force terrible,
>   Pour chasser le danger ?
> Ah ! que le chevalier, noble enfant de la France,
> Dont tu seras l'honneur, la gloire et la défense,
>   Puisse un jour me venger ! » ...

Et penchant sa tête mourante sur la garde de son épée, les
mains jointes et murmurant une ardente prière pour sa chère France et son roi bien-aimé, le noble et fier Roland expire, et son âme
s'en va vers Dieu, emportée par les anges et les Paladins du Paradis.

Ainsi meurent les braves.

*
* *

Cependant les sons de l'olifant, répercutés de gorge en gorge par les échos sonores, ont fait tressaillir Charlemagne. L'empereur accourt, car il a compris le danger ; il accourt avec tous ses guerriers. Bientôt la grande armée débouche dans la vallée de Roncevaux. Charles, dont l'âme est en proie à la plus vive inquiétude, s'élance le premier sur le champ de bataille.

Hélas ! un silence affreux règne partout, et ses regards, de tous côtés, ne découvrent que des cadavres... Ses pressentiments n'ont été que trop vrais... Ganelon l'a trahi... « Mais Roland, se dit-il en étouffant ses sanglots, Roland ne peut être vaincu... Où donc est-il ? »

Trois fois Charles fait sonner du cor... Il se penche, il écoute dans une anxiété fiévreuse... Mais soudain un bruit sourd et confus arrive jusqu'à lui du côté de l'Espagne. Il lève les yeux... Ce sont les Sarrasins, qui l'ont aperçu et qui hâtent leur fuite.

« A cheval, barons, » s'écrie aussitôt Charlemagne d'une voix terrible, « sus aux traîtres ! » et, suivi de ses preux, il fond comme l'éclair sur les débris des fuyards, les poursuit, les atteint, les précipite dans l'Èbre ou les massacre jusqu'au dernier.

Charles s'est vengé ; mais Roland ! Ah ! il n'en peut douter ! Roland, le brave Roland n'est plus ! L'infortuné monarque le cherche en vain dans la vallée ; en vain l'appelle-t-il de sa voix la plus tendre. L'écho seul des montagnes répond à ses cris douloureux.

Mais soudain, sur le gazon couvert de sang, l'empereur découvre ses Paladins couchés près de l'évêque, puis Roland, Roland dont la main serre encore son épée redoutable et qui semble jusque dans la mort suivre et menacer les Sarrasins vaincus.

A ce spectacle, Charles éclate en sanglots, car il aimait Roland, son cher neveu Roland ; il aimait tous les preux, tous les braves qui ont succombé près de lui, pour l'honneur de la France et pour le Nom de Dieu.

III.

VALFRIED OU LE DRAPEAU DE CHARLEMAGNE.

Non loin de l'Océan, sous le ciel de Bretagne,
S'étend un frais vallon que jamais n'ont foulé
Ni les pas des guerriers du noble Charlemagne
Ni ceux du vieux barde inspiré.

Des blancs sommets déserts l'aigle habite la cime,
Et le roc dénudé qui domine l'abîme
    Lève au ciel un front menaçant.
Sur le penchant des monts le chêne séculaire
Étend ses fiers rameaux, et de sa tête altière
    Semble braver l'effort du vent.

C'est là que vit Valfried, l'austère anachorète,
Vieux guerrier dont les ans ont pu blanchir la tête,
    Mais dont le cœur n'a pas vieilli :
Toujours dans son regard brille la même flamme,
Et l'on voit sur son front la beauté de son âme,
    Souffle pur que rien n'a terni.

A peine l'aube luit, au seuil de sa chaumière,
Déjà l'ermite saint, Valfried, est en prière.
    Comme les flots d'un pur encens,
Ses vœux montent au ciel pour son roi, pour la France,
Pour tous ces nobles preux, témoins de sa vaillance,
    Qu'il a quittés depuis vingt ans.

Il priait!... Mais soudain retentit dans la nue
Une voix! O douceur, harmonie inconnue !
    « Valfried ! » Il se dresse étonné,
Lève les yeux au ciel. Merveille surprenante !
Une blanche vision de clarté rayonnante
    S'offre au moine prédestiné.

Sur sa tête brillait la céleste auréole,
Et, symbole d'honneur, de sa riche corolle
    Un lis ornait ses blanches mains.
Valfried tombe à ses pieds : « Ne crains pas, reprend l'ange,
La Vierge m'a choisi dans la sainte phalange
    Pour te découvrir ses desseins. »

« Vois ce lis, cette fleur de l'Auguste Marie ;
Sur le noble étendard de sa France chérie
    Elle veut le voir désormais.
Pars, quitte ce vallon, ta solitude aimée,
A Valfried du grand roi la cour n'est pas fermée,
    Charles ne l'oublia jamais.

« Pars, va lui révéler la volonté céleste :
Que sur ses fiers drapeaux ce signe manifeste
    De victoire et de pureté
Marque à tous pour jamais que les peuples de France
En la Mère du Christ mettent leur espérance,
    Pour le temps et l'éternité. »

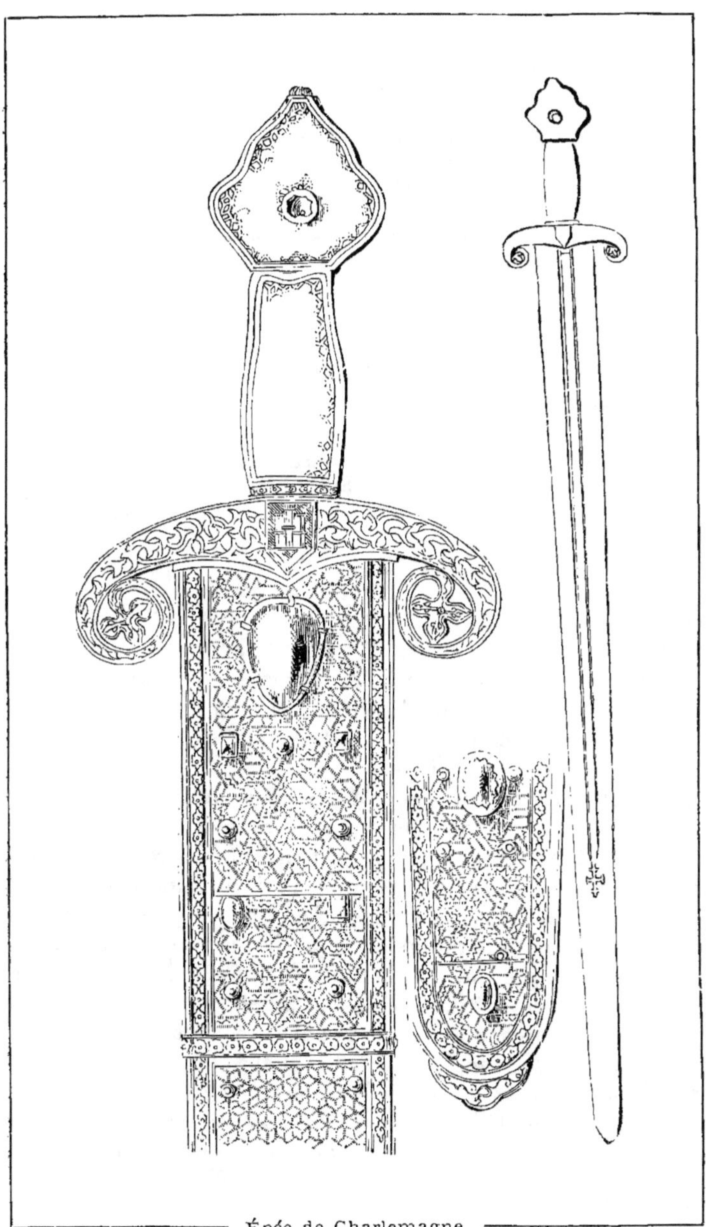

Épée de Charlemagne.

Il dit, et déployant ses ailes,
Vers les demeures éternelles
L'ange s'élève radieux,
Abandonnant la fleur divine
Aux mains de Valfried qu'illumine
Un céleste reflet des cieux.

Longtemps, l'œil fixé dans l'espace,
Il suit la vision qui s'efface,
Disparaît dans l'azur du ciel.
Se relevant, plein de courage,
Alors il quitte l'ermitage
Avec le lis surnaturel.

Il vit Charles, et bientôt, sur la noble bannière,
Symbole de vertu, de l'honneur le plus pur,
Brillèrent aux regards de la France guerrière
Des lis d'or sur un champ d'azur.

(E. Vincent.)

IV.

SOUMISSION DE LA SAXE ET CONVERSION DE WITIKIND.

DEPUIS trente ans les armées françaises s'acharnent contre les terribles enfants de la Saxe, dont elles ne peuvent abattre la fierté ! Le sang coule à grands flots dans les plaines de Brunsberg et sur les rives de la Lippe.

Chaque combat devient pour les Saxons un nouveau désastre. Ils tentent un dernier effort, qui se brise comme les autres contre l'invincible supériorité des Francs. Il faut enfin se rendre. Princes et hommes libres courbent la tête sous la loi du vainqueur. Un seul chef, un seul Saxon refuse de donner des fers à sa patrie. Il se sent au cœur un courage indomptable. Pour lui, la Saxe sera libre, ou elle cessera de compter au nombre des nations. Mais la Saxe ne saurait périr, puisque Witikind est encore debout. Il lui faut à lui le ciel étoilé, les sombres forêts, les dieux de ses ancêtres; il lui faut les chants de victoire, les sanglantes victimes et l'étendard d'Irmensul !

Cent fois son nom volant de bouche en bouche a réveillé l'ardeur dans ses concitoyens. Il croit à son prestige si souvent exercé.

Au premier cri de guerre poussé par son courage, princes et peuples se lèveront. Il le sait... La Saxe le sait aussi.

Elle attend...

Du fond du Jutland, devenu sa retraite dans le deuil de sa patrie, Witikind épie l'occasion favorable.

Charles et son armée se reposent à Attigny-sur-Aisne. Le héros va s'y rendre. Il jugera des forces de son rival, il pèsera une à une ses espérances de succès, et alors une lutte suprême, générale, désespérée, prononcera entre lui et le Franc.

Déguisé en pèlerin, afin de n'être pas reconnu, il parcourt la Westphalie et la Thuringe, le cœur tout entier à ses projets de vengeance.

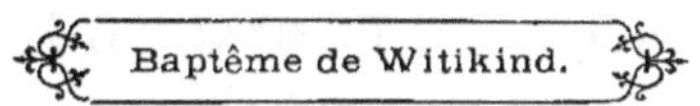

Baptême de Witikind.

Des larmes généreuses s'échappent de ses yeux, quand il revoit les champs de bataille où la bravoure des siens succombant sous le nombre a jonché le sol de cadavres français.

Dans la forêt de Teutberg, qu'il traverse par une nuit sereine, il croit voir la grande ombre d'Arminius se dresser devant lui. Il croit l'entendre gémir sur les malheurs de la patrie humiliée, et reprocher aux princes félons leur manque de courage.

Enfin il arrive à Attigny.

La ville et le camp sont en fête.

De joyeuses couleurs flottent au sommet des tours. La foule se précipite, immense, recueillie, vers la basilique de Clovis. Witikind se mêle à ses flots et pénètre dans le lieu saint.

Parée comme aux jours de triomphe, la nef sacrée était resplendissante de pourpre et d'or. Des nuages d'encens, des gerbes de lumière qui projetaient jusqu'aux voûtes leurs mille feux reflétés par le cristal des lustres, des voix harmonieuses, qui semblaient un écho d'un monde merveilleux, tout pénétrait l'âme d'un sentiment indéfinissable, présage du retour à Dieu pour les cœurs rebelles, et pour les cœurs purs délicieux avant-goût des joies de la patrie. Witikind, un moment ébloui, essaye de résister au charme qui l'entraîne. Il se raidit contre son propre cœur. « Non, se dit-il, je ne suis pas chrétien, moi, je suis un ennemi juré ! » Mais une voix douce, suave, angélique, pure comme le ciel d'où elle paraît descendre, répand sur la foule des flots d'harmonie.

Elle chante :

> Le Ciel a visité la terre :
> 　　Gloire au Dieu trois fois saint,
> Qui s'abaissa jusqu'à notre misère,
> 　　Pour le salut du genre humain !
> Pour nous aider, il se fit notre frère,
> Et parmi nous se choisit une mère.
> C'est le Seigneur, le Maître souverain.
> Prosternez-vous : c'est le Dieu trois fois saint !

Witikind est ému, remué dans tout son être : il se sent touché jusqu'aux larmes…, et cependant il lutte encore.

Tout à coup il se fait un mystérieux silence. Le prêtre s'incline avec respect, prêt à élever vers le ciel l'hostie sacrée. Charles quitte son trône et s'avance jusqu'au pied de l'autel. Il dépose humblement les marques de sa puissance et se prosterne.

La foule, imitant l'exemple de son roi, tombe à genoux, le front dans la poussière :

La voix reprend :

> Le Ciel a visité la terre :
> 　　Gloire au Dieu trois fois saint,
> Qui s'abaissa jusqu'à notre misère,
> 　　Pour le salut du genre humain !
> C'est notre Dieu, c'est notre frère,
> C'est le Seigneur, le Maître souverain.
> Prosternez-vous : c'est le Dieu trois fois saint !

Mais Witikind n'entend plus ces harmonies célestes, il ne voit plus ceux qui l'entourent.

Tremblant d'émotion, les yeux noyés de larmes, il est tombé, lui aussi, terrassé par la grâce, pour se relever chrétien. Dieu l'a vaincu.

Quelques jours après, le fier Saxon demandait le baptême et déposait son épée aux pieds de Charlemagne.

VII.
RICHARD CŒUR-DE-LION.

I.

SOUS LES MURS DE SAINT-JEAN-D'ACRE.

ÉRUSALEM venait de tomber au pouvoir de Saladin. Trois ambassades consécutives étaient venues, des rivages de la Palestine, apprendre à l'Occident, avec la perte de la ville sainte, de la vraie croix et du tombeau du Christ, la captivité du roi, Gui de Lusignan, le massacre des chrétiens à Tibériade, la prise de Saint-Jean-d'Acre, de Jaffa, de Sébaste, de Nazareth et de Césarée. Les Musulmans étaient maîtres partout.

Ces récits, répétés en France par Guillaume de Tyr, et répandus ensuite dans l'Europe entière, avaient ému la chrétienté. Une troisième croisade avait été résolue: les rois de France et d'Angleterre, l'empereur d'Allemagne et un grand nombre de princes et de seigneurs avaient pris la croix, et s'étaient dirigés, à la tête d'une brillante expédition, vers les côtes de Syrie.

Philippe-Auguste et Richard Cœur-de-Lion s'étaient unis par un traité, et leurs bannières marchaient ensemble avec leurs armées. On raconte que le bourdon de pèlerin rompit entre les mains du roi d'Angleterre, et qu'en traversant la ville de Lyon, un pont s'affaissa sous le poids de ses troupes. Ces présages, remarqués avec effroi par la superstition, n'émurent point Richard ; inaccessible à la peur, palpitant d'impatience au seul nom de la Palestine, il appelait dans tous ses rêves le sultan et les émirs, dont il brûlait d'abattre la puissance et de châtier l'orgueil.

— Urbain II préside le concile de Clermont et convoque les chrétiens à la Croisade. — D'après une gravure de 1552.

Les deux flottes royales partirent en même temps, et relâchèrent ensemble dans les ports de la Sicile, où régnait Tancrède. Ce prince retenait captive la sœur de Richard ; il n'en fallait pas autant pour exciter la colère du pétulant monarque. Sans attendre les réparations promises, sans informer Philippe, le roi d'Angleterre attaque les Siciliens et arbore son étendard sur les tours de Messine. Étonné de voir flotter sur la ville qu'il habite le drapeau d'un vassal, le roi de France ordonne à ses soldats de l'arracher. Richard, offensé, ne connaît plus de suzerain, plus d'allié : il ne voit que son affront et se dispose à le venger. Mais Philippe-Auguste, plus sage et plus grand que le fougueux Anglais, sait se vaincre lui-même pour éviter une lutte funeste à la croisade. Il donne le signal du départ et devance en Orient son turbulent compagnon.

Déjà les chrétiens de Syrie, apprenant qu'une nouvelle croisade se préparait en Europe, avaient repris courage, et, ralliées par Gui de Lusignan, qu'une forte rançon avait remis en liberté, leurs troupes fugitives s'étaient réunies et avaient mis le siège devant Saint-Jean-d'Acre. A cette petite armée s'étaient jointes des bandes venues de la Frise et du Danemark, les troupes du landgrave de Thuringe et du duc de Gueldre, des légions allemandes, restes déplorables de la magnifique armée de l'empereur Frédéric Barberousse, qui avait trouvé la mort dans les eaux glaciales du Cydnus, quand déjà il faisait trembler Saladin, et une flotte de seigneurs français que leur piété belliqueuse avait fait devancer l'armement royal. C'était déjà une force imposante, et le siège était poussé avec vigueur.

Mais combien redoubla la confiance des chrétiens, lorsqu'arrivèrent le roi de France et l'élite de ses sujets ! A la vue de l'oriflamme et des deux étendards remis solennellement à Philippe, en l'abbaye de Saint-Denis, et dont l'aspect, selon la croyance du temps, jetait la terreur et l'épouvante parmi les ennemis de la foi, les assiégeants poussent des cris de joie et demandent l'assaut. Le roi, plein de fougue lui-même et voulant profiter de cette ardeur martiale, fait sonner la charge par les trompettes des quatre royaumes, et les chrétiens se précipitent avec impétuosité contre les remparts, que les machines de guerre sapent en même temps. Bientôt une large brèche offrit un passage aux croisés, qui déjà s'élançaient dans la place, quand Philippe, par un excès de loyauté qui peint bien les chevaliers de son siècle, se souvint d'avoir promis à Richard de partager avec lui l'honneur de l'entreprise. Fidèle à sa parole, il résolut d'attendre le roi d'Angleterre et fit donner le signal de la retraite. Les Musulmans profitèrent de cette faute, et, ranimés par l'inaction des chrétiens, qu'ils croyaient affaiblis et découragés, ils réparèrent leurs fortifications, reçurent des renforts, et se défendirent avec une vigueur nouvelle.

Cependant Richard n'arrivait pas. Parti de Messine, après s'être réconcilié avec Tancrède, il avait été jeté par la tempête sur les côtes de Chypre, où se trouvait alors l'usurpateur Isaac Comnène,

Philippe-Auguste.

qui traita indignement les Anglais échoués. Richard, gardant même parmi les écueils l'audace d'un conquérant, marche contre le tyran et l'atteint pendant la nuit. Isaac, effrayé, s'enfuit demi nu, suivi de son armée en désordre. L'impétueux Anglais le poursuit sans relâche, harcèle ses légions, les disperse et les détruit, fait la conquête du royaume, et apparaît ensuite sous les murs de Saint-Jean-d'Acre, traînant à la suite de son char le tyran chargé de chaînes, entouré

d'un pompeux cortège et dans le fastueux appareil d'un triompha-
teur asiatique.

Effigie de Richard Cœur-de-Lion,
placée sur son tombeau, à l'abbaye de Fontevrault.

Ce faste et ces exploits éblouirent les croisés, amis du merveilleux, et l'or de la Sicile et de Chypre, distribué à ses sujets par le monarque anglais, attira sous ses drapeaux les soldats des autres chefs. Une sourde mésintelligence s'établit dès lors entre les deux rois, déjà indisposés l'un contre l'autre par l'affaire de Messine, et plus d'une fois elle fut sur le point d'éclater, sous les provocations irréflé-chies de Richard, qui étalait sans ména-gement, aux regards de son suzerain, les preuves d'une victoire orgueilleuse, et semblait se préparer, par ses brigues et ses séductions, le commandement su-prême. Néanmoins le siège fut repris et poussé de concert par toutes les armées. Les Français tentèrent plusieurs assauts, et les pierres de Ptolémaïs, la colline du Prophète, le lit desséché du torrent de Bélus, fumèrent souvent, dans ces terri-bles combats, du plus illustre sang. Thi-baut de Champagne, Rotrou, Étienne de Sancerre, le comte de Blois, Gui de Châ-tillon, Geoffroi d'Aumale, le vicomte de Châtellerault, Florent d'Angers, Raoul de Coucy, le jeune et intéressant Albéric, périrent la lance à la main.

La fureur était si grande de part et d'autre que les femmes se mêlaient aux batailles journalières, et que les enfants eux-mêmes luttaient au milieu des vieux guerriers. Les croisés, ne pouvant forcer la ville, conçurent le dessein gigantesque de transporter près des murs de Saint-Jean-d'Acre une colline voisine, afin de dominer la ville et de l'ac-cabler sous leurs traits. En amoncelant successivement devant eux, chaque jour, la terre de ce monticule, ils parvinrent à le rapprocher.

Les assiégés, engageant alors un combat de nouvelle espèce contre ce colosse menaçant, entreprirent de leur côté des travaux hardis, pour repousser la masse mouvante, qu'ils voyaient avec effroi s'accroître et s'avancer contre eux.

Cependant l'œuvre se poursuivait nuit et jour, sans relâche; protégés par cette redoute merveilleuse, les croisés, sans danger pour eux, faisaient pleuvoir sur la ville une grêle de projectiles, et préparaient un suprême assaut. Les infidèles se portaient en masse sur les remparts, et les murs apparaissaient partout couverts d'hommes armés, de machines de guerre, de pierres énormes, de bitume, de soufre, et de tout ce qui pouvait servir à repousser l'attaque.

Au loin, dans la plaine, se déployaient les phalanges chrétiennes. L'infanterie marchait sur deux colonnes, suivie d'une cavalerie nombreuse, dont une partie avait ordre d'explorer la campagne, pour éviter toute surprise; au centre, on voyait rouler d'effroyables machines, destinées à battre les murailles.

Le signal est donné. Les croisés ne sont plus qu'à quelques pas des fortifications : ils s'arrêtent, dressent en face des murs les béliers énormes qui doivent les détruire, et font voler partout sur les assiégés des nuées de flèches et de pierres, qui dégarnissent les remparts. Le roi d'Angleterre, toujours impétueux, et voulant profiter de la stupeur produite parmi les Turcs par cette première attaque, commande l'assaut, et, descendant de cheval, marche lui-même à la tête de ses troupes. Les Anglais s'avancent en bon ordre, couverts de leurs boucliers réunis en forme de tortue ; ils comblent les fossés avec des fascines, des pierres et des troncs d'arbres, et, dressant des échelles contre les murailles, s'élancent vers le sommet. Les Sarrasins font tomber sur eux des pierres énormes, qui les écrasent, et des matières bouillantes, qui les font rouler sans vie au pied des remparts. Cependant les béliers frappent à coups redoublés, et les poutres armées de fer ébranlent les portes et font trembler les murs, qui cèdent bientôt sous leur propre poids et s'écroulent sur un large espace. Les assiégés descendent sur la brèche et la défendent pied à pied contre les chrétiens, qui se précipitent avec fureur, cherchant à la franchir. Richard est partout le premier ; on le voit, sa bannière d'une main et son épée de l'autre, pousser son cheval jusqu'au milieu des infidèles et s'ouvrir un chemin dans un ruisseau de sang.

Tout à coup un fracas épouvantable se fait entendre du côté des Français : ils ont poussé leurs ouvrages jusqu'au pied de la tour *maudite* (ainsi nommée, parce que dans son enceinte furent fabriqués les deniers qui payèrent la trahison de Judas), et ils ont réussi à miner les fondements du colosse, qui s'est écroulé, laissant à découvert ses défenseurs affolés, qui jettent leurs armes et fuient de tous côtés. Les Français, suivis des Allemands, pénètrent dans la ville, tandis que Richard, toujours sur la brèche, fait des prodiges de valeur. Bientôt la panique se répand dans la ville entière : ceux qui combattent encore, se voyant pris entre deux armées, celle de Richard et celle de Philippe, déjà maître des principaux quartiers, déposent les armes et se rendent à discrétion.

Ainsi, après deux ans de siège, Saint-Jean-d'Acre retombait au pouvoir des chrétiens. Désormais la Palestine était ouverte aux croisés, et leur marche, jusqu'à Jérusalem, n'eût été qu'un triomphe, s'ils avaient su profiter de leur premier succès ; mais les dissensions funestes qui régnaient entre les différents chefs compromirent le reste de l'expédition. Les querelles des rois de France et d'Angleterre avaient divisé l'armée ; bientôt Philippe, atteint d'une maladie mystérieuse, qu'on attribuait aux sortilèges ou aux philtres empoisonnés du Vieux de la Montagne, fut contraint de retourner en France, laissant Richard investi du commandement suprême.

II.

LE VIEUX DE LA MONTAGNE.

NON loin de Saint-Jean-d'Acre et des tentes des chrétiens, se dressent les sommets du Liban, dont la longue chaîne, couverte de forêts antiques, s'étend jusqu'aux sables de la Phénicie. Là, entre les dernières sinuosités qui courent dans la plaine et les premiers rochers de l'Anti-Liban, règne une vallée profonde dont l'ouverture, tournée vers la mer, semble pratiquée tout exprès pour livrer passage à la brise qui la rafraîchit pendant le jour, aux aromes qui en sortent chaque nuit et parfument le rivage. La nature, en lui prodiguant ses charmes, en a fait une des plus délicieuses contrées qu'on puisse imaginer. L'été y tempère sa chaleur, et l'hiver ne s'y arme point de glaces ; les nuages n'y troublent point la sérénité des airs : un azur éternel y embellit les cieux. Sur des gazons toujours verts brillent des fleurs toujours nouvelles ; les arbres y conservent un immortel feuillage. Un palais enchanté s'élève dans ces beaux lieux, sur les pentes du Liban, trône mystérieux du

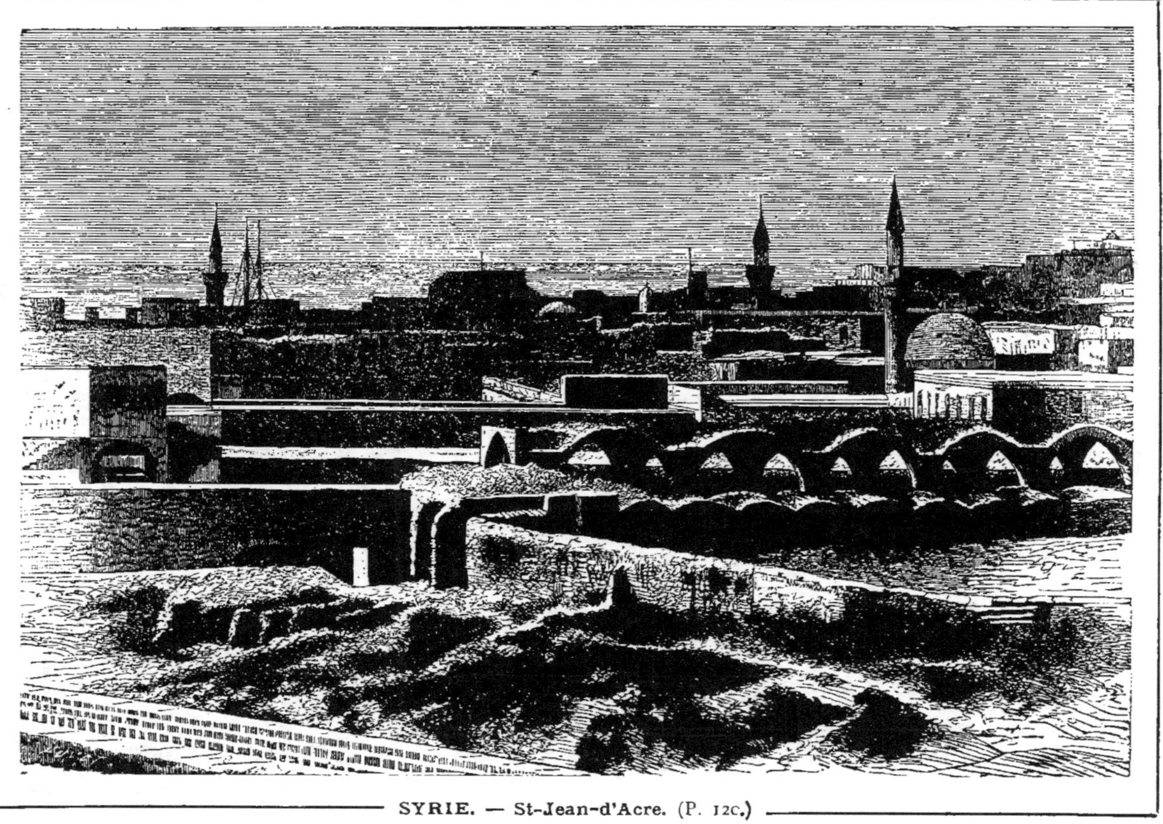

SYRIE. — St-Jean-d'Acre. (P. 12C.)

monarque redouté qui règne sur ces monts radieux et sur ces mers tranquilles.

C'est le royaume isolé du Vieux de la Montagne, cheik arabe connu de toute la Syrie, dont le pouvoir magique fait trembler jusqu'aux plus fiers souverains. Les guerriers eux-mêmes pâlissent à son nom, et les chefs les plus puissants lui envoient des tributs pour acheter son alliance ou son oubli. Il ne possède ni remparts ni légions ; mais, au sein de la paix, sous ses mille palmiers, au bord des deux cents fontaines de ses enclos fortunés, cet homme, aussi simple en apparence que le bon Alcinoüs, mais artificieux comme le perfide Ulysse, est plus redouté que les sultans de Damas et d'Égypte, entourés de leurs escadrons formidables.

Le pouvoir miraculeux qu'il exerce partout puise sa force dans le dévouement sans bornes des jeunes fanatiques enchaînés à ses ordres. Pleins d'astuce et d'adresse, et formés à une obéissance aveugle, ils accomplissent tôt ou tard la mission qu'ils ont reçue : jamais une victime désignée par leur maître n'a pu se soustraire à leurs coups toujours sûrs. Patience, travestissements, mensonges, ruses de toute espèce, rien n'est épargné par eux pour venir à bout de leurs desseins. Plusieurs princes de Mossoul et de Damas sont tombés sous leurs poignards. Frappant les émirs au milieu des bazars et des mosquées, ils inspirent une telle terreur, que souvent on n'ose ni les arrêter ni les maudire. Plus d'un chevalier, plus d'un chef fameux de l'armée chrétienne a péri, victime de leur haine et de leur perfidie ; le grand Saladin lui-même, un jour, recula de frayeur devant eux.

Richard, bien souvent, durant le siège de Saint-Jean-d'Acre, avait entendu parler du Vieux de la Montagne, et il avait résolu de visiter ce singulier personnage, et de s'assurer par lui-même des merveilles qu'on lui attribuait. Peut-être espérait-il, si la réalité concordait avec les récits, utiliser, en vue de ses projets, le pouvoir mystérieux du chef arabe ; peut-être comptait-il trouver une arme sûre pour se débarrasser du terrible Saladin. Il partit donc, quelques jours après la prise de Ptolémaïs, et se dirigea, suivi de quelques chevaliers et d'une faible escorte, vers la Phénicie. Il eut bientôt gagné les rivages de Tripoli, et, laissant la ville à gauche, il traversa les sables arides qui la séparent du Liban, et pénétra, à travers les bosquets aromatiques et les prairies émaillées de fleurs d'une vallée fertile et gracieuse, jusqu'au palais du Vieux de la Montagne.

Le pompeux édifice, bâti sur un mamelon, était d'une forme

circulaire. Son vaste contour embrassait un jardin, dont jamais les jardins les plus fameux n'égalèrent la splendeur : les démons eux-mêmes, dit-on, en avaient tracé le plan et fourni les matériaux. Trois portes d'airain, garnies de reliefs et de lames d'argent, s'ouvraient sur la vallée et conduisaient à un atrium immense, sur les murs duquel étaient gravées les pages du Coran et les principales scènes de la vie du prophète.

Richard, accompagné d'un seul chevalier, son intime et fidèle Blondel, et conduit par un serviteur du monarque mystérieux, pénètre dans l'intérieur du palais. Il admire en passant le travail merveilleux des portes d'airain, les magnificences de l'atrium, les galeries de cristal, les colonnades de porphyre, les vastes salles décorées d'arabesques et de tentures de pourpre ou de soie, étincelantes de pierreries, les meubles en bois de rose et de cèdre odorant, incrustés d'or et d'ivoire avec de riches émaux, les vases d'onyx, d'émeraude, d'agate et de rubis, les tapis habilement tressés avec les plumes coloriées du paon, de la pintade et du colibri, les parquets de nacre, les cours pavées en mosaïque, où coulent, parmi les fleurs et la verdure, dans des bassins de marbre blanc, des fontaines qui répandent la fraîcheur. Tout excite l'admiration et l'étonnement des deux guerriers.

Cependant, à travers ce labyrinthe de salles merveilleuses, entremêlées de cours, ils sont parvenus jusqu'aux appartements secrets du cheik redouté. Là, tout est simple comme le maitre qui s'y cache : un escalier de granit conduit à un cabinet obscur, dont les parois sont recouvertes de panoplies et de trophées de chasse. Les visiteurs sont introduits par un esclave noir auprès du Vieux de la Montagne.

Ils demeurèrent longtemps ensemble, et, lorsque l'entretien fut terminé, le monarque les conduisit, à travers ses jardins enchantés, jusqu'à une grotte naturelle, tapissée de pampres verts. Elle était creusée dans les flancs de la montagne, et formait comme une salle immense sous un dôme gigantesque. Cent esclaves, tenant à la main des torches aromatiques, étaient placés tout autour, et les mille cristaux qui pendaient à la voûte y scintillaient comme autant d'étoiles. De jeunes enfants, vêtus de pourpre et d'azur avec des broderies d'or, servirent des mets exquis sur des tables d'argent, devant lesquelles le Vieux de la Montagne fit asseoir ses hôtes illustres. On entendit alors dans le lointain des voix harmonieuses, des concerts ravissants, qui semblaient s'élever des profondeurs de la grotte.

Les deux guerriers, hors d'eux-mêmes, se sentaient comme fascinés par ces accents voluptueux, ce ciel éblouissant et l'odeur enivrante des parfums qui se consumaient : ils n'osaient ni parler ni se retirer, et se demandaient si c'était un rêve ou la réalité.

Le prince arabe les fit ensuite monter, par un escalier de marbre à pente douce et presque insensible, sur la terrasse du palais. Des esclaves, vêtus de blanc, y étaient assis sous des tentes de soie, sur de riches et moelleux divans. A la vue de leur maître, ils se levèrent et restèrent immobiles et debout. Le Vieux de la Montagne se tournant alors vers Richard : « Vous n'avez point de sujets, lui dit-il, aussi obéissants, aussi dévoués que les miens. » En même temps, il fit un signe, et deux de ses esclaves se précipitèrent aussitôt du haut du palais et moururent à l'instant. « J'ai mille serviteurs semblables, ajouta le cheik arabe, tout aussi disposés à exécuter mes ordres, à mépriser la mort. » Et, faisant un nouveau signe, deux autres esclaves se précipitèrent encore du haut de la terrasse. « Maintenant, continua-t-il, ne vous étonnez plus de mon pouvoir ; la vie des rois est entre mes mains ; je n'ai qu'un ordre à donner, et demain ils ne sont plus ! »

Pour amener ses serviteurs à une soumission aussi absolue, le Vieux de la Montagne leur persuadait qu'il était le confident du prophète et l'unique dépositaire de ses lois. Il avait fait de ses sujets, appelés *Fédaïs*, les initiés d'une secte qui regardait comme honteux de mourir dans son lit, et croyait qu'on s'assurait une vie éternelle en expirant pour servir son maître. Il les recevait dès leur enfance dans son palais, et les élevait d'une façon toute merveilleuse, au milieu des prestiges et des visions. Chaque jour, après leur avoir donné un philtre assoupissant, il les faisait transporter dans ses magnifiques jardins, où l'amarante pourprée, l'œillet du Liban et le lis orangé mariaient l'éclat de leurs couleurs à la brillante verdure du myrte et des pruniers rampants. Là, des chants mystérieux, des voix célestes, de mélodieuses symphonies les réveillaient, et des esclaves invisibles leur servaient des festins savoureux sur le bord des eaux courantes, à l'ombre des platanes et parmi les cascades et les fontaines jaillissantes.

Durant la nuit, l'habile monarque les faisait conduire, endormis, sous des pavillons somptueux, à eux inconnus. Dans ces asiles, décorés de tout ce que le luxe et la mollesse asiatiques ont de plus séduisant et de plus voluptueux, les jeunes Fédaïs, doucement réveillés au son moelleux des harpes et des flûtes, apercevaient, à la lueur des cèdres, des tableaux merveilleux, des groupes d'esprits légers, des sylphes étincelants, qui leur souriaient et les invitaient à leurs danses folâtres. Enivrés de parfums, d'opium et d'harmonie, les nouveaux disciples tournoyaient longtemps dans ces rondes fantastiques, emportés dans les espaces par les Génies des airs. Le plaisir débordait par tous leurs sens : ils auraient voulu que ces nuits enchantées n'eussent jamais pris fin, et leurs journées se passaient ensuite à rêver le retour de ces plaisirs mystérieux.

Mais le vieux monarque savait leur ménager à propos ces jouissances désirées : « Ce sont, leur disait-il, les avant-goûts des joies du paradis, une faible image des délices sans fin qui vous attendent par delà les étoiles. Si vous mourez en servant votre roi, sans délai, sans murmure et sans crainte, vous serez reçus, au sortir de la vie, dans le séjour bienheureux du prophète. Vous y entrerez par huit portes d'ambre et d'azur, ouvrant sur autant de jardins plantés d'arbres toujours verts, avec des fleurs d'améthyste et de rubis, des fruits de perle et de diamant. Vous y trouverez soixante-dix mille prairies de safran ; dans chaque prairie, soixante-dix mille palais de nacre et de corail, avec pareil nombre de galeries de topaze, où se multiplient à l'infini les salons d'or, les tables somptueusement servies, les cascades de nectar et d'ambroisie, et les pavillons de soie, de pourpre et de cristal. Dans ce fortuné séjour, il n'y a plus ni infirmités, ni douleurs, ni larmes, ni regrets ; mais des voluptés sans nombre, des voluptés sans fin. »

A ces mots, le Vieux de la Montagne donnait à ses disciples un breuvage enivrant, qui exaltait leur courage ; et alors, impatients d'un trépas qu'ils regardaient comme méritoire, et dont la récompense les séduisait, ces fanatiques se précipitaient sans crainte dans les dangers les plus imminents, s'arrachaient les ordres de mort, chantaient au milieu des tortures, et conservaient, dans les plus horribles supplices, un front calme et radieux.

Tels étaient les sicaires indomptables et le palais enchanté du Vieux de la Montagne (¹). Richard et Blondel prirent congé du monarque mystérieux, et se retirèrent, émerveillés et ravis. Nul ne sut jamais ce qui s'était passé dans l'entretien du cabinet secret ; mais, à partir de ce jour, le roi d'Angleterre se regarda comme

---

1. Ces récits ne sont point de pures fictions. Malte-Brun, Michaud, Jourdain parlent des Fédaïs ou Ismaéliens, du Vieux de la Montagne et de ses enchantements. On prétend qu'il existe encore, dans les montagnes du Liban, plusieurs familles d'Ismaéliens. M. Rousseau, consul général de France, à Alep, a confirmé cette assertion.

invulnérable, et on le vit, dans les combats, rechercher plus que jamais les périls et les dangers.

III.

LES EXPLOITS DE RICHARD.

PHILIPPE-Auguste était rentré dans son royaume. Désormais la Palestine était livrée à la fougueuse ambition de Richard. Plus de rival pour lui disputer la moitié des exploits et partager la victoire ; plus de conseils, plus d'autorité suprême pour modérer son ardeur belliqueuse ! La chaîne qui retenait ce superbe léopard était rompue, et la Syrie devenait sa proie.

Aussi, à peine ses troupes sont-elles réorganisées qu'il reprend la campagne et marche sur Jérusalem. Saladin l'attendait, caché dans les montagnes, entre Césarée et Jaffa. Lorsque le terrible Musulman voit l'armée chrétienne engagée dans les plaines qui séparent ces deux villes, et arrêtée par une rivière grossie, dont elle opérait le passage, il fond à l'improviste sur les bataillons isolés qui, les premiers, avaient franchi le fleuve, et menace de les culbuter dans les flots. Saladin avait trois cent mille hommes ; l'armée chrétienne n'en comptait que quarante mille. Cependant, malgré cette disproportion et ce désavantage, malgré le tumulte causé par la surprise et le danger de la position, le roi d'Angleterre n'hésite pas à livrer bataille : il promet la victoire à tous ceux qui voudront le suivre, et se précipite tête baissée à travers les rangs ennemis, qu'il brise et qu'il renverse.

Le superbe escadron s'avance impétueux, semant sur son passage le meurtre et la terreur. A son approche, les bataillons infidèles se dispersent et s'enfuient. Richard n'en veut qu'aux chefs : comme un lion furieux, il les cherche de l'œil, et dès qu'il aperçoit leurs panaches orgueilleux, rapide comme l'éclair, il fond sur eux, les attaque de sa vaillante épée et leur fait mordre la poussière. Vingt-deux émirs périssent de sa main. Mais ce n'est pas assez pour sa bouillante ardeur : il dirige ses bataillons vers la garde de Saladin, et, tandis que ses chevaliers chargent les Musulmans, il va droit à leur chef et le provoque de son arme terrible.

Le sultan l'aperçoit, et, tirant aussitôt son cimeterre, il éperonne son coursier et se précipite vers lui. Les deux guerriers se rencontrent, et les coups qu'ils se portent retentissent sur leurs cuirasses

d'airain. Richard, souple et agile, penché sur son cheval, épie les
jours que lui livre son ennemi et cherche à le frapper au visage.
Immobile et déployé, l'infidèle, dans une attitude différente, montre un art égal. Le bras allongé, debout sur les étriers, tantôt il pare
les coups de son rival, tantôt il le frappe lui-même de son arme pesante. Richard recule un instant, mais tout à coup, se redressant
avec fierté, la menace à la bouche et la fureur dans les yeux, il s'é-
lance de nouveau et plonge son épée dans l'épaule du sultan. L'orgueilleux Sarrasin tombe en rugissant, tandis que Richard, sans
daigner même jeter un regard sur son ennemi terrassé, rallie ses
escadrons victorieux partout, et va rejoindre le gros de son armée.

Bethléem.

Il la trouve aux prises avec les ennemis, sur les rives du fleuve,
qu'elle est parvenue à franchir. Le fougueux monarque se jette au
milieu de la mêlée, suivi de ses cavaliers indomptables : les croisés
poussent des cris de joie, les flèches volent de tous côtés, et les bataillons infidèles tombent sous le fer des chrétiens. Bientôt la victoire
est complète, et les Musulmans fuient vers les montagnes, laissant
sur le champ de bataille vingt mille morts et dix mille blessés.

Richard continue sa marche vers la ville sainte et s'empare successivement de Jaffa, d'Ascalon et de Gaza. Apprenant un jour
qu'un convoi de huit mille chameaux, escorté par douze mille Arabes,

avait été rencontré vers Emmaüs, il y vole avec quinze cents guerriers et ramène la caravane prisonnière. Une autre fois, surpris par un corps de Sarrasins, presque seul, dans une expédition sur les sommets du Liban, le prince tire son épée et fait un horrible carnage de cette foule, qu'il disperse en peu d'instants.

Le nom de Richard était devenu la terreur des infidèles. Chaque jour, il accomplissait de nouveaux exploits, recherchant avec une sorte de complaisance les aventures et les périls. Jérusalem eût ouvert ses portes à son approche, et la bruyante renommée de ce vainqueur superbe eût suffi désormais pour terminer la croisade et rendre à Lusignan son trône et ses États ; mais, pour Richard, toute ville défendue et fortifiée valait Jérusalem, et la sainte cité n'eût attiré ses pas, de préférence aux autres places de la Syrie, qu'en lui promettant plus d'obstacles à surmonter.

Ces batailles sans but lassèrent une armée dont le vœu le plus ardent était la délivrance du tombeau du Christ. L'indifférence de Richard pour une expédition qui aurait terminé la lutte et que les succès précédents semblaient rendre facile, la générosité qu'en plus d'une rencontre il avait exercée envers Saladin, indisposèrent contre lui une partie des croisés. Plusieurs seigneurs, entre autres le duc de Bourgogne et Léopold d'Autriche, se séparèrent du roi d'Angleterre et rentrèrent dans leur patrie. Des murmures s'élevèrent autour du monarque, et des plaintes lui furent adressées; mais il demeura sourd à toutes les remontrances et souffrit les désertions avec un calme méprisant. Plein de confiance dans ses Anglais et sa vaillante épée, il continua ses aventures et ses actions d'éclat autour de Jérusalem, sans jamais s'approcher de la ville sainte.

Bientôt cependant le dégoût et l'ennui s'emparèrent de ce fier vainqueur, et cet homme, jusque-là indomptable et sans cesse agité, parut tout à coup sombre et mélancolique, comme s'il eût été rassasié de la gloire sanglante dont il s'était montré jaloux. Entouré de soldats, de trophées et d'esclaves, il semblait rêver d'autres chimères, et du fond de sa grande âme s'élevaient des tristesses mystérieuses, des désirs de repos, qui le jetaient dans un abattement pénible. Richard avait assez entendu crouler autour de lui de forteresses et de remparts, il avait vu tomber assez d'émirs et de satrapes, et le ciel constamment pur et toujours brillant de la Syrie lui faisait regretter le climat nébuleux et frais de sa chère Albion.

Dès lors, il ne songea plus qu'à regagner ses États, et, le 9 octobre 1192, il quitta la Palestine et s'embarqua pour l'Europe. Sa

— Vue de Jérusalem. —

flotte, qui portait sa sœur et la princesse de Chypre, avait fait voile quelques jours auparavant et relâché en Sicile, sans aucun accident. Le roi la suivit, avec un seul vaisseau, et prit une route différente; mais sa marche fut souvent retardée par des vents contraires, et un mois s'était écoulé, depuis son départ, quand il atteignit l'île de Corfou. Il y fréta trois vaisseaux côtiers et continua sa route ; mais bientôt la tempête le jeta sur les côtes de l'Istrie, entre Aquilée et Venise. Déguisé en pèlerin, afin de n'être pas reconnu par les princes qu'il avait maltraités en Palestine, il se mit en marche à travers l'Allemagne.

IV.

LE CHANT DU TROUBADOUR ET LES CRÉNEAUX DE TRIFELS.

> « Si vous cachez l'objet pour qui mon cœur soupire
> Et qu'appellent mes pleurs,
> Bois, montagnes, vallons, soulagez mes douleurs !
> Et toi, qu'ont attiré les accents de ma lyre,
> Dis-moi, bel étranger, sous quels cieux il respire ;
> Rends à mon cœur ses plus chères amours,
> Rends l'étoile à mes nuits, le soleil à mes jours,
> Au plus vaillant des chefs, mon Dieu, rends sa couronne ! »

Ainsi chantait, en parcourant l'Allemagne, un pauvre ménestrel. Caché sous les haillons de l'indigence, accompagné d'un chien qu'il appelait le dernier ami de son infortune, il ne portait avec lui que son luth, couronné d'un crêpe funèbre et de quelques fleurs, symbole de l'espérance. Mais, sous ces lambeaux de l'indigence, battait le cœur d'un preux magnanime, et, quand ses doigts couraient sur les cordes harmonieuses, on eût dit le Génie des concerts, tant sa voix était attendrissante, tant les sons qu'il tirait de son luth pénétraient l'âme d'émotion. Il allait de ville en ville, de chaumière en chaumière, et lorsque, attendris, ceux qui l'avaient écouté lui demandaient d'où il venait et où il allait, il ne répondait qu'en répétant, avec une expression plus touchante encore, son refrain ordinaire :

> « Si vous cachez l'objet pour qui mon cœur soupire
> Et qu'appellent mes pleurs,
> Bois, montagnes, vallons, soulagez mes douleurs !
> Et toi, qu'ont attiré les accents de ma lyre,

> Dis-moi, bel étranger, sous quels cieux il respire ;
>   Rends à mon cœur ses plus chères amours,
>   Rends l'étoile à mes nuits, le soleil à mes jours,
>   Au plus vaillant des chefs, mon Dieu, rends sa couronne ! »

Et il passait, au milieu de l'admiration et de la pitié qu'il faisait naître. Il allait, cherchant toujours par d'innocents artifices à découvrir les traces de son roi bien-aimé ; mais sa plaintive chanson n'excitait que la compassion et les larmes, sans lui révéler jamais l'objet de sa douleur. Que de fois, au pied des tourelles silencieuses des vieux manoirs, il toucha par ses chants le cœur de la sentinelle inflexible ! Alors le pont-levis s'abaissait, et on l'introduisait dans les salles superbes, au milieu des nobles seigneurs et des belles dames. Là, après l'avoir écouté dans un respectueux silence, on le faisait asseoir près de l'âtre hospitalier, et, lui offrant une liqueur restaurante, dans une coupe d'or : « Aimable troubadour, lui disait-on, demande pour tes concerts le prix que tu désires, demande, et il te sera accordé.» Mais le troubadour, reprenant son luth, ne répondait que par sa complainte accoutumée :

> « Si vous cachez l'objet pour qui mon cœur soupire
>   Et qu'appellent mes pleurs,
>   Bois, montagnes, vallons, soulagez mes douleurs !
>   Et toi, qu'ont attiré les accents de ma lyre,
>   Dis-moi, bel étranger, sous quels cieux il respire ;
>   Rends à mon cœur ses plus chères amours,
>   Rends l'étoile à mes nuits, le soleil à mes jours,
>   Au plus vaillant des chefs, mon Dieu, rends sa couronne ! »

> « O Richard, ô mon roi,
>   L'univers t'abandonne,
>   Mais Blondel est à toi ! »

Car le mystérieux troubadour était le comte Blondel, Blondel, l'honneur des chevaliers anglais, Blondel, le poète et le favori du roi Richard.

En traversant l'Allemagne pour gagner ses États, le souverain de la Grande-Bretagne s'était engagé imprudemment sur les terres de l'archiduc Léopold, qu'il avait insulté, sous les murs de Saint-Jean-d'Acre. Reconnu et saisi, il avait été enfermé dans la tour de Durrenstein, puis vendu à l'Empereur, qui l'avait fait conduire à Mayence, et transférer ensuite au château de Trifels. Son armée, revoyant la patrie, était rentrée seule, sous les arcs de triomphe élevés sur son passage. En vain les yeux avaient cherché, à la tête de tant de braves, le plus brave de tous. On avait demandé aux soldats de Richard ce qu'ils avaient fait de leur roi, et, comme si on leur eût reproché une défaite, même sous leurs lauriers ils avaient baissé les yeux. Richard qui toujours, dans les marches, comme un autre Roland, s'avançait le dernier de tous, pour couvrir de son bouclier ses bannières triomphantes, Richard avait disparu en traversant l'Allemagne. Cette perte sans gloire avait jeté un voile de deuil sur l'armée victorieuse et sur les fêtes du retour ; mais on était loin de la Palestine, et, sous le toit paternel, bientôt Richard fut oublié. Seul, le comte Blondel demeura fidèle au souvenir de son roi. La patrie, sans Richard, avait pour lui les ennuis de l'exil, et mille fois son cœur demanda le prince aimé au ciel de la Germanie.

Deux ans s'étaient écoulés, et personne encore n'avait pu dire ce qu'était devenu l'intrépide Richard. On avait prié pour son âme et disposé de son trône. Cependant Blondel n'avait pas perdu tout espoir, et son cœur lui disait que son prince vivait, et qu'il le reverrait. Mais l'amitié, bien qu'elle espère sans terme, ne saurait attendre toujours. Un soir (c'était l'anniversaire de la disparition de Richard), Blondel priait, dans une église, demandant au ciel de lui révéler le sort de son roi, lorsqu'il lui sembla entendre une voix qui lui disait que Richard vivait encore. Aussitôt le chevalier se lève, et, s'avançant vers l'autel, il jure, la main devant le tabernacle, de ne plus boire de vin, de ne plus ceindre l'épée, qu'il n'ait retrouvé son roi. Quelques jours après, Blondel, en habit de troubadour, se dirigeait vers l'Allemagne.

Longtemps on le vit errer de ville en ville, de province en province, demandant partout des nouvelles de son roi bien-aimé, et plusieurs mois se passèrent ainsi en recherches infructueuses. Il avait fouillé bois et vallons, interrogé tous les châteaux, soupiré à tous les échos les accents plaintifs de sa voix suppliante, et toujours sa voix avait expiré sans réponse ; la prison de son ami lui était inconnue, et déjà il se défiait de l'espérance : le bonheur désiré le fuyait depuis si longtemps ! Peut-être n'était-il qu'un fantôme. Mais aussi, retourner dans sa patrie sans Richard ! que lui resterait-il alors, sinon d'aller pleurer et mourir au bord d'un torrent solitaire ?

Livré à ces tristes réflexions, après un jour d'une marche pénible, Blondel s'abandonnait à une sombre mélancolie. Assis au pied d'une noire tour, d'où personne ne venait offrir au pèlerin du soir le pain de l'aumône et la couche hospitalière, il regardait en pleurant l'animal fidèle qui seul, peut-être, savait sentir comme lui, et cet instrument dont le son se perdait toujours inutilement dans les airs, et, soupirant, il chantait les adieux d'Ossian :

> « Dernier fils d'un héros que le gloire enflamma,
> Mes pas silencieux se traînent dans Selma !
> Selma, palais des rois, asile des conquêtes !
> Fingal n'invite plus l'étranger à tes fêtes ;
> Tes murs harmonieux, par la mousse couverts,
> Ne retentissent plus du doux bruit des concerts :
> Les braves ont vécu... Fingal même succombe !
> Autour de moi tout dort du sommeil de la tombe,...
> Et je ne puis mourir ! »

A ces mots, des larmes ont inondé le visage du troubadour : sa voix s'est éteinte, et ses doigts ont cessé de courir sur les cordes sonores. Mais bientôt, comme s'il sortait de la profondeur d'un rêve, sa main reprend la harpe, et son cœur désespéré, au milieu du silence de la nuit qui tombe, jette au vent du soir un dernier chant :

> « C'en est donc fait (dit-il), adieu, douce espérance,
> Qui si longtemps as bercé mes douleurs !
> Quand ta main essuyait mes pleurs,
> D'un vain bonheur tu flattais ma constance.
> C'en est fait, ma plaintive voix
> Ne frappera jamais que les airs insensibles,
> Et, seul, l'écho, dans les forêts paisibles,
> Redira le doux nom du plus chéri des rois ! »

A ce nom cher et sacré, ses doigts ont couru plus rapides sur son luth inspiré, et les cordes fidèles ont répété :

> « O Richard, ô mon roi,
> L'univers t'abandonne,
> Mais Blondel est à toi ! »

Et la voix ne parle plus, qu'elles répètent encore :

> « O Richard, ô mon roi,
> L'univers t'abandonne,
> Mais Blondel est à toi ! »

En ce moment, la beauté de la nuit, les étoiles qui apparaissent au firmament, la lune qui projette ses reflets argentés sur les prairies environnantes et les rochers de la montagne, lui rappellent l'hymne de la nuit, qu'il aimait autrefois à chanter avec son maître et qu'il avait composé avec lui. Et, reprenant son luth, il entonne, d'une voix sonore, quoique pleine de larmes, la première strophe :

> « Il est minuit !... tout repose,... tout dort !
> Le hibou seul pousse des cris nocturnes ;
>   Le météore de la mort
>   Tremble sur les flots taciturnes ;
> Le voyageur, traînant ses pas douteux,
> Cherche de l'œil la tour hospitalière,
> Et le chevreuil, dans son lit de bruyère,
> Frissonne au bruit des vents tumultueux ! »

Mais, ô bonheur inespéré ! l'écho ne répond pas seul cette fois. Du haut de la tour, une oreille attentive a tout entendu, et, à travers les créneaux, une voix a repris :

> « O vous, que la paix environne,
> Dormez, habitants des déserts !
> Dans les forêts et dans les airs,
> Au sommeil que tout s'abandonne ! »

Blondel, émerveillé, lève les yeux, et distingue, à la pâle clarté de la lune, les traits de celui qu'il pleure. Alors, laissant tomber son luth, il tend les mains vers Richard, en l'appelant des plus doux noms de l'amitié ; et Richard aussi a reconnu Blondel.

« Ils sont comblés mes vœux, s'écrie dans un transport de joie le fidèle serviteur. Astre de mes jours, ô mon roi, je puis donc jouir de ta présence ! Mais, que dis-je ? Non, je n'en jouis pas encore : je suis libre, et tu es dans les fers. Une prison, des grilles impitoyables refusent Richard aux embrassements de Blondel ! Ah ! je cours te délivrer. Compte les heures, et refuse de croire à mon amour, si la seconde aurore ne me trouve dans tes bras, pour être heureux avec toi ou partager tes chaînes. »

Et déjà il répète en lui-même les paroles qu'il va faire entendre à l'empereur : « J'irai, dit-il, j'aborderai le tyran, non avec le luth du ménestrel : il ne pourrait l'attendrir ; mais avec l'épée des chevaliers, avec l'air menaçant de Blondel, et je lui dirai : Le bras de nos guerriers n'a pas molli ; vaillants pour moissonner la gloire, ils seront tous des héros pour délivrer leur roi. L'Angleterre arme ses vaisseaux et déploie ses étendards : rends-lui son roi, ou redoute ses foudres ! »

Blondel ne compta pas en vain sur son cœur : sa fermeté fit pâlir le monarque allemand. La terreur triompha de la haine, et la seconde aurore trouva l'heureux serviteur annonçant à son maître sa délivrance et son retour.

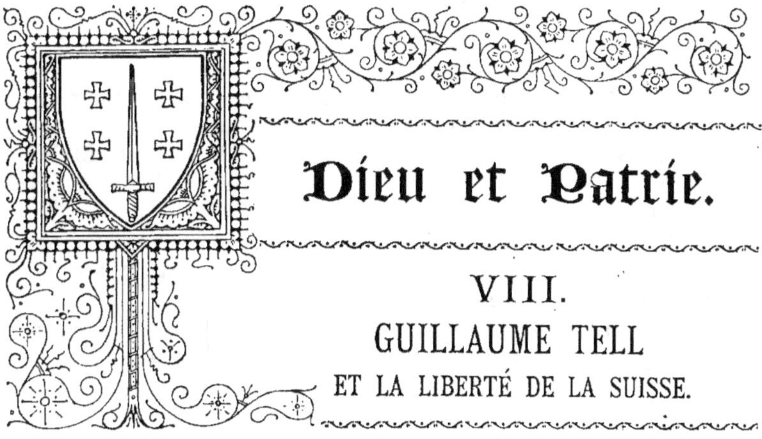

VIII.
GUILLAUME TELL
ET LA LIBERTÉ DE LA SUISSE.

I.

LE SERMENT DU GRUTLI.

DU haut de son roc de Sarnen, semblable à un vautour sanguinaire, le féroce Gessler se précipitait sur les malheureux habitants de la Suisse, pour étouffer dans ses serres impitoyables leur antique indépendance. Mais le peuple de la liberté était trop fier et trop généreux pour accepter l'esclavage et courber le dos sous le fouet de la tyrannie ! Les cantons d'Uri, de Schwitz et d'Unterwalden résolurent les premiers de secouer le joug et de briser leurs fers. Toutefois, avant de tirer l'épée, ils voulurent convoquer la Suisse tout entière, et se lier par un serment solennel. Les gorges du Grutli furent choisies à cet effet.

C'était dans la nuit du 7 novembre 1307. L'ombre et le silence régnaient sur les eaux du lac de Waldstetter, dans lesquelles se dessinaient, sous la clarté voilée de la lune, les silhouettes allongées des grands arbres et des gigantesques rochers qui se dressent sur ses bords. Tout dormait dans la nature. Seuls, les hurlements de la bise dans les sapins de la forêt et les cris des oiseaux nocturnes venaient réveiller par intervalles les échos du lac.

Mais bientôt l'on put distinguer les pas précipités d'une foule en marche, et l'on vit déboucher, du côté de Sélisberg, les députés d'Unterwalden. A leur tête marchaient Arnold de Melchthal et Conrad de Baumgarten.

« A droite, cria celui-ci, en s'avançant vers les bords du

Waldstetter, je reconnais les rochers et la petite croix ; nous sommes arrivés. » A peine avait-il fini de parler que l'on entendit comme les sons lointains d'une cloche sur les eaux. — « Silence, dit Melchthal, écoutons ! » Et tous, suspendant leur marche, prêtèrent l'oreille du côté du lac.

« C'est la cloche de la chapelle des bois, qui sonne matines, sur l'autre bord, vers Schwitz, dit Conrad de Baumgarten : nos amis ne tarderont pas à arriver. »

Au même instant apparaissait, sous les rayons de la lune, une barque voguant sur les eaux du Waldstetter. — « Ce sont les députés de Schwitz, dirent aussitôt plusieurs voix. »

Bientôt l'on put distinguer le bruit des rames, et, guidée par la lueur des torches d'Unterwalden, la barque gagna paisiblement le rivage. On vit alors descendre le brave Stauffacher et ses dix compagnons.

« Soyez les bienvenus ! » dit Melchthal, en s'approchant de Stauffacher et lui serrant la main. Et pendant que les autres conjurés s'accueillent mutuellement, il lui annonce, l'œil humide et des larmes dans la voix, le supplice de son malheureux père, à qui le féroce Gessler venait de faire crever les yeux. — « Mais, ajoute-t-il aussitôt avec l'accent de la rage et de la douleur, j'en serai vengé ! ... Oui, je le jure, avant que les troupeaux retournent aux montagnes, mon bras aura senti palpiter le cœur du tyran ! »

A ces mots, un murmure d'approbation s'élève dans l'assemblée.

« C'est bien ! reprend Stauffacher, oui nous vengerons ton père, et nous étoufferons le tyran sous les ruines de Rossberg ! Maintenant, dis-moi quel a été le résultat de ta mission auprès des autres cantons de la Suisse.

— Excellent, répond Melchthal. A travers les précipices et les glaces des montagnes de Sarnen, où retentit seulement le cri rauque de l'aigle et du vautour, je suis parvenu jusqu'aux pâturages élevés, où les bergers d'Uri et d'Engelberg s'appellent de loin et font paître leurs troupeaux ; je me suis abreuvé à la source limpide, qui sort en bouillonnant des crevasses du glacier, et je me suis arrêté au chalet solitaire. Aucun hôte n'y était pour me recevoir : tout s'y trouvait désert et dévasté. Alors j'ai poursuivi ma route, et je suis arrivé aux habitations des hommes. Le bruit du crime récent qui a été commis était déjà parvenu dans ces vallées ; à chaque porte où j'ai heurté, mon malheur m'a attiré un honorable et pieux accueil. Je me suis assis au milieu de ces paisibles montagnards ; j'ai

 Guillaume Tell.

partagé le pain noir de leur pauvreté, et j'ai bu l'eau du torrent, la seule que leur ait laissée la tyrannie. Partout des mains vigoureuses ont serré la mienne, partout j'ai trouvé des hommes de cœur. A mes paroles, je les ai vus frémir de courroux, et, détachant de la muraille leurs glaives couverts de rouille, ils ont juré de nous suivre jusqu'à la mort. C'est ainsi que, sous la protection d'une sainte hospitalité, de chaumière en chaumière je suis parvenu jusqu'à la vallée qui m'a vu naître ; et là, ô douleur ! j'ai retrouvé mon vieux père, aveugle et dépouillé, couché sur la paille d'un étranger, vivant d'aumônes et priant le Ciel pour nous. Ce spectacle déchirant ne m'a pas arraché une larme ; j'ai refoulé ma douleur au fond de mon âme, où je sentais bouillonner la vengeance, et, gravissant les cimes les plus escarpées, j'ai visité les gorges les plus sauvages et les plus cachées. Jusqu'au pied des glaciers éternels j'ai cherché les cabanes habitées, et partout j'ai trouvé la même haine pour la tyrannie, partout le nom de Gessler abhorré. Je suis allé jusqu'aux dernières limites, au delà desquelles n'habitent plus les créatures animées, où le sol aride se refuse à produire, et se dérobe ainsi à l'avidité du gouverneur. J'ai, par mes discours, échauffé les esprits de ce vertueux peuple, et il est à nous maintenant, de cœur comme de bouche. J'ai fait plus encore, et la soif de la vengeance et de la liberté m'a poussé jusqu'à la témérité la plus audacieuse : j'ai voulu visiter la citadelle même où s'abrite le vautour. Déguisé en pèlerin, j'ai pénétré dans la forteresse de Rossberg, où chaque pierre est marquée du sang de nos frères et porte encore l'empreinte de leurs sueurs. J'ai parcouru les donjons redoutables de Sarnen. A chaque pas, sous chaque voûte, il me semblait entendre les gémissements des malheureux, ensevelis dans les cachots ; et mon âme a frissonné au souffle des victimes. Je suis allé plus loin encore, et j'ai pénétré jusqu'au tyran lui-même ; je l'ai trouvé dans les débauches d'un festin ; je l'ai vu face à face, ô mes amis, et je ne l'ai point frappé ! Le bourreau de mon père, je ne l'ai point frappé !... »

Des sanglots couvrirent les dernières paroles de Melchthal ; la colère et l'émotion étouffèrent sa voix. Il se tut. Stauffacher, lui serrant la main, le félicita au nom de la Suisse entière du succès de sa mission ; puis, le son d'une trompe se fit entendre, et l'on vit arriver le sage Walter Furst, le pasteur Rosselmann, et tous les confédérés d'Uri.

Les trois cantons étaient représentés. La lune, au milieu de sa course, éclairait alors en plein les bords du lac et plongeait dans les gorges du Grutli, où couraient, semblables à de noirs fantômes, les ombres des nuages, qui passaient rapides dans les airs, sous le souffle du vent. Le tableau était majestueux et le moment solennel. Les députés d'un peuple opprimé, réunis sur une plage solitaire, au milieu des rochers du Waldstetter, dans le silence de la nuit : quelle scène imposante !

Au signal de leurs chefs, les conjurés, disposant leurs torches en cercle autour d'eux, plantent leurs épées dans le gazon, et prennent place devant une roche détachée du flanc de la montagne, au milieu de la prairie. Aussitôt Stauffacher s'élevant sur cette tribune naturelle :

« Amis, leur dit-il d'une voix pleine d'émotion, qui de vous, il y a dix ans, eût songé que nous serions réduits en ce jour à nous envelopper des ombres de la nuit et de la solitude des forêts, pour travailler au salut de notre malheureuse patrie ? Que diraient nos ancêtres, si, rendus à la lumière, ils pouvaient contempler l'abîme de misère où nous sommes plongés ? Ah ! sans doute, nous reprochant notre apathie, ils saisiraient leurs épées tant de fois victorieuses, et marcheraient à la conquête de notre indépendance ! Et nous hésiterions à imiter leur grand courage ? Nous, leurs enfants, nous, les héritiers de leur gloire et de leur nom, nous consentirions à croupir dans une honteuse servitude, à nous coucher sous le fouet de l'esclavage et à baiser la main de nos tyrans ? Non, jamais ! Je vous connais trop, nobles représentants de la Suisse, et j'aime trop ma patrie pour m'arrêter à de pareilles suppositions. Nous serons grands et fiers comme ceux qui firent l'Helvétie, et nous la garderons libre et pure, comme ils nous l'ont conquise, comme ils nous l'ont donnée. Oui, terre sacrée, j'en jure par les cendres de nos pères qui dorment dans ton sein, par ces grandes âmes qui m'entendent du haut de ces noirs rochers, et qui nous écoutent avec des tressaillements de bonheur ; oui, j'en jure par ces plaines fertiles que leurs sueurs ont défrichées, par ces pâturages que leurs bras ont créés, par ces chaumières et ces hameaux qu'ils ont fondés : tant qu'il restera aux enfants de la Suisse une goutte de sang, ils combattront pour elle ; tant qu'un souffle animera leur poitrine, ils ne cesseront de convier leurs frères à l'indépendance et à la liberté !

« Écoutez ce que racontent les vieux pasteurs. Loin vers le nord, au pays des frimas, il existait un grand peuple, chez qui se firent sentir un jour la misère et la faim. Alors il prit ce qu'il avait de

plus cher, ses femmes et ses enfants, et, s'éloignant d'une terre
ingrate et stérile, il se dirigea vers le midi, en se frayant avec l'épée
un passage à travers l'Allemagne. Il pénétra jusque dans nos montagnes, et s'arrêta dans la vallée sauvage où la Muotte coule maintenant au milieu des prairies. La contrée était déserte alors :
une seule cabane s'élevait sur un roc solitaire ; un pilote y
habitait pour passer les voyageurs dans sa barque, car le lac était
orageux, et l'on ne pouvait y naviguer. Les émigrés examinèrent
le pays ; ils y découvrirent de belles et vastes forêts, des sources
d'une eau pure et bienfaisante, et, croyant retrouver leur chère
patrie, ils se décidèrent à s'y fixer. Ils fondèrent l'antique bourg de
Schwitz, couvrirent tout le canton, et, leur nombre croissant, ils
s'étendirent sur l'autre rive du lac, jusqu'aux montagnes noires et
jusqu'aux sommets couverts de glaces éternelles derrière lesquels
se cache le Hassli. Ils bâtirent le bourg de Stanz, dans le Kernwald,
et Altorf, dans la vallée de la Reuss ; et, fidèles toujours au souvenir de leur origine, parmi les races étrangères qui vinrent depuis
s'établir sur cette terre, les Suisses se reconnaissent entre eux par
le sang et par le cœur.

« Les autres peuples subissent un joug étranger et demeurent
soumis à leurs vainqueurs. Même sur nos frontières, il est beaucoup de lieux qui obéissent à une domination étrangère, et les pères
y légueront la servitude à leurs enfants. Mais nous, dignes rejetons
des anciens Suisses, toujours nous avons conservé notre liberté ;
jamais nous n'avons ployé le genou devant un prince ; et lorsque
nous nous sommes placés sous la protection de l'empereur, nous
avons entendu lui confier notre indépendance, mais jamais la lui
livrer ! Et quoi ! nous aurions conquis ce sol sacré par le travail de
nos mains ; nous aurions transformé en habitations humaines les
antiques forêts qui servaient de repaire aux bêtes féroces ; nous
aurions exterminé les dragons venimeux que nourrissaient les ma-
récages, dissipé les brouillards qui couvraient nos solitudes, brisé
les rochers, et tracé près des abîmes des sentiers pour le voyageur ;
nous aurions enfin possédé, pendant plus de mille ans, ce sol, arrosé
de nos sueurs, pour le livrer à d'autres ? Et des vassaux étrangers
oseraient essayer de nous soumettre à leurs chaînes et de répandre
l'opprobre sur notre patrie ? Croient-ils donc qu'il n'y ait aucune
ressource contre l'oppression, et que la tyrannie ne puisse avoir des
bornes ?... Quand l'opprimé ne peut obtenir justice nulle part,
quand il est accablé d'un poids insupportable, alors il demande au

Ciel courage et protection ; il implore cette justice éternelle qui habite là-haut, immuable et inébranlable comme les astres mêmes, et, saisissant son épée, il plante en face du tyran l'étendard de la liberté, et Dieu combat pour lui ! Eh bien, nous la saisirons cette épée que nous léguèrent nos aïeux, et le drapeau de l'indépendance va flotter sur le sommet de nos montagnes, car la mesure est comble, et l'insulte grandit chaque jour. N'entendons-nous pas sans cesse le récit de nouveaux excès, de nouvelles vexations, des plus monstrueux outrages ? Ce sont nos pères, que l'on égorge sans pitié ; ce sont des vieillards inoffensifs, que l'on jette en proie aux tortures de la faim, dans d'immondes cachots, malgré leurs cheveux blancs ; ce sont nos filles, nos femmes, nos enfants, que l'on charge de chaînes ; nos récoltes et nos troupeaux, qu'on nous ravit de la manière la plus indigne et la plus révoltante. Et naguère, le tyran ne s'écriait-il pas dans son cynique langage, après nous avoir arraché les bœufs qui labouraient nos terres : « Que le paysan s'attelle lui-« même à la charrue ! »

« N'est-ce pas le comble du mépris, le plus cruel, le plus sanglant des outrages ? Et nous pourrions garder encore des ménagements ? Nous pourrions attendre ?... Non, non ! le frémissement d'indignation qui vient de s'échapper de vos cœurs me dit assez haut que votre âme vibre comme la mienne, et tous vous brûlez de prendre les armes pour venger la patrie !

« Désormais le sort en est jeté, et c'est avoir prêté trop longtemps nos épaules à l'oppression. Arborons sans plus tarder l'étendard de l'indépendance, unissons-nous par un serment solennel, et jurons de mourir pour la liberté de la Suisse. Puis, dispersons-nous dans nos montagnes, jusqu'à ce que le son du cor, résonnant sur nos cimes élevées, nous convoque pour le grand combat. Dans l'attente de ce beau jour, espérons, confiants et assurés, car Dieu protège l'Helvétie ! Rappelons-nous que, jusqu'à cette heure, quiconque voulut porter la main sur nous dut rougir de son sang les torrents de nos vallées, et qu'une poignée d'hommes généreux suffit plus d'une fois pour anéantir de puissantes armées. La Suisse toujours fut le tombeau de la tyrannie : elle le sera encore ; et toujours on lira, sur la crête de nos rochers comme sur le faîte de nos monuments, ces trois mots que nous aimons à répéter : *Dieu, Suisse et Liberté !* »

A peine l'orateur a-t-il cessé de parler que de tous côtés éclatent les cris contenus de l'indignation et de la colère, et toutes les bouches répètent ensemble : « Vengeance ! vengeance ! l'indépendance ou la mort ! Nous le jurons : *Dieu, Suisse et Liberté !* » Et les échos du Grutli, roulant de rochers en rochers, redisent au loin : Nous le jurons, nous le jurons : *Dieu, Suisse et Liberté !* — Puis, tous les conjurés, debout sur le gazon, saisissant leurs épées et les élevant vers le ciel, au milieu du silence solennel de la nature et de la nuit, prononcent le serment sacré : « Sous le regard du Très-Haut, qui nous entend et qui nous inspire, s'écrient-ils ; en présence des âmes vénérées de nos ancêtres, qui nous écoutent ; par leurs cendres et par leurs armes toujours victorieuses, nous jurons de nous unir contre l'oppression, de rendre à la Suisse son antique liberté, ou de mourir pour elle ! Dieu garde l'Helvétie ! »

Tous ensuite se serrent la main avec des transports d'espérance et d'allégresse, et s'éloignent en silence pour attendre le jour de la lutte suprême.

II.

LE HÉROS DE LA SUISSE ET L'ÉTENDARD DE LA LIBERTÉ.

LE jour de l'insurrection avait été fixé au 1er janvier suivant, 1308. Une circonstance providentielle devait le consacrer.

Les sourds murmures qui s'élevaient des villages et des chaumières contre les sévices du bailli Gessler, loin d'amortir l'oppression de ce gouverneur, l'avaient irritée. Il voulut dompter par la force les premiers symptômes de révolte qui se lisaient sur le visage des paysans. Afin d'avoir des coupables à frapper, il provoqua des occasions, il inventa des crimes. Il fit planter sur la place publique du bourg d'Altorf un sapin, au sommet duquel il ordonna de placer son chapeau surmonté de la couronne d'Autriche, et il enjoignit à tous les paysans ou bourgeois qui passeraient devant ce symbole de la souveraineté de l'empereur de se découvrir la tête et de saluer. Ses gardes, postés au pied de l'arbre, sur la place, devaient enchaîner tous ceux qui se déclareraient rebelles en refusant cet hommage servile au chapeau du gouverneur.

Il y avait alors, dans le canton d'Uri, un chasseur de chamois, nommé Guillaume Tell. On ne connaissait de lui jusqu'à ce jour que son intrépidité à naviguer sur les flots du lac par les plus fortes tempêtes, et son adresse merveilleuse à frapper le but avec la flèche de son arc.

On le croyait si étranger aux impressions politiques qui agitaient le pays, qu'on ne l'avait pas même convié parmi les trente, au rendez-vous du Grutli ; mais il avait prêté serment entre sa conscience et Dieu. L'acte de se découvrir ou de s'incliner devant un emblème outrageant pour la liberté de sa patrie lui parut une lâcheté. Il refusa. Aussitôt les gardes du gouverneur le saisirent, l'arrêtèrent, et, l'ayant désarmé, ils l'attachèrent avec des cordes au tronc du sapin qui portait le chapeau.

Les traditions nationales conservées dans les montagnes de la Suisse disent qu'on obligea Guillaume Tell à abattre avec une flèche, et à cent pas de distance, une pomme placée sur la tête de son fils. C'était barbare ! Mais Dieu guida la main du malheureux père et ne permit pas que la flèche touchât même à la chevelure de l'enfant. Guillaume Tell abattit la pomme, car il était le plus habile tireur de tous les cantons.

Gessler, maître de Guillaume Tell, mais craignant qu'une insurrection ne lui enlevât son prisonnier, résolut de le transporter, la nuit même, dans la citadelle de Kussnacht, au pic du mont Rigi. Il fallait pour cela traverser le lac. Gessler, ne voulant confier à personne la garde du rebelle, monta avec lui et quelques soldats seulement sur une petite barque, conduite par un pilote inexpérimenté. Guillaume Tell était garrotté avec soin et placé entre deux gardes. On déploya la voile. La navigation fut heureuse jusque vers le milieu du lac. Mais alors les étoiles se voilèrent, les vagues frémirent et se soulevèrent sous les coups d'un vent furieux, qui se mit à souffler du Saint-Gothard, par l'embouchure de la Reuss. Soudain, la barque pencha, comme pour s'engloutir, la foudre éclata et la voile fut emportée.

La barque se releva, mais elle fut repoussée en plein lac, et pendant toute la nuit elle flotta d'abîme en abîme et fut ballottée au gré de l'ouragan. Harassés de fatigue et désespérant de gagner la rive, les rameurs s'écrièrent tous ensemble : « Il n'y a qu'un homme en Suisse capable de nous sauver. — Qui est-il ? dit Gessler. — C'est Guillaume Tell, répondirent les bateliers. — Coupez les cordes qui le garrottent, reprit le gouverneur : sa vie nous répond de la nôtre ; confiez-lui le gouvernail. »

On coupa les cordes qui garrottaient l'habile pilote. Tell, le gouvernail en main, lutta comme un dompteur de vagues avec la tempête ; il se rapprocha de la côte d'Altorf, dont on entendait les rochers à pic résonner sous les assauts des lames, à travers les ténèbres et la fumée du lac ; il cherchait une anse connue de lui seul.

Là, les rochers abaissés formaient une échancrure à la côte, et permettaient d'amarrer un esquif dans les temps calmes. Le bruit des vagues contre les parois de la côte le dirigeait. Tout à coup, il fit virer la poupe de la barque vers un monceau d'écume, qui laissa à découvert, en retombant, un écueil ruisselant d'eau courante, et, s'élançant d'un bond hors de la barque, il la repoussa du pied, tandis qu'il prenait terre. L'esquif, saisi de nouveau et chassé par la tempête, s'éloigna rapidement du bord, et jusqu'au matin il fut le jouet des flots.

Débarrassé de ses liens et des gardes de Gessler, Tell gravit aussitôt les collines d'Altorf, frappa à la porte de sa maison, embrassa sa femme et ses enfants, prit ses flèches, son arbalète et repartit.

Cependant le gouverneur ayant enfin réussi à débarquer, vers le milieu du jour, s'était mis à la poursuite de Guillaume Tell. Il s'avançait avec son escorte, dans un chemin creux, non loin du lac, jurant à haute voix que si le fugitif ne se remettait pas de lui-même entre ses mains, chaque jour de délai lui coûterait la tête de sa femme ou d'un de ses enfants.

Un homme, caché près de la route, dans un fourré du bois, entendait ces paroles, et il frémissait de colère et d'indignation. Soudain, une flèche partit et siffla à travers les branches : une masse tomba lourdement sur le chemin. Gessler était mort. La flèche de Tell avait percé le cœur du tyran.

Ce fut le signal du soulèvement et de la délivrance. Aussitôt les conjurés du Grutli levèrent leurs bannières et appelèrent tous les patriotes sous les armes.

Le 31 décembre 1307, à minuit, Stauffacher, suivi de la jeunesse d'Uri, gravit en silence les escarpes du château de Rossberg. Avertie du jour et de l'heure, une jeune fille, retenue par contrainte au service du gouverneur de la forteresse, jeta aux conjurés une corde attachée aux barreaux d'une fenêtre. Deux heures après, les Suisses étaient maîtres de la place ; la garnison surprise était désarmée et enfermée avec le gouverneur dans la prison du château. Le lendemain, un groupe de seigneurs qui fuyaient la rébellion des campagnes, attirés par le drapeau de l'Autriche, que les vainqueurs avaient laissé flotter sur les remparts, furent pris et gardés comme otages.

A Sarnen, les paysans, cachant leurs armes sous leurs habits, se présentèrent, chargés d'agneaux, de chevreaux, de chamois et de poules, comme pour apporter au seigneur les vœux et les tributs du premier jour de l'année. Celui-ci, qui sortait pour se rendre à l'église, les salua en passant, et leur dit d'attendre son retour. A peine avait-il franchi la herse qu'ils la baissèrent, tirèrent leurs armes cachées sous leurs présents, enchaînèrent la garnison, et, sonnant du haut du donjon la conque de corne des montagnes, appelèrent le peuple à la liberté.

Pendant ce temps, Walter Furst et Guillaume Tell escaladaient le château fort d'Uri, réputé imprenable, tandis que Melchthal, à la tête des héros d'Unterwalden, s'emparait de toutes les autres citadelles. Le soir même, 1er janvier 1308, des feux, allumés sur tous les remparts et sur toutes les hauteurs, célébraient le triomphe de la liberté, et répercutaient de cime en cime et de vague en vague, sur les lacs et sur les montagnes, la première lueur de l'indépendance helvétique.

Ainsi, quelques hommes de cœur avaient suffi à délivrer la Suisse.

IX.
ROBERT BRUCE
ET L'INDÉPENDANCE DE L'ÉCOSSE.

I.

LE VIEUX SANG DE L'ÉCOSSE ET L'ANGE DE LA PATRIE.

TROIS siècles avaient passé sur l'Écosse disputant son indépendance à la rapacité anglaise, siècles de luttes et de souffrances, qui avaient abouti à la sanglante bataille de Falkirk, où William Wallace, en 1298, avait succombé, couvert de gloire, mais vaincu. A partir de cette époque, l'Écosse, ouverte aux armées ennemies et foulée sous leurs pieds, n'avait plus tenté que quelques résistances isolées, sans résultats sérieux, où la fortune avait favorisé tantôt les attaques de l'ambition, tantôt les efforts du patriotisme. On eût dit un infortuné, sur le champ de bataille, luttant contre la mort, dans les convulsions de l'agonie. Enfin, maître absolu pour la troisième fois, en 1305, destructeur inexorable de tout ce qui paraissait propre à réveiller parmi les vaincus l'idée d'une indépendance nationale, Édouard Ier était rentré à Londres, croyant sa conquête assurée ; et il y était rentré, ayant auprès de lui l'homme qui devait la lui ravir.

A la tête des seigneurs écossais dont il aimait à s'entourer, et qu'il prétendait séduire, étaient Robert Bruce et Jean Cumyn : le premier, repassant toujours dans sa mémoire les droits de son père au trône et les paroles patriotiques de Wallace, sur les bords du Carron ; le second, cousin germain de Baliol, roi détrôné, et supportant impatiemment de s'être vu enlever la régence.

Maintes fois Édouard les avait appelés séparément dans son

palais et avait sollicité les services de chacun d'eux, en leur promettant pour récompense la couronne d'Écosse, qui, sous un suzerain tel que le roi d'Angleterre, avait encore, disait-il, de quoi flatter
l'ambition. Honteux et irrités de se voir si longtemps dupes de
promesses perfides, les deux nobles Écossais s'étaient ouverts l'un
à l'autre et avaient conspiré. Un traité avait été signé entre eux,
portant : « qu'ils travailleraient de concert à soulever l'Écosse ; que
Robert Bruce en serait élu roi ; que ses comtés et ses terres passeraient à Cumyn, qui, sous le titre de lieutenant général, serait la
seconde personne après le souverain ; qu'enfin, l'un des deux resterait en Écosse pour préparer les voies à cette révolution, tandis
que l'autre suivrait partout Édouard pour endormir sa vigilance.
Cumyn était resté, et il devint traître. De ses terres d'Écosse il
envoya une copie du traité au roi d'Angleterre, qui la reçut à
Londres. Édouard, furieux, se contint cependant ; l'arrestation
précipitée de Robert Bruce eût fait évader ses trois frères, qui
étaient éloignés de lui, et dont Édouard voulait aussi s'assurer.
Bruce reçut seulement une défense de quitter la cour. Mais en
même temps il lui arrivait un message d'une espèce singulière. Le
comte de Gower, ami de sa famille et l'un des seigneurs anglais les
plus qualifiés, lui envoyait une paire d'éperons et une bourse remplie d'or.

Bruce comprit ce langage. La terre était couverte de neige : il
fit ferrer trois chevaux à rebours, afin de dissimuler son départ,
choisit deux compagnons sûrs, voyagea toute la nuit, intercepta une
nouvelle dénonciation de Cumyn contre lui, et, avec la rapidité de
l'éclair, courut assembler ses amis à Mabane, poignarder le traître
Cumyn à Dumfries, et se faire couronner roi à Scone.

Ce fut une cérémonie bien imposante et bien consolante à la fois
que le sacre de ce nouveau roi, après tant d'années de désordre et
de guerre. Au milieu de l'immense parc qui unissait les résidences
royales de Scone et de Perth, s'élevait un chêne séculaire, au pied
duquel s'étaient fait couronner tous les rois d'Écosse. Un grand
concours de peuple était réuni : les archevêques, évêques, comtes
et barons écossais se tenaient debout autour de l'arbre vénéré ;
Robert Bruce était assis sur la pierre traditionnelle servant de
trône, et que la foi nationale faisait remonter à Béthel et à Jacob.
Lorsque le divin sacrifice fut terminé, la comtesse de Buchan,
d'après un ancien droit de famille, reçut des mains de l'archevêque
la couronne royale, et, s'avançant vers le jeune roi, la plaça sur sa

tête, aux acclamations de la foule ; puis, quand les cris eurent cessé, Robert Bruce prenant la parole, debout sur la pierre nationale et la main sur son épée :

« Écossais, s'écria-t-il, j'en jure par le Dieu qui vient d'être témoin de votre enthousiasme et de vos serments, par le Dieu de l'antique Écosse, par cette pierre sacrée sur laquelle a dormi le patriarche Jacob : jamais l'Anglais ne reverra ces montagnes, ou votre roi ne sera plus ! »

Édouard Ier. (P. 147.)

A ces mots, les transports de la multitude éclatèrent de nouveau, et le chant national écossais accompagna le jeune roi jusqu'à son palais de Scone. L'Écosse se tenait pour libre et se croyait déjà revenue à son ancienne splendeur ; et cependant l'heure de la délivrance n'avait point encore sonné pour elle. Quelques jours après, les troupes écossaises succombaient, à Méthuen, victimes d'une folle présomption et d'une imprudente sécurité. Édouard fut barbare : il fit exécuter sur le champ de bataille tous les nobles écossais qui étaient tombés entre ses mains ; la sœur de Robert Bruce et la comtesse de Buchan furent enfermées dans des cages de fer ; la reine fut envoyée dans les prisons d'Angleterre ; un grand nombre d'évêques, de comtes et de barons furent chargés de chaînes, écartelés, pendus ou décapités. On rechercha et l'on poursuivit avec vigueur tous ceux qui avaient pris part à la guerre, et les exécutions devinrent si fréquentes, que la terreur ne les compta plus. L'Écosse fut pillée, ravagée, couverte de sang : un immense deuil s'étendit sur toutes ces montagnes naguère si remplies d'espoir, et le spectre sanglant de la vieille Écosse se recoucha dans sa tombe de neige.

Édouard II. (P. 151.)

Robert Bruce n'avait échappé qu'à travers mille périls au désastre de Méthuen. Il erra pendant plusieurs jours au milieu des forêts de l'Écosse, accompagné du comte de Lennox et de Gilbert Hay, qui n'avaient pas voulu l'abandonner. N'ayant d'autre asile que des avenues écartées, d'autre nourriture que des plantes agrestes et des fruits sauvages, poursuivi souvent de retraite en retraite, comme une bête fauve, par les soldats d'Édouard, il conserva néanmoins une constance inébranlable, fit répandre le bruit de sa mort, et se retira dans les rochers inaccessibles des îles Hébrides.

Il y était déjà depuis quelques mois, déplorant le sort de son malheureux pays et cherchant, avec ses deux compagnons, les moyens de lui rendre la liberté, lorsqu'il apprit que le cruel Édouard avait fait mettre à mort ses trois frères. A cette nouvelle, Robert sentit son cœur se déchirer; mais son âme, loin de se laisser abattre, n'en devint que plus exaltée, et il jura de venger sans retard ses frères et sa patrie. Cette résolution ne le quitta plus désormais, et, chaque jour, on le vit errer sur le bord de la mer, seul, triste et agité, priant et regardant du côté de l'Écosse. — Un soir, il avait prolongé sa promenade jusqu'à la nuit, et il s'était assis, fatigué, le cœur plein d'amertume et de désespoir, écoutant le bruit des vagues qui venaient se briser à ses pieds, au milieu d'un silence solennel, lorsque tout à coup il se vit environné d'une éclatante lumière et aperçut devant lui un jeune homme resplendissant de grâce et de dignité. Sa chevelure blonde et dorée flottait lumineuse au souffle du vent du soir ; sa robe était blanche, mais couverte de taches de sang ; son visage, triste et fier à la fois, se dessinait sur l'azur mourant du ciel, et sa main soutenait l'étendard de la patrie.

A cette vue, Robert Bruce fut saisi d'effroi. Mais le messager céleste prenant aussitôt la parole :

« Rassurez-vous, jeune guerrier, lui dit-il, je suis le Génie de l'Écosse et son ange protecteur. J'ai vu ses larmes et son deuil, j'ai pleuré de ses souffrances, et j'ai recueilli son sang sur la terre témoin de ses exploits. Je l'ai présenté au Très-Haut avec mes supplications, et le Très-Haut a écouté les cris d'un peuple opprimé : il s'est laissé toucher par les larmes de sa douleur. Il a juré de prendre la défense du faible, et de punir un oppresseur injuste et barbare. C'est vous, noble héritier de la couronne royale, qu'il a choisi pour ministre de sa vengeance. Levez-vous, jeune héros, et courez, sans retard comme sans crainte, réveiller le patriotisme de la vieille Écosse. Vous trouverez sur la terre de la patrie des cœurs qui vous désirent et des bras qui vous appellent. Il y a encore du sang qui demande à couler pour la cause de la liberté, et déjà, sur plusieurs points, l'étendard de l'indépendance a été arboré. Allez vous mettre à la tête de tous ces braves : ils attendent un chef, et l'heure de la délivrance est arrivée. Allez montrer aux peuples de l'Europe, insensibles spectateurs d'une lutte qui les déshonore, allez leur montrer que, s'il n'est plus de compassion ni de justice sur la terre, il est un Dieu au ciel, et du courage au cœur des Écossais ! »

A ces mots, la vision s'évanouit, et, quelques jours après, le retour de Robert Bruce faisait tressaillir d'espérance l'Écosse tout entière.

A peine arrivé sur le sol de sa patrie, le jeune roi fut rejoint par Jean Douglas et Robert Boyd à la tête de quelques partisans dévoués. Bientôt il eut à ses ordres une armée de 10,000 Écossais, et remporta sur le comte de Pembroke une première victoire. La mort d'Édouard Ier, qui arriva sur ces entrefaites, ne changea rien aux affaires de l'Écosse, pas plus qu'à l'inébranlable résolution de Robert Bruce. Son armée grossissait à mesure qu'il gagnait du terrain. Carrick, Inverness et d'autres places encore étaient tombées en son pouvoir, et les garnisons anglaises avaient été passées au fil de l'épée. En 1310, on le vit à Inverary, quoique attaqué d'une maladie violente, se faire attacher sur son cheval, combattre au premier rang et remporter une victoire signalée. Dès lors, tout cède devant lui : Invernell, Murray, Édimbourg, Buter, Perth et Dumfries lui ouvrent leurs portes, et il pénètre sur le territoire anglais.

Cependant Édouard II s'est ému à la vue du danger : il a réuni une armée de près de 100,000 combattants, suivis d'un nombre immense de chariots et de bagages.

Robert Bruce ne se laisse point effrayer par ce déploiement de forces : il compte sur Dieu et sur le courage des Écossais, fait un appel suprême à son peuple..., et 30,000 hommes accourent se ranger sous ses ordres, entre Perth et Scone.

Bientôt on apprend l'arrivée d'Édouard dans les environs de Stirling.

II.

LE CHAMP DU REPOS ET LE TRIOMPHE DE L'ÉCOSSE.

SUR les sommets neigeux du Ben-More, et dans les profondeurs mystérieuses d'une immense forêt, se cache un vaste champ désert, aride, entouré de sapins séculaires, et semé çà et là de blocs de pierre informes et de roches disposées en cippes funéraires. C'était là que les premiers habitants de l'Écosse ensevelissaient les défenseurs de la patrie. C'est là que reposent encore tous les guerriers, tous les héros de la nation. Aux jours de deuil, aux heures de détresse, le peuple écossais se rend auprès de ces tombes vénérées, et il implore, par des prières et par des chants, la protection de ses aïeux. Robert Bruce y conduisit sa petite armée.

C'était le soir. La masse sombre des noirs sapins se penchait et frissonnait sous les efforts du vent, et leurs ombres s'allongeaient à la lueur des torches, comme les fantômes de la nuit. La bise froide du nord gémissait parmi les hautes cimes, et sa voix soupirait, comme l'âme des morts. Les enfants de l'Écosse étaient tous rangés autour de leur chef, dans l'enceinte sacrée.

Alors la trompe guerrière retentit parmi le silence et le recueillement de la foule ; elle résonna au loin, grave, triste, lugubre, comme un glas funèbre. Et lorsque ses longs sanglots, répétés par les mille échos de la montagne, se furent perdus dans les profondeurs de la forêt, un vieux barde, au milieu des guerriers, entonna l'hymne des morts. Sous ses doigts inspirés frémissaient les cordes sonores de la harpe, et sa voix chantait, sombre et puissante comme le mugissement des flots. Elle disait :

« Est-ce vous, ombres mystérieuses, est-ce vous qui gémissez dans les ténèbres, quand les arbres dépouillés se tordent sous les coups de la tempête ?

« Est-ce vous qui soupirez en ce moment, autour de cette enceinte, et qui penchez sur nous vos têtes frissonnantes, dans les vapeurs du soir ?

« Ombres de nos aïeux, héros qui chevauchez sur les météores de la nuit, quand les frimas ont engourdi la terre, hôtes légers qui glissez avec les vents, parmi les nuages, accourez, accourez auprès de vos enfants qui vous appellent !... Ils pleurent les maux de la patrie ; ils pleurent, car la mort a moissonné leurs frères, et l'étranger s'est assis insolemment au foyer de leurs ancêtres !

« O Morven! ô Tura! ta lumière s'est voilée, comme un flambeau qui s'éteint. Tes villes ne sont plus, tes palais ont croulé ; l'ombre et la mort les environnent. Le silence habite Selma, les chants de fête ne s'y font plus entendre, la voix du barde et le concert des harpes ne résonnent plus sous ses voûtes immenses.

« O Selma! la bruyère et la mousse ont envahi tes murs ! Sous son manteau de brume l'hiver cache tes ruines, et tu dors dans la poussière du passé !

« Ombres de la vieille Ecosse, levez-vous! levez-vous! vos enfants vous appellent. Ils vont mourir pour garder la terre où reposent vos cendres. Accourez auprès d'eux ; guidez au combat leurs cohortes guerrières ; mêlez-vous à leurs rangs, et frappez de vos lances invisibles ceux qui veulent les perdre ! »

La voix du barde s'éteignit dans le silence, et la harpe mélodieuse, sous ses doigts immobiles, cessa de soupirer.

Robert Bruce, se dressant alors au milieu de sa noblesse et de tous ses guerriers, sur un tertre couronné d'une large pierre :

« Écossais, s'écria-t-il, l'heure solennelle qui doit décider du sort de la patrie a sonné !... Semblable à l'ouragan qui foudroie les arbres de nos forêts et dévaste nos vallées, l'armée anglaise est arrivée à quelques lieues d'ici, ne laissant après elle qu'un immense désert, couvert de ruines et de sang. Elle est nombreuse, insolente, pleine de confiance en ses forces, mais sans discipline et sans courage. C'est contre cette masse, Écossais, que vous aurez à vous mesurer dans quelques jours. Vous êtes moins nombreux, mais vous avez du courage et vous combattez pour la défense de vos familles et de votre liberté. Oui, dans quelques jours l'Écosse sera libre, ou elle ne sera plus ! O ma patrie, ô terre sacrée qui as bu le sang de tant de nobles cœurs ! Toi, naguère si grande et si prospère ! qu'est devenue ta gloire, qu'est devenue ta félicité ? A la place des sons joyeux du cor dans nos riches forêts et des chants de triomphe d'un peuple en fête, on n'entend plus partout que le bruit des armes de guerre, les cris des combattants et les sanglots de la douleur. Nos forêts sont dévastées, nos villes pillées, réduites en cendres, nos frères égorgés ! Entendez, Écossais, les cris de tant d'infortunés qui succombent sur le passage de cette armée de barbares. Seriez-vous insensibles au malheur de vos frères ?... Mais non, tous vous avez juré, en vos âmes généreuses, de sauver la patrie ! Eh bien, il est temps de marcher ! C'est la victoire ou la mort !... Mais nous vaincrons : le Ciel m'en a donné l'assurance ; l'ange de la patrie m'est apparu, aux jours de mon exil, et Dieu sera pour nous, car notre cause est celle de la justice et de la liberté. Oui, nous vengerons nos frères massacrés, nous sauverons toutes ces malheureuses victimes qui gémissent encore dans les prisons d'un peuple inhumain. Écossais, je marcherai à votre tête : je veux être le premier au danger, le premier à la victoire. J'ai juré de venger mes trois frères, de délivrer mon épouse et ma sœur, de sauver l'Écosse ou de m'ensevelir sous ses ruines. Soldats, suivez votre roi ! il vous conduira à la victoire et au salut ; et nous montrerons à l'Europe qui nous contemple, impassible et lâche, ce que peut la bravoure au cœur d'une nation qui combat pour son indépendance et pour sa liberté ! »

Les cris de « Vive l'Écosse ! mort aux Anglais ! » répondirent aux paroles patriotiques du jeune roi. Deux jours après, Robert Bruce était en vue de Stirling et s'établissait derrière un petit ruisseau, près de Bannockburn, entre un vaste marais et une montagne escarpée. Il fit enfoncer des pieux forts et aigus dans le ruisseau, pour le rendre impraticable, et creuser un large fossé entre ce cours d'eau et son armée. Le lendemain, on célébra la messe dans le camp des Écossais, et tous les guerriers, recueillis, puisèrent dans les inspirations et la pratique de leur foi les consolations et les espérances qui donnent le courage. Puis, tous, déterminés à vaincre ou à mourir en braves, ils se rendirent aux postes qui leur furent assignés et attendirent, pleins de confiance, l'attaque des Anglais.

Édouard, ayant appris l'arrivée de Robert Bruce, avait, lui aussi, dirigé son armée sur Stirling, et déjà on apercevait ses premiers corps sur les collines environnantes. Dès qu'il vit les Écossais, le roi d'Angleterre, sans laisser à ses soldats le temps de se remettre des fatigues de la marche, les fit disposer en bataille, sous les ordres des comtes de Glocester, d'Hereford et de Henri de Bohun, et, lorsque tout fut prêt, il donna le signal du combat.

Les archers anglais font aussitôt pleuvoir une grêle de flèches sur les Écossais, qui répondent sans s'émouvoir, tandis que des combats partiels ont lieu entre les ailes. Robert Bruce attire Henri de Bohun dans une embuscade, et, dans un combat singulier, où il lutte seul contre trois, il fend la tête au général anglais. L'arrière-garde accourt ; une mêlée terrible s'engage et dure jusqu'à la nuit. Le lendemain, le combat recommence, plus acharné que la veille, et s'étend sur toutes les lignes. Les Écossais, retranchés dans leurs positions, sont inébranlables ; la cavalerie anglaise se précipite sur leur camp, pour y semer le désordre ; mais les chevaux sont arrêtés par les pieux plantés dans le ruisseau, et culbutés avec leurs cavaliers dans les retranchements. Les Écossais tombent sur eux avec fureur et les taillent en pièces. Le comte de Glocester périt sous les pieds des chevaux.

Cependant les archers anglais sont parvenus à ébranler la droite des Écossais, quand tout à coup la réserve de Robert Bruce, sous les ordres de Douglas et de lord Steward, se jette sur les flancs de l'ennemi. Une mêlée affreuse s'engage, on combat corps à corps pendant plusieurs heures. Robert Bruce fait des prodiges de valeur... Enfin, la bravoure finit par triompher du nombre ; les Anglais, découragés par la mort de leurs meilleurs officiers, commencent à plier, lorsque soudain des clameurs se font entendre du côté des Écossais, et une troupe de montagnards apparaît sur le champ de bataille. Les Anglais, croyant à des renforts envoyés à l'armée ennemie, prennent la fuite en désordre, abandonnant aux Écossais

le champ de bataille couvert de 20,000 morts, un grand nombre de
blessés, de prisonniers, leurs armes et leurs bagages. Édouard, poursuivi pendant trois heures, parvint, à travers mille dangers, à Dun-
bar, puis à Berwick, et abandonna, honteusement et pour toujours,
une contrée si funeste à sa gloire et à son ambition.

Ainsi, en ne se laissant jamais aller au découragement, le plus
petit peuple de l'Europe réussit à secouer les chaînes de la servitude et à conquérir sa liberté et son indépendance : tant est grande
la puissance d'une nation unie dans la même pensée, ayant à sa tête
un homme, et dans son cœur les énergies de la foi, du courage et
du patriotisme !

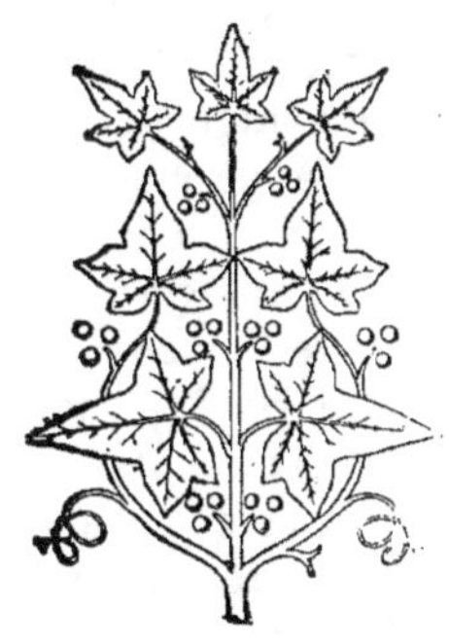

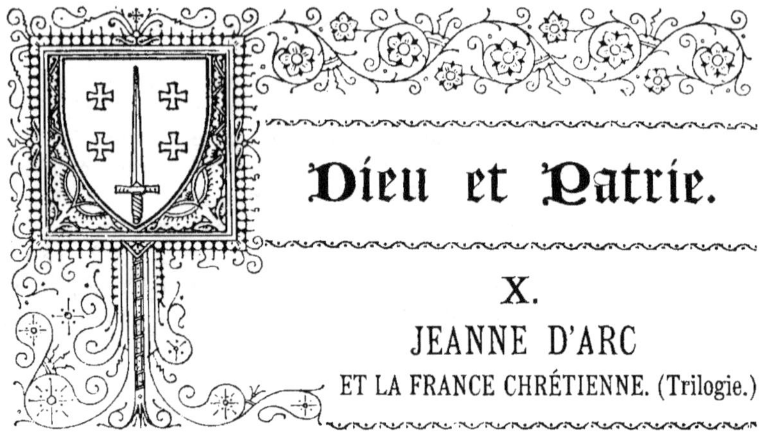

X.

JEANNE D'ARC
ET LA FRANCE CHRÉTIENNE. (Trilogie.)

I.

PANÉGYRIQUE DE JEANNE D'ARC PAR Mgr BOUGAUD, ÉVÊQUE DE LAVAL ([1]).

’EST Dieu qui a fait la patrie, et pour y attacher plus fortement le cœur de l'homme, il l'a pétrie avec ce qu'il y a de plus auguste et de plus doux sur la terre.

Car la patrie, ce n'est pas seulement le sol qui nous a vus naître, les arbres amis qui ont abrité nos premiers rêves, une certaine nuance de soleil, d'air, de lumière qu'on ne trouve que là : ce qui fait que, quand on est errant sur une terre étrangère, on regarde autour de soi et on dit : « Ce ciel est beau, mais ce n'est pas le ciel de ma patrie ; » et que, quand les anciens s'en allaient en exil, dans leurs dernières et tristes apostrophes, ils s'adressaient d'abord aux cieux, et leur disaient : « O cieux, belle lumière, clarté chérie qui avez brillé sur mon berceau, nous vous disons adieu : sur la terre inhospitalière où la fortune nous chasse, nous ne vous retrouverons jamais. Adieu ! »

Non, ce n'est pas encore là la patrie : et les anciens eux-mêmes, si sensibles qu'ils fussent à ces mystérieuses harmonies de la nature avec le cœur de l'homme, faisaient consister la patrie en quelque chose de plus élevé, de plus profond, de plus sacré, et tout à la fois de plus doux encore. La patrie, disaient-ils, ce sont les autels et les foyers, *pro aris et focis.*

---

1. Le 8 mai 1865, à Orléans. Discours. Libr. Poussielgue, Paris.

JEANNE d'ARC. — Sculpture en marbre de la princesse Marie-d'Orléans,
conservée au Musée de Versailles.

Les foyers ! c'est-à-dire ces lieux où, petits enfants, nous avons été tenus sur les genoux de nos mères, et où, devenus hommes à notre tour, nous tenons aujourd'hui nos petits enfants sur nos genoux ; ce coin de l'âtre, où mille fois nous sommes revenus tristes, meurtris, retrouver, loin de l'arène des passions et des vanités, le seul bonheur qui soit digne de nous ; où nous avons vu mourir nos pères, où nous mourrons à notre tour, sûrs que, quand la terre entière nous oublierait, il y a un lieu où notre souvenir sera un regret d'abord, un enseignement ensuite, un honneur toujours ! Voilà le foyer, c'est-à-dire la première moitié de la patrie.

Les autels ensuite, ou plutôt, comme disait la profonde antiquité, les autels d'abord ! *pro aris et focis !* car, sans autels, il n'y a point, il n'y a jamais eu de foyers. Croire que l'on peut supprimer les autels et que l'on aura encore des foyers, une maison, un lieu saint où l'on possède une couche honorée, où l'on puisse abriter un berceau, ce sont des illusions auxquelles n'étaient pas descendus les païens, qui ont parlé, vous le savez, de la nécessaire alliance du foyer et de l'autel, dans un langage incomparable, que l'humanité a applaudi de siècle en siècle et qu'elle ne reniera jamais.

Sur ces autels et sur ces foyers, placez une épée, voilà la patrie.

Et aussi, quand nous arrivons dans l'histoire à un de ces moments douloureux où un grand peuple va être chassé de sa patrie ; quand nous voyons ses frontières envahies, ses foyers dévastés, les tombes de ses ancêtres profanées, les berceaux de ses petits enfants troublés, et l'épée qui devrait tout couvrir brisée et impuissante, nous sommes émus comme s'il s'agissait de notre propre patrie. Nous désirons combattre avec ses défenseurs malheureux ; nous les suivons de nos plus ardentes sympathies sur leurs derniers champs de bataille, et, s'ils succombent, nous avons, pour ces immenses infortunes, de secrètes et tendres larmes, qui comptent parmi les meilleures larmes de l'homme.

Encore n'est-ce pas assez ? Car si c'est Dieu qui a fait la patrie, c'est lui seul qui l'ôte et lui seul aussi qui peut la rendre. Et depuis surtout que JÉSUS-CHRIST est venu mêler son sang à notre sang, depuis que cette chère et délicieuse image de la patrie ne se compose plus seulement de nos mères, de nos sœurs, de nos frères, de nos enfants, mais des sueurs des saints, des parfums des vierges, du sang des martyrs, des reliques de ce qu'il y a de plus sacré au ciel et sur la terre, nul peuple chrétien ne perd sa patrie que par suite de quelque mystérieux châtiment ; et c'est pourquoi, pour la recouvrer, il ne suffit pas de combattre avec une épée : il faut prier, lever les yeux au ciel, trouver des hosties et des immolations, et envoyer à Dieu, à travers la fumée des batailles, par les lèvres des vierges et des petits enfants, la grande prière des peuples vaincus: « Seigneur, rends-nous la patrie ; rends-nous la liberté ! »

Voilà où nous en étions en 1429. Notre épée était brisée, et nos frontières envahies ; et notre épée, l'épée de la France, avait été brisée d'une façon si nouvelle, si étrange, si incompréhensible, si irrémédiable, que, comme disait un auteur contemporain, il fallait bien que Dieu s'en fût mêlé pour quelque grand châtiment. Et dès lors, comment sortir d'un tel abîme ? Il eût fallu trouver une nouvelle épée. Et où la trouver, si Dieu ne la donnait pas ? car la France ne pouvait plus rien ; et quand la France ne peut plus rien sur un champ de bataille, il n'y a plus que Dieu qui puisse quelque chose. Et encore cela n'eût pas suffi ; car si nos malheurs provenaient de nos crimes, ce n'était pas assez d'une épée pour écarter l'ennemi: il fallait apaiser le ciel, et pour cela il fallait trouver une victime.

On en était là : le découragement gagnait toutes les âmes, quand tout à coup les brises parfumées du mois de mai apportèrent sur leurs ailes un bruit étrange : une jeune fille avait paru, et, en trois coups d'épée, elle avait changé la fortune de la France et délivré la patrie ; et comme on était encore dans le saisissement de cette nouvelle, un autre bruit courut la France avec la rapidité de l'éclair: la jeune fille était montée, en pleurant et en priant, sur un bûcher, et avait disparu dans les flammes. Mais le ciel s'était éclairci, l'orage avait disparu, et la France avait repris sa marche vers ses glorieuses destinées. Trahie, vaincue, décimée, châtiée, mourante, à la veille de disparaître du monde sous les armes de ses ennemis et sous les colères de Dieu, elle avait trouvé, dans une jeune fille de dix-sept ans, sa Libératrice et sa Rédemptrice.

C'est ce drame, Messieurs, qu'à votre grand honneur, car cela prouve la fidélité de votre reconnaissance, vous venez entendre pour la vingtième fois ; et je m'effrayerais d'être chargé de vous le redire, si les mots de France, de patrie, de religion et de liberté ne devaient retentir à travers toute la trame de mon discours. Or, ces mots-là, vous le savez, ils ont un privilège incomparable: ils ne vieillissent pas. Ce sont de ces mots, pour me servir de l'expression d'un grand écrivain, que l'on redit sans cesse, mais qu'on ne répète jamais.

Monseigneur ([1]), je n'ai qu'un regret, c'est qu'ils ne soient pas aujourd'hui sur vos lèvres : ils s'y animeraient d'eux-mêmes ; ils y retrouveraient cet accent qu'ils eurent, il y a dix ans, et dont les murs de cette église conservent encore l'impérissable écho.

Mais, du reste, qu'est-il besoin d'éloquence humaine ? L'étendard de Jeanne d'Arc est sous mes yeux ; voici l'église où elle entra triomphante ; je touche d'ici les champs de bataille où brilla l'éclair de son épée ; je respire l'air qui fit vibrer sa noble poitrine... Magistrats, soldats, prêtres, peuple, enfants de la France moderne, oubliez les lèvres infirmes qui vont balbutier le nom de votre mère, et venez chanter avec moi la vieille France !

*
* *

L'épée de la France était brisée. Trois fois elle avait volé en éclats dans ses mains : la première fois à Crécy, la seconde fois à Poitiers, la troisième fois à Azincourt. Je rappelle ces noms, je ne dis pas sans douleur, mais sans embarras ; car, sur un champ de bataille, la France peut succomber : elle ne s'y déshonore jamais. Et je ne sais même pas si, dans ses défaites, elle n'est pas plus grande encore que dans ses victoires. Car, que révèlent ses victoires ? Son courage, son élan, sa joviale ardeur, son mépris du danger, ses entraînements superbes ; mais tout cela, on le voit mieux encore sur le champ de bataille où elle ne triomphe pas ; et de plus, sa magnanimité, sa grandeur d'âme, son dédain de la mort, un amour de la patrie aussi grand que ses malheurs ; et puis, c'est alors que tombent de ses lèvres ces mots héroïques dont elle a le secret au jour de l'épreuve, et qui illuminent de je ne sais quelle gloire triste et charmante tous les champs de bataille où elle a succombé. Depuis le mot du vaincu de Crécy, arrivant le soir, presque seul, à la porte d'une ville, et disant: «Ouvrez, ouvrez, c'est la fortune de la France;» depuis le mot du prisonnier de Poitiers : « Si la vérité était bannie du reste du monde, on devrait la retrouver sur les lèvres des rois,» jusqu'à cette belle et noble parole de François Ier, à Pavie : «Tout est perdu, fors l'honneur, » et jusqu'à cette autre parole, la dernière que nous ait arrachée une défaite, et qui jette sur la sanglante journée de Waterloo un si brillant éclat : « La garde meurt et ne se rend pas ! »

---

1. Mgr Dupanloup.

Cathédrale d'Orléans. (P. 160.)

L'épée de la France était donc brisée, et à chaque désastre l'Anglais avait fait un pas de plus sur le sol de la patrie : de Calais à Rouen, de Rouen à Paris, de Paris à Orléans, semblable à ces fleuves orageux qui renversent les uns après les autres tous les obstacles, et qui ne s'arrêtent un instant contre une digue que pour rouler ensuite des flots plus terribles après l'avoir surmontée. Vainement, comme une espérance qui brille dans un cœur entre deux épreuves, Charles V était monté sur le trône et y avait fait monter avec lui la sagesse ; vainement Duguesclin était descendu sur les champs de bataille et y avait ressaisi un instant l'épée française, cette épée qui est un si étonnant mélange de génie, de courage et de bonheur ; tout cela avait ralenti l'invasion étrangère sans l'arrêter, et Charles V était à peine descendu dans les caveaux de Saint-Denis, Duguesclin venait de se coucher aux pieds de son roi, fidèle dans la tombe comme il l'avait été pendant sa vie, lorsque tout à coup leurs cendres non encore refroidies furent troublées par un cri qui épouvantait les voûtes de Saint-Denis : « Vive Henri VI, roi d'Angleterre et de France ! »

Je ne ferai pas à la France l'injure d'établir qu'elle subissait en frémissant un pareil spectacle. Douze siècles de liberté, et tout son honneur, se révoltaient dans ses veines. Aussi, sur toute l'étendue du territoire, quand on lit les anciennes chroniques, on ne voit qu'insurrection. Une vaste guerre de partisans commence. De vieux soldats, débris des armées disparues, abrités par les bois, les marais, les montagnes, les lacs, les fleuves, attendent les Anglais aux passages difficiles. Des bourgeois s'improvisent soldats et gardes des villes, des villages, des points fortifiés ; des femmes même, des religieux, des prêtres, oubliant leur âge, leur faiblesse, leur caractère, leur mission, ressaisissent l'épée brisée de la patrie, et se font tuer pour en disputer à l'ennemi le sol sacré. Vaste et magnifique, mais inutile résistance, qui peu à peu s'éteint, s'abat, disparaît sous la terreur, ou plutôt qui se serait éteinte et aurait disparu, si tout à coup, comme on voit que, dans un mourant, la chaleur et la vie se réfugient dans le cœur, s'y défendent, y protestent contre les envahissements de la mort, et quelquefois finissent par la vaincre, ce vaste mouvement national ne se fût retiré, condensé, élevé à son plus haut degré d'héroïsme... où ? en quel lieu ? en quelle ville ? La nommerai-je, cette ville ? Le décrirai-je, ce lieu ? La peindrai-je, cette race ?

Regardez sur la carte. Voyez-vous cette longue ligne d'argent qui serpente à travers les plus belles prairies du monde, profonde, mobile, n'acceptant ni frein, ni rênes, ni digues, rejetant tous les jougs, ayant surtout horreur du joug de l'étranger, le fleuve vierge, le plus français de tous les fleuves, comme on l'a dit, la Loire ?

Et sur ce fleuve, à peu près à égale distance de son embouchure et de sa source, voyez-vous ce coude, cette gracieuse inflexion qu'il décrit, comme si, arrivé dans de si belles contrées, il voulait en jouir et ne les quittait que lentement, à regret ? Eh bien ! là, au point où devra passer toute armée ennemie qui, maîtresse d'une partie de la France, aspirera à conquérir l'autre, comme on met une sentinelle choisie à un poste important, Dieu a placé une race faite exprès, ayant la patience et l'incorruptibilité de la sentinelle, en trouvant à l'heure du péril l'héroïsme et la flamme, de ces êtres sur le front desquels brillent l'honneur, la fidélité, le courage, que l'on met aux endroits périlleux, sûr que pour forcer la ligne qu'ils défendent il faudra leur passer sur le corps. Voilà quinze siècles qu'elle est à son poste, cette vaillante race, et chaque fois que l'ennemi, un instant heureux, s'est présenté sur les bords de son fleuve, elle a croisé son épée, et elle a dit : « On ne passe pas ; » et on n'est pas passé !

Mais ce mot de la fidélité et de l'honneur, jamais il n'eut, sur les lèvres de cette race héroïque, l'accent qu'elle lui donna, en 1429, lorsque l'Angleterre, maîtresse d'une moitié de la France, voulant avoir l'autre, se précipita sur la Loire, et y rencontra tout à coup le soldat intrépide que Dieu et la France y avaient mis en faction. Du premier coup d'œil, Orléans sentit que, si elle laissait franchir la Loire, c'en était fait de la patrie: l'Angleterre le sentit encore mieux; et alors, décidée à passer sur le corps de cette sentinelle obstinée, elle réunit toutes ses forces, elle amena ses meilleurs guerriers, et, impuissante à vaincre son courage, décidée à en avoir raison par la famine, elle commença à bâtir ces fameuses bastilles destinées à envelopper la ville et à l'affamer. De son côté, Orléans sent grandir son enthousiasme. Toute la France la regarde : elle sera digne de la France. Elle brûle ses faubourgs; elle détruit ses églises; elle abat ses monuments, gloire du passé, ornements du présent ; elle fond tous ses trésors, les pierreries de ses femmes, les joyeux anneaux de ses jeunes filles, les vases sacrés de ses prêtres; et pendant huit mois, mêlant sur ses remparts la patience, l'héroïsme, la gaieté, envoyant à l'ennemi des boulets avec des plaisanteries, française et chrétienne, elle donne à ce siècle et à tous les siècles un de ces spec-

tacles qui relèvent l'homme dans sa propre estime et qui le consolent
de toutes les lâchetés dont ce monde est trop souvent le théâtre.
Orléans, tu vivras longtemps, car de tels actes déposent dans les
fondations d'une cité des germes de vie impérissable, et longtemps
tu verras l'étranger visiter avec émotion le sol sur lequel se tinrent
debout de si vaillants remparts ! Mais si jamais, ce qu'à Dieu ne
plaise, le temps, qui n'épargne rien, faisait pencher tes belles tours
et tomber peu à peu tes monuments; si la pâle lumière des nuits
devait un jour éclairer tristement tes grandes ruines éparses sur les
bords de ton fleuve, on y viendrait encore en pèlerinage, comme

Orléans. (P. 163.)

nous allons aux Thermopyles ou aux champs de Platée, et on
baiserait avec respect cette terre où la liberté, l'honneur, l'héroïsme,
la patrie trouvèrent un refuge, quand ils n'en avaient plus nulle part.

Cependant la famine se faisait sentir à Orléans: au lieu d'accourir
à l'aide d'une cité si fidèle, le roi s'endormait dans la torpeur; le découragement, prélude de nouveaux revers, saisissait toutes les âmes.
L'épée de l'attaque avait été brisée à Crécy, à Poitiers, à Azincourt;
l'épée de la résistance allait être brisée à Orléans. Encore un pas, et
c'en était fait de la France ! Mais quoi! la France allait périr ! la fille
aînée de l'Église allait manquer à sa mère ! Le soldat de Dieu,

comme dit Shakespeare, allait disparaître du monde ! Ah ! la France avait fait bien des fautes, je le sais, et je le raconterai tout à l'heure en pleurant ! N'était-ce pas elle pourtant qui, la première, en face de l'arianisme triomphant des barbares, avait confessé Jésus-Christ et arraché aux papes, sur le baptistère de Saint-Denis, le fameux barbarisme : *Christianissimum regnum?* N'était-ce pas elle qui, lorsque Mahomet avait relevé l'idée d'Arius, à la pointe de l'épée, l'avait arrêté tout court et écrasé dans les champs de Poitiers ? N'était-ce pas elle qui, indignée des violences du Bas-Empire, avait entouré la Papauté d'une ceinture de villes, et lui avait donné la souveraineté, comme le bouclier de sa liberté ? N'était-ce pas elle, enfin, qui avait fait les croisades, et donné à l'Église saint Bernard et saint Louis, en attendant le jour où elle lui donnerait saint Vincent de Paul et Bossuet ? C'étaient là des couronnes que Dieu voyait sur le front de la France, qui retenaient son bras, et qui ne laissaient point de place au glaive pour faire à cette tête vénérable une de ces blessures dont on ne se relève pas.

Et puis, ce n'était pas seulement l'Église qui avait besoin de la France : c'était l'Europe, c'était l'humanité tout entière. Quoi ! la France, la plus chevaleresque nation du monde, allait disparaître ! Le peuple de l'initiative, du progrès, de l'honneur, le peuple qui met sa gloire à semer les idées, à éclairer les nations, à répandre au prix de son sang ce qu'il estime le bien, le vrai, le beau, la civilisation, ce peuple-là manquerait à l'humanité ! L'Angleterre le dévorerait ! Et qui résisterait à l'Angleterre, quand la France aurait succombé ? Où serait le refuge des peuples faibles? Qui protégerait les peuples opprimés ? Que deviendraient la liberté humaine et l'indépendance des patries ? Non, non, mon Dieu, vous ne permettrez pas de telles choses ! Dieu de la vertu, de l'héroïsme, de la sainteté, vous n'ôterez pas la France à l'Église ! Dieu de la liberté, de l'honneur, du progrès, de la civilisation, vous n'ôterez pas la France à l'Europe et à l'humanité !

Tout à coup, au moment où les dernières ressources d'Orléans commençaient à s'épuiser, un bruit étrange arriva dans la ville. On disait qu'une jeune fille avait passé par Gien, à la tête d'une petite troupe, venant de Lorraine et se rendant à Chinon, chargée, disait-elle, de délivrer Orléans et de faire sacrer le roi. Dans le malheur, on se rattache à la moindre espérance. Vite, on envoie des députés pour savoir ce qui en est. Le lendemain, nouveaux bruits, plus étranges, plus détaillés, plus mystérieux : elle est arrivée à Chinon ;

elle a vu le roi ; elle lui a dit un grand secret ! Quelques-uns, dans la
ville, branlaient la tête ; mais c'était le petit nombre. Les autres attendaient avec anxiété le retour des députés. Ils arrivent enfin. Ils l'ont
vue ; elle a dix-sept ans ! C'est une petite bergère qui ne sait ni lire
ni écrire. La foule s'empare des députés, les traîne sur la grande
place pour les entendre ; et là, devant ce peuple héroïque, ému,
pleurant, qui n'ose y croire de peur d'une déception, ils racontent
ce qu'ils savent d'elle. Elle paissait ses moutons auprès de la maison
de son père, lorsque l'ange saint Michel lui a apparu et lui a dit :
« Va, et délivre Orléans, et conduis le roi à Reims. » Elle ne voulait pas venir ; il a fallu que les anges la forcent. Elle est si douce
que personne ne la croyait capable de tenir une épée, et on refusait
même de l'entendre ; mais elle a dit quelque chose tout bas à l'oreille
du roi, et tout de suite le roi lui a fait donner un cheval. Il a voulu
lui donner une épée ; mais elle a déclaré que Dieu lui en avait préparé une, et qu'on la trouverait dans une église qu'elle a nommée,
sous un autel. On lui fait un étendard, à Tours. Elle va venir, elle
vient ; courage ! Et la foule, émue, enthousiasmée, court à l'église,
monte sur les remparts et envoie la nouvelle aux Anglais, qui rient,
mais qui se sentent atteints. Quant à eux, les braves d'Orléans,
« ils se sentent déjà désassiégés ([1]) ».

Et ce n'était pas un rêve ! Et ce n'était pas là une de ces belles
légendes comme il en naissait sous le pinceau brillant du Tasse !
Et la réalité allait dépasser l'espérance ! Et l'imagination qui contemple cette noble et singulière figure jouit moins encore que la
pensée philosophique qui l'étudie, ou l'érudition qui l'approfondit !

Voilà donc vos desseins, ô mon Dieu !... Pour sauver la France,
vous ne prenez pas un soldat ! Les soldats de génie ne sont pas assez
rares en France pour que leur apparition, même dans les jours désespérés, puisse ressembler à une intervention d'en haut. Une
femme, une jeune fille, presque un enfant, c'est assez dans vos mains !
Sous ce voile transparent, on verra mieux la puissance de votre
bras !

Mais cette faible femme, hâtons-nous de le dire, Dieu ne la choisit pas seulement parce qu'elle est faible ; il la choisit parce qu'elle
est femme. La femme n'aime pas plus sa patrie que l'homme ; mais,
dans les grandes douleurs que celle-ci traverse, la femme souffre

---

1. Voir, pour tous ces faits, le beau travail de M. Mantellier, président à la Cour Impériale d'Orléans, sur la délivrance du siège d'Orléans.

plus, et surtout souffre mieux. Elle ne désespère pas si vite : le cœur lui reste, quand quelquefois celui de l'homme ne bat plus. Ces êtres si faibles, Dieu les a faits pour soutenir la tête fatiguée de l'homme, pour lui rendre la foi à lui-même quand, après de tristes mécomptes, le doute entre dans son âme ; pour le préserver du découragement; pour entretenir en lui le feu sacré. Voilà pourquoi il a mis dans le cœur de la femme deux dons douloureux et célestes, la pitié et l'enthousiasme, le don de s'attendrir et celui de s'enflammer; et voilà pourquoi aussi, quand la patrie est en danger, quand elle ne peut être sauvée que par une immense pitié et un vivant enthousiasme, s'il faut un miracle, c'est du cœur de la femme qu'il faut l'attendre.

Et cette femme prédestinée à sauver la France, vous savez à quel âge Dieu la choisit? A dix-sept ans, dans la fleur de la sensibilité et de la tendresse, à l'âge où l'on a peur d'une feuille qui tombe et où l'on pleure à cause d'un nuage qui passe. Et toute sa vie, pour que le prodige éclate, elle restera telle. Vous la voyez se lancer au milieu des troupes ennemies, faire feu des quatre pieds de son cheval, railler ceux qui ont peur, crier : « En avant, en avant ! » et si elle rencontre un blessé, si le fer la touche, si une goutte de son sang apparaît, à un cri, à une larme, à un effroi naïf, à une peur d'enfant, sous le soldat vous retrouvez la jeune fille. Mélange singulièrement attachant de la faiblesse et de la force, du guerrier et de la femme, que tous les poètes ont rêvé comme une chose qui enchanterait le monde si on parvenait à la peindre, et que Dieu, ce grand artiste, a fait pour sauver la France, et pour l'enchanter après l'avoir sauvée.

Et cette femme, cette jeune fille, cet être si doux et si tendre, pour que nulle gloire ne lui fût refusée, Dieu voulut qu'elle fût vierge! Elle n'eut pas seulement la virginité de son âge, puisqu'elle avait achevé sa mission et disparu de la terre à dix-neuf ans ; elle n'eut pas seulement la virginité de son patriotisme : ah ! elle aimait trop la France, la France humiliée, la France qui se mourait, pour que son cœur pût s'ouvrir à aucun autre amour ! Elle eut une virginité plus sainte, supérieure, tout à fait divine. La première fois que ses voix lui parlèrent, et qu'elle entrevit la grande mission qui l'attendait, elle promit à Dieu de rester pure d'esprit, de cœur et de corps, pour être plus digne de porter dans ses mains l'épée libératrice de la France ; et quand on la suit au milieu des camps, sur les champs de bataille, au fond de la prison, jusque sur le bûcher, il y a en elle des délicatesses de pudeur, des soins de virginale innocence, qui ravissent.

Est-ce tout, Messieurs? Est-ce là le chef-d'œuvre que Dieu nous préparait dans son amour ? Oh ! non : pour que les séductions de la terre s'ajoutassent en elle aux séductions du ciel, cette femme, cette jeune fille, cette vierge, Dieu la fit Française ! Il mit sur son front de dix-sept ans, sur sa douce, et vive, et modeste, et ardente physionomie, tout ce qui fait l'honneur du caractère français. Ce caractère vous le connaissez mieux que moi, et je ne devrais pas le peindre ; mais c'est une joie qu'il faut que vous me laissiez : il se compose de quatre éléments incomparables. D'abord, à l'origine, une goutte de sang gaulois, je ne sais quoi de gai, de vif, de railleur, ce qu'on a si bien appelé le sel gaulois, l'alouette gauloise. L'alouette! vous savez, quelque chose de gai, de vif, de léger, qui monte en chantant dans la lumière. Ensuite une goutte de sang romain ; c'est la solidité, le bon sens, la droiture, la clarté, ce qui a fait notre langue, notre droit, notre magistrature, cette incomparable magistrature française dont je suis heureux de saluer ici les nobles représentants. En troisième lieu, une goutte de sang franc. C'est de là que vient notre épée, la francisque, rapide, sûre de son coup, invincible, qui est devenue plus tard la baïonnette, la véritable arme française. Et enfin, le sang chrétien, le sang du Calvaire, le sang du sacrifice et du dévouement, le sang qui bouillonne dans nos veines quand nous voyons le droit enchaîné, la faiblesse outragée, l'honneur méprisé, comme ce vieux roi franc, notre aïeul, qui, entendant le récit de la Passion, mettait la main sur son épée, et disait: « Que n'étais-je là avec mes Francs!»

Voilà la France ! Et voilà Jeanne ! Je cherche dans nos annales une figure plus française, et je n'en trouve point. Charlemagne a la gravité romaine, l'élévation chrétienne ; il n'a pas assez de sel gaulois. Henri IV a le sel gaulois, ce n'est pas cela qui lui manque ; il n'a pas assez peut-être de sang chrétien. En saint Louis, les éléments se fondent mieux, mais tout cela se perd dans une lumière si céleste, qu'on a plus envie de s'agenouiller devant l'habitant du ciel qui a touché un instant notre terre, que de contempler et d'admirer le Français, quoiqu'il le fût jusqu'à la moelle des os. Jeanne a tout : l'intrépidité, l'élan, le bon sens, la fine raillerie, la sensibilité, la tendresse, l'enthousiasme; et avec cela, elle est femme, elle est vierge, elle a dix-sept ans ; c'est incomparable !

Et cette fleur exquise du caractère français et chrétien, vous savez où elle s'épanouit. Dans un pli caché d'une colline obscure, auprès d'une église dédiée à saint Remi, sur une terre qui appartenait à l'abbaye de Reims, comme si Dieu eût voulu faire sentir à la France

qu'elle ne serait jamais digne d'être délivrée que si elle se replon-
geait dans ce baptistère sacré où elle était devenue la France.

Mais c'est trop nous arrêter à contempler cette suave figure.
O Jeanne, prenez votre épée, revêtez votre blanche armure, et partez!
Dieu vous appelle, la France souffre, et Orléans vous attend. Quand
Judith sortit des tentes d'Israël, Dieu laissa tomber sur son front
un rayon de beauté divine : *Cui etiam Dominus contulit splendorem.*
Quand Cyrus vint délivrer le peuple d'Israël, Dieu mit dans son
bras une force invincible : *Dominus tecum, virorum fortissime...*

Église de Domrémy. (P. 168.)

Vade in hac fortitudine tua... Ego ero tecum. O Jeanne, allez, comme
Cyrus, avec votre force invincible ; ô Jeanne, allez, comme Judith,
avec votre beauté divine, et que les amis ne puissent pas plus résister
au charme divin de toute votre personne, que les ennemis ne sauront éviter la toute-puissance de vos coups !

Elle part; et la première chose dont Dieu la revêt, pour la rendre
capable de son extraordinaire mission, c'est un charme que je ne sais
comment expliquer, mais auquel nul ne résiste. Qu'était-ce que ce
charme? Et en général, qu'est-ce que le charme? Qui le définira jamais!

Était-ce seulement en Jeanne le rayonnement tout-puissant d'une grande âme sur une virginale figure ? N'était-ce que cet épanouissement du caractère français et chrétien, élevé en elle à sa plus haute beauté ? Ou bien l'ange invisible qui accompagnait ses pas laissait-il tomber sur son front un rayon de sa lumière ? Je n'en sais rien. Toujours est-il que tout y succombe : le vieux et rude capitaine de Baudricourt, les compagnons de son premier voyage, le roi et sa cour indolente, les scrupuleux et froids théologiens de Poitiers, les soldats dissolus de l'armée, le peuple héroïque d'Orléans ; et elle ne rayonne pas seulement sur eux tous le feu guerrier, l'enthousiasme, l'honneur, l'amour de la patrie, mais la piété, la pureté, l'amour de Dieu. Elle purifie les camps ; elle réapprend la prière, la confession, la pénitence à ses soldats ; elle les fait agenouiller chaque matin devant Dieu. Et quand elle est entrée à Orléans, à la tête de cette armée pénitente, quand les prêtres, le peuple, les femmes, les enfants l'ont vue arriver, agitant sa bannière blanche, revêtue de son armure, plus ange que femme ; avant même qu'elle ait tiré l'épée, elle est déjà le salut, la gloire, l'idole de ce peuple, qui lui baise les mains. Comment cela s'est-il fait ? Par quel charme a-t-elle vaincu ? Par ce je ne sais quoi qui brille dans ses traits, qui illumine sa figure de vierge, de sainte et de héros. *Cui etiam Dominus contulit ei decorem.*

Mais ce charme, cet attrait tout divin, n'était que pour grouper autour d'elle les amis. A Poitiers, elle avait dit : « Je ne suis pas venue pour faire un signe ici. Menez-moi à Orléans ; c'est là que je ferai un signe. » Ce signe, on l'attendait ; il fut éclatant. A peine Jeanne a touché le sol d'Orléans qu'elle se transforme. Ce n'est plus cette timide bergère que l'on croyait incapable de tenir une épée ; ce n'est pas seulement ce soldat intrépide qui a été blessé partout où il a paru : blessé à Orléans, blessé à Jargeau, blessé à Paris ; c'est un général, et un général consommé; elle en a à la fois la prudence et l'audace, les coups décisifs, les manœuvres savantes, les illuminations soudaines, avec je ne sais quel élan qui est du soldat aujourd'hui plus que du général, mais qui était alors du général autant que du soldat. Cette ville, bloquée de toutes parts, que vingt capitaines des plus illustres n'ont pu délivrer, fermée par de redoutables bastilles, entourée d'une armée nombreuse, aguerrie, électrisée par ses victoires, pour la débloquer, il ne lui faut que trois coups d'épée ; mais quels coups !

Le premier jour, réveillée en sursaut par une sorte de pressentiment mystérieux : « Mes armes ! mes armes ! » cria-t-elle. Et comme son page jouait sur le seuil : « Ah ! méchant garçon, lui crie-t-elle, tu ne me disais pas que le sang de France coulait ! Vite, mon cheval ! » Elle part ; elle trouve à Saint-Loup les Français qui plient. Elle les rallie, les ramène au combat, refoule les Anglais, assaille la forteresse, la brûle et dégage la rive droite de la Loire. Ce fut son coup d'essai ; il ne lui coûta que quelques heures. Après quoi, elle rentre en triomphe à Orléans, au son de toutes les cloches, au milieu d'un peuple qui pousse des cris de joie, et qui comprend, à ce premier coup, que l'épée divine est apparue.

Le second est plus brillant encore. Deux jours après, pour dégager l'autre rive de la Loire, elle passe le fleuve sur de méchants bateaux, en face de l'ennemi, ce qui fut toujours une des opérations militaires les plus difficiles, et se précipite avec ses troupes sur la bastille des Augustins. Vainement les Anglais résistent ; vainement les Français, un instant refoulés, parlent de repasser le fleuve. Semblable à ce général français qui, arrivé sur la tour de Malakoff, disait : « J'y suis, j'y reste, » Jeanne s'obstine à rester, et bientôt, en effet, la bastille des Augustins est à elle. Du premier coup de son épée elle avait dégagé un des côtés de la Loire; du second elle dégage l'autre ; elle est maintenant assise sur les deux rives.

Restait la fameuse bastille des Tourelles, où s'étaient réunies et massées les meilleures troupes anglaises. Pour cette raison et pour d'autres, les capitaines français s'étaient décidés à ajourner l'attaque. « Vous avez été en votre conseil, leur dit Jeanne en souriant, et moi j'ai été au mien. » C'était le conseil de son Dieu qu'elle prenait toujours avant de se battre, et quand ce n'eût pas été le conseil de son Dieu, c'était le conseil de son génie; car à la guerre il faut être agile comme un aigle, prompt comme un lion ; il ne faut pas laisser respirer son adversaire ; il faut l'accabler, il faut l'étourdir ; il faut tomber sur lui quand il vous croit encore à cent lieues. Ainsi faisaient Alexandre, César, Napoléon; ainsi fit Jeanne. Victorieuse deux fois, au lieu de s'arrêter, de laisser refroidir ses troupes, elle les lance tout ardentes sur les Tourelles. Là on vit de beaux combats. Les Français se ruaient à l'attaque, dit un contemporain, comme s'ils eussent été immortels ! Les Anglais se défendaient comme s'ils eussent désiré la mort. Là, les plus vaillants généraux luttent corps à corps comme de simples soldats. Jeanne s'expose plus que personne. Pour tout enlever par un coup d'audace, elle prend une échelle, l'applique contre la bastille, et elle y plantait son étendard, quand une flèche lui traverse le cou vers l'épaule. Les Anglais poussent des cris de joie. On l'emporte. Les Français redoublent d'ardeur pour lui donner le temps de faire panser sa blessure ; mais déjà ils cédaient, quand Jeanne, qu'on avait désarmée, aperçoit le mouvement. La flèche sortait de deux largeurs de main derrière l'épaule. Elle l'arrache elle-même, s'agenouille un instant, puis se rejette au milieu de ses troupes, où sa présence, sa voix, son étendard, le sang qui teint son armure, la flamme que ses soldats voient dans son regard, les retourne, les rallie, les soulève d'enthousiasme et de colère, et les Tourelles sont emportées. Et le soir, Jeanne rentrait humble et fière, renvoyant à Dieu tout l'honneur d'une journée dont son armée lui renvoyait à elle-même toute la gloire, et elle venait s'agenouiller ici, dans cette cathédrale, et y remercier le Dieu de Moïse, de David, de Déborah, de Judith, des Machabées, le Dieu qui humilie les peuples dans la poussière, et qui les sauve quand il lui plaît par la main des bergers ou des femmes ! A partir de ce jour, on ne vit plus d'Anglais sous les murs d'Orléans.

Jeanne aurait pu s'en tenir là, mais elle savait trop le prix du temps. Après avoir donné à ses troupes quelques jours de repos, hardie et ardente, sachant que le premier caractère d'un vrai capitaine c'est de tirer tout le fruit possible de sa victoire, elle commence cette brillante campagne de la Loire, qui dure une semaine à peine et qui s'achève, elle aussi, en trois coups décisifs. Les Anglais avaient abandonné la ville, mais ils étaient campés à peu de distance, sur deux points importants : du côté de l'est, à Jargeau ; du côté de l'ouest, à Meung, interceptant ainsi toute la navigation de la Loire. Jeanne n'hésite pas : il faut débloquer la Loire après avoir débloqué Orléans. Elle remonte la Loire jusqu'à Jargeau et culbute les Anglais ; et puis, descendant en toute rapidité sur Meung, elle les renverse à l'ouest ; après quoi, les ayant écrasés à droite et à gauche, elle fonce sur eux, les cherche à travers les plaines de la Beauce, déclare que, quand ils seraient pendus aux nues, elle les trouvera ; elle les trouve en effet, et, comme elle l'avait dit en riant, pour qu'il n'en reste pas un sur le champ de bataille, il ne manque aux Français que des éperons.

C'est après cela que, toujours rapide, elle va prendre par la main le roi qui, hélas ! hésite toujours, et le conduit d'ovations en ovations à Reims, où elle dépose sur sa tête la couronne de saint Louis. Voilà ce que vit la France dans l'espace de quelques mois ; et, ce qui est

encore plus beau, elle vit cette jeune fille rester humble au milieu
de tels succès ; refuser les hommages d'un peuple ivre de reconnaissance ; écarter de la main les femmes qui venaient lui faire toucher
leurs petits enfants, et les soldats qui baisaient à genoux son étendard et qui voulaient approcher leurs armes de son épée nue pour
les rendre invincibles ; et oublieuse d'elle-même dans un si grand
triomphe, renvoyant à Dieu toute gloire, ne demander à la France
qu'elle avait sauvée, et au roi qui lui devait sa couronne, que la
liberté de retourner sous l'humble toit de son père, et le bonheur
de finir sa vie comme elle l'avait commencée, en gardant les troupeaux.

Prise d'Orléans. (P. 172.)

Mais elle demandait l'impossible : elle était trop pure pour n'avoir
qu'une couronne d'or ; elle était trop grande pour n'en avoir point
du tout. Dieu lui en préparait une qui serait digne d'elle, cette
couronne d'épines qu'il déposa un jour sur la tête du plus grand des
Libérateurs.

Et cette couronne, elle ne la reçut pas seulement comme une
récompense ; la porter fut une partie de sa mission, et la plus féconde, sans nul doute, comme aussi la plus belle. O Jeanne, vous
dites que votre mission est finie ; agrandissez votre cœur ; elle est
à peine commencée.

***

C'est un grand nom que celui de Libérateur ; il y en a cependant un autre qui est plus grand encore ; il y a une gloire plus élevée, plus profonde, tout à fait rare, d'un autre ordre : c'est celle de Rédempteur.

Oui, et l'antiquité elle-même ne me désavouera pas, quand un peuple a méconnu les éternelles lois de la justice, il faut qu'il périsse ou qu'il se rachète. « La peine suit le crime, a dit Homère, d'un pas lent et sûr. » Et comme le crime se multiplie à certaines époques dans un peuple, la peine, se multipliant aussi, finirait par détruire ce peuple, si, en même temps qu'elle est un châtiment qui tue, elle n'était une expiation qui sauve. Et voilà pourquoi Dieu renverse les empires, il bouleverse le monde, il multiplie les catastrophes, non pas toujours pour les fins qu'imaginent les politiques, mais pour donner aux peuples l'occasion de souffrir et de se racheter en souffrant.

Et si le peuple subissait mal sa peine et s'endurcissait dans l'infortune, savez-vous ce que Dieu fait ? Il n'abandonne pas si vite une nation rachetée par son Fils ; il appelle en secret toutes les âmes saines et pures à l'honneur d'expier pour ceux qui n'expient pas. Alors, pendant que soufflent sur le monde des vents de corruption et de vertige, on sent passer sur les solitudes des souffles de pénitence ; alors les vierges, dans leurs cloîtres, se font plus pures, pour devenir des victimes plus parfaites. Et si c'est peu encore, si le sang versé dans l'amour ne suffit pas à faire contre-poids au sang versé dans le mal, Dieu ne se décourage pas : il avise dans la foule quelque plus noble holocauste, quelque grande âme, pure de toutes les hontes passées, assez élevée pour représenter tout un peuple, assez généreuse pour accepter l'expiation : il la met sur la croix, et un jour, quand tous les secrets des temps seront dévoilés, nous verrons « que les changements les plus heureux qui se sont opérés parmi les nations ont presque toujours été achetés par de sanglantes catastrophes dont l'Innocence était la victime ([1]) ».

Voilà, Messieurs, ce dont la France avait besoin en 1429, car, au milieu des malheurs effroyables par lesquels Dieu punissait ses crimes, elle souffrait, mais elle ne se rachetait pas.

Sous le feu des Anglais, quand elle était déjà à moitié rayée de la liste des nations indépendantes, la corruption allait son train. Et

---

1. DE MAISTRE, *Traité sur les sacrifices*, ch. III.

quelle corruption ! comment la peindrai-je ? Comment indiquer seulement d'un trait ce qu'était la cour d'Isabeau de Bavière, et celle de Charles VII, vainement visitée par le malheur, et celle de Philippe-le-Bon... ? Toute la France le voyait, et elle se corrompait en le voyant.

Et si on traitait ainsi la sainteté et la paix du foyer domestique, que faisait-on de l'honneur, de la justice, du droit, de la patrie, de la patrie surtout, trahie, vendue, livrée à l'étranger par des Français ? J'ai vu exhumer de terre et j'ai tenu dans mes mains, il y a une quinzaine d'années, le crâne de Jean-sans-Peur, brisé par la hache traîtresse de Tanneguy du Châtel, et en contemplant cette entaille profonde dont un religieux disait autrefois à François Ier : « C'est par cette ouverture que les Anglais sont entrés en France, » je sentais s'amonceler dans mon âme les flots d'une indignation dont je n'étais plus maître. Quoi ! vous êtes Français, gentilshommes, rois, fils de rois ! vous êtes chrétiens ! et, pour vous débarrasser d'un rival, vous ne trouvez rien de mieux qu'un coup de hache, masqué par une sacrilège hypocrisie ! et vous, duc de Bourgogne, mille fois plus coupable encore, pour vous venger de cette trahison, vous livrez la France à l'étranger ! oubliant ainsi et que la France n'était pas coupable des perfidies d'un parti, et que, l'eût-elle été, la patrie est quelque chose de si sacré, de si vénérable, que, pour quelque raison que ce soit, quand elle serait mille fois ingrate, il faut l'aimer toujours et ne la trahir jamais !

Et si la famille était ainsi conspuée, si la patrie était déchirée ainsi, que faisait-on de l'Église ? L'Église venait de traverser les jours les plus déplorables. Qui les lui avait faits ? Qui avait amené les papes à Avignon ? Qui les y avait maintenus pendant soixante-douze ans, au mépris des larmes de l'Église ? Et quand, pressé par sainte Catherine de Sienne, Grégoire XI retourna à Rome, d'où vint ce grand schisme d'Occident, si fatal à la chrétienté ? Qui sema pendant un siècle ces germes de division d'où naquirent les scènes désastreuses de Constance et de Bâle, présage et prélude de la grande révolution religieuse du XVIe siècle ? Qui ? Ayons le courage de le dire : la France.

Et voilà pourquoi un jour on vit passer sur la France des nuages tout chargés de la colère céleste. Et voilà pourquoi, sur les champs de bataille, nos soldats sentirent leur épée se briser dans leur main ; pourquoi nos frontières furent violées ; pourquoi le roi, la noblesse, le clergé, l'armée, le peuple tombèrent dans des abîmes si profonds qu'il devint bientôt évident que c'était Dieu qui y avait plongé la nation et que c'était lui seul qui pouvait l'en tirer. Et voilà pourquoi enfin, quand Dieu se laissa toucher en se souvenant de Clovis, de Charlemagne et de saint Louis, comme la France ne portait pas noblement, magnanimement ces douleurs, résolu néanmoins à pardonner, il chercha quelque grande victime qu'il pût charger de tous les péchés du peuple, et ses yeux tombèrent sur cette angélique jeune fille qui avait délivré la France et qui était digne de la racheter. Elle était vierge. Elle était innocente de toutes les hontes et de toutes les horreurs. Elle représentait la France plus que qui que ce fût alors. Elle avait ce qu'il faut aux victimes : un jeune front couronné de beauté et de gloire. Apprêtez, apprêtez le bûcher ! Et vous, innocente enfant, montez-y avec le cœur d'une victime, et qu'il soit dit, à votre gloire éternelle, qu'après avoir été la Libératrice de votre peuple, vous en avez été la Rédemptrice.

Et si quelques-uns étaient tentés de la plaindre, je leur dirais : Ah ! ne pleurez pas ; elle est trop heureuse ! Délivrer sa patrie, quelle joie ! Mais, après l'avoir délivrée, n'en avoir point de récompense ; mais voir s'élever contre soi ceux même qu'on a sauvés ; mais avoir mérité une couronne et n'avoir qu'un échafaud, et y monter à dix-huit ans, trahie, abandonnée, flétrie, c'est un sort si beau que Platon n'estimait pas qu'il y eût rien sur la terre qui fût plus digne des regards de Dieu et des applaudissements des hommes ! Et si Platon parlait ainsi, que dirons-nous donc, nous, les fils du Calvaire ? Par la pureté de sa vie, par la beauté de son âme, par sa fidélité à sa mission, Jeanne avait mérité un sort achevé, et Dieu le lui préparait, afin que, vierge, femme, soldat, hostie, martyre, portant toutes les couronnes, brillant de toutes les gloires, elle charmât et attendrît jusqu'à la fin le peuple chevaleresque dont elle fut à la fois l'épée et la rançon.

Elle eut le pressentiment de ce qui lui était réservé, presque au lendemain du sacre. Jamais cette douce et pure enfant n'avait pu supporter les désordres des gens de guerre ; elle s'emportait contre eux et les frappait même quelquefois, du plat de son épée seulement ; elle l'avait fait à Orléans. Or, au sortir de Reims, rencontrant un jour quelques soldats qui se conduisaient mal, elle s'élança sur les coupables, et en frappa un, du plat de son épée. Mais cette fois la virginale épée ne soutint pas le contact ; elle se brisa en deux, et on ne put la reforger. C'était l'épée miraculeuse qu'elle avait trouvée sous l'autel de Sainte-Catherine de Fierbois, et qui avait opéré tant de prodiges dans sa main. Depuis, Jeanne ne porta plus d'épée. Au fait, pour le grand ministère qui lui restait à accomplir, elle n'en avait plus besoin.

Un autre jour, après avoir communié dans une église, elle appuya tristement sa tête contre un pilier, et après y être demeurée longtemps pensive et recueillie, elle dit aux bonnes gens qui l'attendaient sur le seuil de l'église : « Mes bons amis et mes chers enfants, je vous le dis en assurance, il y a un homme qui m'a vendue ; je suis trahie, et bientôt je serai livrée à la mort. Priez pour moi, je vous en supplie ; car, hélas ! je ne pourrai plus servir ni mon roi ni le noble pays de France. » A chaque instant il lui échappait des mots pareils. A sa mère, par exemple, qui, tout heureuse et toute fière, à Reims, lui disait : « Mais, ma petite Jeanne, tu ne crains donc rien dans les batailles ? — Non, répondit-elle gravement, je ne crains que la trahison. »

Faut-il maintenant vous dire comment se réalisèrent les tristes pressentiments de Jeanne ? J'hésite. Je n'ose sonder ce point, de peur de trouver, dans la triste histoire dont il me reste à vous faire le récit, une honte de plus. O Compiègne ! Compiègne ! comment ne se séchèrent-elles pas, les mains qui tenaient les chaînes de ton pont-levis, au moment où il se leva et ferma le passage à Jeanne ! Reconnue à ses vêtements, à son étendard déployé, elle fut prise, et, du champ de bataille où elle avait fait des prodiges d'héroïsme pour donner à ses troupes le temps de rentrer, elle tomba dans une prison, aux cris de joie de l'ennemi. Il croyait ressaisir enfin cette France qui commençait à lui glisser dans la main !

Quelle fut la douleur de la pauvre enfant, quand elle vit des Anglais monter la garde à la porte de sa prison, et qu'elle sut, sans pouvoir se l'expliquer, car elle avait remis son épée à un Français, qu'elle était entre les mains de l'Angleterre ! Tout son sang français bouillonna dans ses veines. Elle eut là, au premier moment de sa captivité, son jardin des Olives, avec des abattements et des découragements qui allèrent jusqu'à la mort. «Ah ! disait-elle en pleurant, j'eusse mieux aimé mourir que d'être mise aux mains des Anglais ! » Et puis, Compiègne qui allait être prise ! et les habitants qui seraient passés au fil de l'épée ! Et la France, la France qu'elle ne pouvait plus secourir ! Elle plia sous toutes ces pensées, et, incapable de porter le poids d'une telle tristesse, voyant venir le calice amer, en détournant malgré elle la tête, pour échapper à l'Angleterre, pour aller une dernière fois au secours de la France, ah ! je n'ai pas le courage de la blâmer... elle se précipita du haut de la tour. On la ramassa étourdie et évanouie, et, à partir de ce jour, cette douce colombe connut toutes les horreurs de la plus cruelle captivité. On la conduisit à Rouen, enchaînée. On fit faire, pour être plus sûr de la garder, une cage de fer, des chaînes lui serraient les pieds et les mains, et l'attachaient nuit et jour à un pilier ; et telle était la peur qu'avait l'Angleterre de voir Jeanne lui échapper, que, pendant une maladie qu'elle fit dans sa prison, brûlée par la fièvre, épuisée, mourante, on ne put pas obtenir qu'on desserrât un instant les anneaux de fer qui l'accablaient..........

Mais si cruel qu'il pût être pour cette vaillante jeune fille, qui aimait passionnément la France, de tomber entre les mains des Anglais, ce n'était là qu'une petite partie de la coupe amère. Mourir entre les mains des Anglais, quelle douleur ! Mais mourir de la main des Français, elle, la libératrice de la France ! voilà ce qu'elle n'eût jamais soupçonné, et ce que Dieu permit pour lui faire une immolation qui répondît à l'immensité de nos fautes ! Et c'est là, pour le dire en passant, ce qui me rend si odieuses ces trahisons qui amènent l'étranger au sein d'une patrie ; parce que, sous la pression de la peur, l'esprit, le caractère, le cœur, l'âme d'une nation périssent quelquefois, encore plus que ses frontières.

Jeanne avait remis son épée à un Français, et il semble que les lois de la guerre et de la chevalerie, son âge, son sexe, sa beauté, la pureté de ses mœurs, la grandeur de son nom, tout devait lui assurer les sauvegardes, les pitiés, les respects qu'on devait à un guerrier qui s'était rendu, et à une femme qui faisait l'admiration d'un peuple. Mais l'Angleterre voulait avoir Jeanne ; pour la tuer d'abord, et par ce moyen briser le charme ; pour la déshonorer ensuite, afin de déshonorer du même coup le peuple et le roi, et qu'il fût dit que l'un et l'autre s'étaient laissé conduire à Reims par une sorcière. Elle voulait l'avoir ; elle l'eut : et ce Français, ce misérable qui ne méritait pas l'honneur d'avoir reçu l'épée de Jeanne, et dont le nom assurément ne souillera pas mes lèvres, la vendit pour de l'argent.

Et non seulement elle fut vendue par un Français, mais elle fut jugée par des Français, condamnée par des Français, brûlée par des Français. Du moins, quand le vainqueur d'Austerlitz tomba entre les mains des Anglais, sur ce rocher où on le cloua comme un grand aigle vaincu, et où on eut l'infamie de le laisser mourir à petit feu sans lui donner la consolation d'embrasser son fils, je ne vois point de Français. Il n'y en a d'autres que ceux qui s'exilèrent volontairement pour montrer à l'illustre captif le visage de la patrie. Mais ici c'est autre chose. Les Anglais veillent armés à la porte de la prison et du tribunal ; ils menacent, ils intimident, ils pèsent sur les juges : à la bonne heure ! Mais les juges, qui sont-ils ? Mais les faux témoins qui vont en Lorraine fouiller jusque dans le berceau de Jeanne, pour y trouver des taches ou des calomnies ; mais les perfides qui se glissent dans sa prison, afin que la parenté de patrie ouvre son cœur à la confidence ; mais les hypocrites qui, cachés derrière une cloison, cherchent à surprendre jusqu'au secret de ses confessions ; mais les docteurs qui siègent à Paris et à Rouen, qui sont-ils ? Tous Français, tous acharnés à qui déshonorera le mieux Jeanne et la France !

Oui, avant de brûler Jeanne, savez-vous à quoi ils sont occupés, ces Français ? A tenter son patriotisme, à lui faire abjurer son roi, à lui arracher des secrets qui pourraient compromettre la France, à lui faire avouer je ne sais quel mystère de magie qui leur permettrait de mettre sur le compte des puissances infernales ces vaillants coups d'épée française qui, à Orléans, à Jargeau, à Patay, ont fait fuir l'Anglais devant une femme : c'est-à-dire qu'ils veulent déshonorer la France pour glorifier l'Angleterre. Français ! eux ! Ah ! ma langue se séchera avant de leur donner ce glorieux nom.

Mais c'est en vain qu'ils tentent Jeanne. Quand on presse l'eau, elle jaillit avec plus de force ; quand on comprime le feu, il pétille avec plus d'ardeur ; quand on met à l'épreuve une grande âme, ô spectacle tout divin ! elle devient plus grande encore ! Tout ce qu'il y a en elle de bon, de noble, d'élevé, s'en échappe avec des accents qu'on ne lui soupçonnait pas. Tentée par des Français, c'est alors qu'on voit combien Jeanne aime la France. Dans quels termes, en face de ces stipendiés de l'Angleterre, elle déclare que la France appartient à Dieu et qu'il veut en chasser les Anglais ! Avec quelle noble confiance dans les destinées impérissables de la France, elle affirme que les Anglais ne la posséderont jamais, fussent-ils cent mille de plus ! Et quelle délicatesse quand il s'agit du Roi, de ce Roi si tiède, si inactif, si ingrat, qui aurait dû périr pour la sauver ! Elle ne permet pas qu'on prononce son nom sans y répondre par un cri de respect et d'amour. Et jusque sur l'échafaud de Rouen, où on l'avait portée toute malade pour la torturer dans son âme, après l'avoir affaiblie dans son corps, douce et muette pendant les torrents d'injures qu'on verse sur sa tête, tout à coup, quand on outrage son roi, elle bondit : « Par ma foi, s'écrie-t-elle, je jure, sur peine de ma vie, que c'est le plus noble chrétien de tous les chrétiens, celui qui aime le mieux la foi et l'Église ; il n'est point tel que vous dites. — Faites-la taire ! » s'écrièrent les juges pâlissant de colère.

Faites-la taire ! Ah ! j'aime que Jeanne leur ait arraché ce cri ! voilà ce qu'on gagne à mettre à l'épreuve les nobles âmes. Dans les profondeurs de sa prison, devant les brutalités des grands seigneurs anglais corrompus, elle avait été le martyr de la pureté ; ici, au grand jour, en face de ces Français traîtres à leur pays, elle devenait l'apôtre et le martyr du patriotisme ; expiant ainsi, la noble fille, le crime de ces autres grands seigneurs qui, pour venger leur vanité blessée, livraient la patrie à l'étranger.

Est-ce tout, Messieurs ? La coupe que doit boire Jeanne est-elle assez amère ? Pas encore. Voyez-vous, parmi les juges, ceux qui siègent au premier rang, qui président l'assemblée, qui seuls vont prononcer la sentence ? Qui sont-ils ? Les reconnaissez-vous ? Ce sont des prêtres, et au milieu d'eux, voilà un évêque !

Un évêque ! mon Dieu ! ce nom nous représente, il représentait aux yeux de Jeanne la bonté, la miséricorde, la mansuétude, le pardon du divin Maître. Et quand elle l'aperçut là, en entrant dans la salle, elle dut tressaillir de joie en pensant que du moins, parmi tant d'accusateurs, elle aurait un avocat et un père. Et quelques jours après, regardant cet évêque, vous savez la triste parole qu'elle lui adressa : « Évêque, c'est par vous que je meurs ! »

Ah ! je lui pardonnerais presque de l'avoir fait mourir ! mais ce que je ne lui pardonne pas, c'est d'avoir troublé un instant la paix de conscience de cette angélique enfant ; c'est d'avoir mis peut-être sa grande âme dans l'indécision à l'heure où l'on a tant besoin de certitude ; c'est de lui avoir arraché une rétractation qui pouvait la déshonorer devant les hommes et rendre moins belle, aux yeux de la France, sa suave figure ; c'est de l'avoir menée à la mort, en lui laissant croire que l'Église, la sainte Église ! l'avait condamnée.

Mais non, je lui pardonne tout ; car, qu'a-t-il pu, lui aussi, contre elle ? Lui arracher l'amour de l'Église ? Non certes ! Faire pâlir à ses yeux l'image vénérable de cette mère auguste, en la lui montrant sous la figure de Caïphe ? Pas même ! Ou plutôt c'est lui, ce Caïphe, qui a fait jaillir de l'âme de cette enfant tout ce qu'il y avait en elle de foi, d'amour, de dévouement pour la sainte Église. Torturée par des Français, elle était restée française ; torturée par

Martyre de Jeanne d'Arc. (30 juin 1431. — P. 183.)

d'indignes ministres de JÉSUS-CHRIST, elle reste chrétienne, catholique, aimant l'Église comme elle aime la France, avec passion. Elle en appelle au Pape. Et quand on lui dit qu'il est trop éloigné, elle en appelle au concile. Et quand on refuse d'enregistrer cet appel, après que pour toute vengeance elle eut dit à l'évêque : « Hélas ! hélas ! vous écrivez ce qui est contre moi, et vous ne voulez pas écrire ce qui est pour moi, » elle en appelle à Dieu. Mais, en appelant à Dieu, elle continue à en appeler au Pape ; « car, disait-elle, Dieu et le Pape, c'est tout un. » Et sur l'échafaud même, ranimant toutes ses forces, elle lui envoie, à travers les flammes de son bûcher, la suprême protestation de sa fidélité et de son amour.

Ainsi, elle grandissait à chaque orage ! Ainsi, à chaque goutte amère qui s'ajoutait dans son calice, elle animait son cœur ! Plus vierge, s'il est possible, en face des corruptions de la noblesse anglaise ; plus Française, en face des Français traîtres à leur pays ; plus catholique, en face des faux prêtres traîtres à l'Église ; chaque coup qui frappait sur cette âme en tirait de sublimes accords.

Qu'ajouterai-je, Messieurs ?

Dans les grandes épreuves, dans ces passions douloureuses que traversent les âmes élues, il vient un moment où, quand la terre nous manque, quand nos amis détournent la tête, quand nos proches eux-mêmes nous abandonnent, on lève les yeux vers Dieu, et on ne le trouve plus. On le cherche ; où est-il ? et, comme Notre-Seigneur sur sa croix, on dit : *Deus, Deus meus, ut quid dereliquisti me ?* Jeanne connut cette ineffable angoisse. Ce fut, dans le calice de sa passion, la dernière goutte, la plus amère.

Jamais elle n'avait cru qu'elle dût mourir. Elle avait foi en son roi, foi au bon peuple de France ; surtout elle avait foi en Dieu. Quand elle avait consulté ses saintes, elles ne lui avaient jamais parlé que de salut et de délivrance, et tout à coup on vient lui annoncer l'heure de la mort. Voilà les Anglais armés qui l'attendent ; la fatale charrette est à la porte... Étonnée, interdite, attendant un miracle, ne le voyant pas venir, regardant le ciel, le trouvant d'airain, une larme monta à ses yeux : elle eut une défaillance, mais ce fut la dernière. Quoi ! ses voix l'auraient trompée ! Quoi ! Dieu l'abandonnerait ! Elle vit que c'était impossible, et le sens de ces mots de salut et de délivrance, qu'elle n'avait pas compris, s'illumina aux feux de son bûcher. La couronne d'épines lui apparut comme sa récompense, et qui sait même si elle ne la vit pas comme une partie de sa mission ? M. de Maistre pense « qu'il a pu y avoir

« dans le cœur de Louis XVI, dans celui de la céleste Élisabeth, » —
et, s'il eût connu les lettres que nous savons, il aurait ajouté :
dans celui de Marie-Antoinette, « tel mouvement, telle acceptation
« capable de sauver la France ». Qui peut dire à quelle acceptation
semblable, à quel sacrifice digne d'elle et de la France, Dieu solli-
cita la grande âme de Jeanne d'Arc ? Toujours est-il qu'elle commença à prier avec un accent qu'on ne lui savait pas ; à demander
pardon à ses bourreaux, à ses juges, aux Anglais eux-mêmes, du
mal qu'elle avait pu leur faire ; à verser sur tous ceux qui l'entouraient des flots d'amour ; puis, s'élevant plus haut, oubliant la terre,
serrant la croix sur sa poitrine, ne la quittant plus des yeux, con-
versant avec ses saintes sur ce bûcher, comme sur un Thabor, elle
disparut dans les flammes, en jetant à une foule immense, émue,
qui fondait en larmes, ce seul cri : « Jésus ! »

Quelques heures après, dès que les flammes furent tombées, on
vit un Anglais monter précipitamment sur le bûcher et balayer en
toute hâte à la Seine les cendres de Jeanne, afin qu'il ne restât rien
d'elle sur la terre de France.

Il se trompait. Il nous restait son nom, son étendard, son épée,
son bûcher, son cœur ! Il nous restait davantage encore : il nous
restait la France délivrée et rachetée par elle, et qui ne mourra plus !

Et maintenant, Messieurs, mettons fin à ce discours en nous
tournant vers cette chaste et héroïque Jeanne, et, à l'exemple de
ceux qui nous ont précédé dans cette chaire, adressons-lui un dernier hommage avec un adieu. O Vierge, vous dûtes tressaillir, au
sein de vos splendeurs, lorsque, il y a dix ans, une voix qui vous est
chère comme elle est chère à tout ce qui aime la France, l'Église
et l'honneur, monta jusqu'à votre trône ! Elle disait : « Fille géné-
« reuse, recevez cet hommage d'un évêque d'Orléans. Nous avons
« servi, tous deux, tour à tour, cette noble ville, ce peuple aimable
« et bon, généreux jusqu'à l'enthousiasme, au jour de l'honneur.
« Vous avez sauvé les aïeux de ceux qui sont mes fils en Jésus-
« Christ... Nous nous retrouverons, nous nous reconnaîtrons un
« jour (¹) ! »

Cette voix, si digne de porter jusqu'à Jeanne les hommages
d'Orléans et de la France, se taisait à peine, lorsque peu après une
autre voix s'éleva de cette même chaire (²). A cet accent étranger,

---

1. Mgr Dupanloup, évêque d'Orléans.
2. Mgr Gillis, évêque anglais d'Édimbourg.

ô vaillante fille, votre fière poussière dut tressaillir ! Les images de vos batailles repassèrent devant vos yeux. Mais comment ne l'auriez-vous pas accueillie avec bonté, cette voix ? car elle disait : « Je ne viens pas, ô Jeanne, désavouer les combats que nous vous « avons livrés ; mais je viens dire hautement qu'il y a, dans notre « histoire, une page que je voudrais arracher au prix de mon sang, « la page qu'éclaire, à notre honte, le bûcher de Rouen. »

A ce noble concert de louanges, pour qu'il fût complet, une note manquait : je l'apporte aujourd'hui. Après le repentir de l'Angleterre qui vous a brûlée, ô vierge ! je dépose à vos pieds le repentir de la Bourgogne qui vous a trahie. Ah ! que ne fait pas faire l'ambition ! et comment avons-nous pu à ce point méconnaître la France ! Mais alors nos yeux étaient aveuglés. Vous nous les avez ouverts, ô Jeanne ! ils ne se fermeront plus. Et vous aussi, elle vous a éclairés, habitants de la Normandie, qui ne sûtes pas mourir pour empêcher l'horrible catastrophe de Rouen ! Et toi, vaillante population de Paris, qui sais si bien mourir !... Mais alors tu chantais le *Te Deum* pendant qu'on la brûlait ! Et nous tous enfin, que les passions, qu'un génie ennemi de la France divisait, armait les uns contre les autres, elle nous a réconciliés, réunis, en nous attendrissant par son bûcher. Là se sont rejoints les tronçons dispersés et malheureux de la patrie. Là s'est nouée pour jamais cette vivante unité française, notre grandeur, notre gloire, notre invincible force, que tous les peuples admirent et nous envient. Car, plus heureux qu'eux tous, peut-être parce que nous avons plus souffert, nous ne sentons pas deux peuples se battre dans nos entrailles. Nous n'avons ni une Irlande qui meurt de faim dans les gorges de nos montagnes ; ni une Venise attachée à notre pied comme un boulet ; ni une Pologne échevelée et sanglante prête à se lever contre nous. Nous sommes un, des Alpes aux Pyrénées, de la Méditerranée à l'Océan, tous Français, tous heureux et fiers de l'être. Et si nous nous divisons sur bien des questions, comme c'est le droit et la dignité des êtres libres, quand il s'agit de l'honneur du drapeau, de l'intégrité des frontières, nous n'avons tous qu'une voix, un élan, un cœur, une âme. Voilà la France !

O Jeanne, jouissez de votre œuvre ; car, quoique vous ne l'ayez pas faite seule, et que beaucoup y aient travaillé dans la suite des âges, les uns avec l'épée, les autres avec la politique, ceux-ci avec la législation, ceux-là avec le génie, l'éloquence, l'art, la poésie, la gloire, la vertu, — il a fallu tout cela pour faire la France ! —

Bataille de Tolbiac.

D'après les tapisseries anciennes de Saint-Remi de Reims. (P. 188.)

quelle part égala jamais la vôtre, vous sa libératrice, sa rédemptrice,
sa plus brillante image ? Je vous regarde dans cette belle attitude
que vous donnèrent récemment des mains royales, et je me demande
si c'est vous ou la France que je vois : debout, comme un soldat
que vous étiez et qu'elle est aussi ; le pied en avant, en signe de
l'élan français ; la tête inclinée dans la modestie et dans la douceur,
comme il convient quand on est fort comme vous, ô Jeanne, et
comme vous aussi, ô France ; l'épée non pas déchaînée et étincelante pour effrayer le monde, mais posée comme une croix sur votre
noble poitrine, afin d'apprendre au monde que l'épée française est
une épée chrétienne, une épée de civilisation et d'amour, qui ne se
tire qu'à regret et toujours pour l'honneur ; les mains modestement
et fortement repliées sur le cœur pour le couvrir et le protéger, afin
de rappeler à l'Europe, qui craint trop les entraînements de la
France, que si on peut en effet éblouir quelquefois son grand esprit,
l'aveugler avec un sophisme, et l'entraîner un instant, il y a quelque
chose, en elle, qu'on n'atteint pas si facilement, qui résiste et qui
resterait si tout venait à périr : c'est le cœur ! Comme le vôtre, ô
Jeanne, en ce triste et glorieux jour où vous mourûtes pour nous !
le feu consuma vos vaillantes mains, même votre chaste poitrine ; il
éteignit vos beaux yeux pleins de pudeur et de flamme ; tout fut
brûlé, sauf le cœur !

II.

EXTRAITS DU PANÉGYRIQUE DE JEANNE D'ARC, PAR LE R. P. FEUILLETTE, DE L'ORDRE DE S. DOMINIQUE (¹).

VINGT-QUATRE années avaient passé sur la grande iniquité
commise en France, au XVe siècle, vingt-quatre années
d'oubli et d'ingratitude. Le vent qui avait dispersé les cendres du
bûcher de Rouen, semblait avoir éteint, du même coup, les délirants
enthousiasmes que Jeanne d'Arc avait suscités. Un grand silence
s'était fait que rien n'avait pu rompre ; la protestation isolée de
quelques cœurs généreux n'avait point trouvé d'écho. La France,
cette patrie de toutes les justices, allait-elle donc rester éternellement
ingrate ? Allait-elle laisser à jamais, dans l'oubli et dans la honte, la
mémoire de sa libératrice, de sa plus glorieuse enfant ?

Un jour, le 7 novembre 1455, sous les voûtes de cette basilique,

---

1. Le 22 avril 1894, à N.-D. de Paris.

où la France, tour à tour, a chanté ses joies et ses triomphes, pleuré ses deuils et ses malheurs, on vit un spectacle étrange, émouvant. Une femme en deuil, courbée par l'âge, et qui portait au front le signe des grandes douleurs, s'avançait, appuyée au bras de ses deux fils, sous le regard ému et sympathique de la foule, devant un auguste tribunal où siégeaient, ici même, l'archevêque de Reims, l'évêque de Paris et le grand inquisiteur de France, le Dominicain Jean Bréhal.

Cette femme, c'est la mère de Jeanne d'Arc.

Pendant vingt-quatre ans, elle a dû étouffer les angoisses, comprimer les indignations de son cœur de mère, les fiertés de son cœur de femme et de chrétienne ; mais, en ce jour, elle vient, tenant en main le rescrit du Pape, qui ordonne la révision du procès de Rouen, dans la conscience absolue de l'innocence et de la sainteté de son enfant, avec cette divination maternelle qui lui faisait, sans doute, pressentir l'avenir de gloire qui allait se lever sur sa mémoire, elle vient demander justice pour sa fille.

Et le peuple, ému, à l'aspect de cette mère, et au souvenir de la douce héroïne, secoue enfin ses longs oublis, et, dans un élan de tardive reconnaissance, s'écrie avec elle : Justice, justice !

Justice fut rendue ; la sentence inique fut rapportée, et les siècles ont applaudi au verdict vengeur qui avait eu son prélude à Notre-Dame de Paris.

Aujourd'hui, une autre mère, plus autorisée encore que la première, se lève pour réclamer une justice plus haute, plus complète : c'est l'Église. Le témoignage rendu à Jeanne par son siècle ne lui suffit pas. Cette simple déclaration d'innocence, le souvenir des faits accomplis, ce n'est point assez pour ses ambitions maternelles. Elle vient de déclarer, aux acclamations du monde catholique, qu'elle veut, sur cette vie, la vérité totale, parce que son cœur lui dit que cette vérité sera glorieuse pour sa fille, glorieuse pour elle-même, glorieuse pour son Dieu.

Elle a le secret des temps ; elle a été établie juge des saintes opportunités ; elle avait ses raisons pour réserver à notre âge la suprême révélation qu'il attend. Aujourd'hui, elle frappe, à son tour, aux portes de la justice. Entourée de ses fils, chrétiens de toutes les nations, elle va porter la cause de Jeanne au tribunal de Dieu, le seul dont elle relève, et elle demande que le dernier mot de la justice soit prononcé.

Elle ne veut pas de cette Jeanne d'Arc de fantaisie, de cette héroïne mutilée que l'ignorance, l'aveuglement ou la mauvaise foi prétendent substituer à la sainte libératrice. Elle veut l'explication authentique de cette épopée splendide qui procura le salut d'un peuple ; et, invoquant l'esprit qui l'anime, elle, l'épouse de Jésus-Christ, elle lui demande de déclarer si Jeanne est l'élue de Dieu, la coopératrice fidèle de ses desseins.

Nous n'anticiperons pas sur ce jugement, qui sera le couronnement des espérances catholiques et de l'acte qui nous permet, dès maintenant, de saluer en Jeanne la vénérable servante de Dieu. N'appelant sainte, que sous les réserves de droit, celle que nos cœurs honorent déjà, en secret, sous ce titre, nous rechercherons, dans cette vie si courte et si pleine, la trace visible des plans divins ; nous verrons comment, surgissant à l'appel d'en haut, consacrant, sous l'inspiration divine, tout son être, à l'œuvre dont elle sera l'instrument, l'humble héroïne, vierge, guerrière, martyre, donne à cette œuvre, librement, sans réserve, et dans une oblation totale :

> Son cœur pour la préparer,
> Ses forces pour l'accomplir,
> Sa vie pour la consommer.

*
* *

« Il y avait, dans le monde, un peuple que Dieu aimait entre tous, dont il avait fait son peuple choisi, le peuple élu de la loi nouvelle ; comme autrefois avec Abraham, dans la plaine de Mambré, Dieu avait, dans la plaine de Tolbiac, conclu un pacte avec ce peuple ; il lui demandait sa fidélité, son service, son dévouement à l'œuvre divine dans le monde ; il lui promettait, en échange, ses bénédictions, la grandeur, la puissance, la gloire.

Les annales de ce peuple déroulent la longue série des attentions providentielles pour affirmer et cimenter cette alliance, et nous montrent l'accomplissement des promesses divines. Ses siècles de fidélité sont vraiment des siècles de gloire.

Pendant que ses thaumaturges, ses saints, les incomparables évêques que Dieu lui envoie, ouvrent les cœurs à la foi et à l'amour, la France écrit, de son épée victorieuse, sur le livre d'or de ses destinées, les noms lumineux de Tolbiac, de Poitiers, de Vouillé, de Saintes, de Taillebourg, de Bouvines, toutes ces victoires qui fondent et affermissent la patrie française. La chevalerie chrétienne fait épanouir, sur cette terre préparée pour toutes les grandes choses, les sentiments de justice, d'honneur, de protection du faible et de l'opprimé ; elle est à la première place dans les grands mouvements qui précipitent l'Europe vers l'Asie pour la délivrance du tombeau du Christ.

La gloire de ce peuple monte, monte toujours, s'éclairant de nouveaux reflets, toujours plus brillants, jusqu'à son splendide épanouissement en ce XIIIe siècle, où l'alliance avec Dieu a eu sa plus haute expression ; siècle incomparable, auquel revient la justice de l'histoire, qui a marqué l'apogée du règne du Christ, et forme le plus beau chapitre de l'histoire du mouvement religieux, intellectuel et même social ; il s'y fait comme une formidable poussée de foi et de science qui se traduira par des créations sublimes, des œuvres gigantesques, le concours de toutes les activités humaines à la glorification du Dieu Rédempteur.

Et c'est la France qui mène le monde ; elle est à la tête des peuples chrétiens ; elle a, sur le trône, le plus populaire, le plus respecté et le plus saint des rois, saint Louis ; dans ses chaires, les Albert le Grand, les Bonaventure et les Thomas d'Aquin ; dans toutes les sphères de l'action humaine, d'illustres enfants qui tous mettent sur son front un rayon de leur vaillance, de leur vertu, de leur génie, pendant que, dans les airs, montent ces merveilleux monuments de l'art chrétien que les siècles découragés ne sauront plus reproduire, les basiliques de Notre-Dame de Paris et d'Amiens, de Beauvais et de Chartres, de Reims et de Rouen ; le rayonnement de toutes ces splendeurs faisait dire aux vieux chroniqueurs, que le royaume de France était le plus beau des royaumes après celui du ciel.

Un siècle s'est écoulé ; je regarde ce peuple, et je ne le reconnais plus. Quelle chute profonde, et, on pourrait croire, irrémédiable ! Que s'est-il donc passé ?... Le soldat de Dieu dans le monde a méconnu sa mission ; il a rompu le pacte, brisé l'alliance ; il a retourné contre Dieu les armes qu'il avait reçues pour servir sa cause ; il a osé toucher à l'oint du Seigneur. Le soufflet de Nogaret, la captivité d'Avignon, le grand schisme d'Occident, voilà les grandes prévarications qui vont donner la raison divine des événements, et expliquer la chute si rapide de ce pays, tombé, des plus hautes prospérités, dans un abîme de malheurs et de hontes.

Nous sommes à l'heure la plus lugubre de notre histoire nationale. En lisant ce chapitre, le plus sombre de nos annales, on sent, comme dans une vision d'Apocalypse, la lourde oppression des représailles divines.

Sur les champs de bataille de Crécy, de Poitiers et d'Azincourt, l'ange de la défaite a fauché, sanglante moisson, les plus beaux, les plus fiers chevaliers de France ; les bataillons ennemis foulent impitoyablement, avec l'insolence et la brutalité du vainqueur, dix de nos plus belles provinces ; la capitale est perdue ; et, sur la terre de France, de Calais à Bordeaux, de la Manche à la Loire, au lieu du drapeau aux fleurs de lis d'or, flotte, étendard sinistre, le léopard d'Angleterre. Avec la guerre, tous les maux qu'elle déchaîne, la peste, la famine, se sont abattus sur ce malheureux pays, et y promènent partout l'épouvante et la dévastation. Mais la défaite et le malheur ne déshonorent pas ; les blessures des champs de bataille sont de glorieuses blessures ; voici pour un pays les hontes suprêmes :

Des dissensions intestines, des haines fratricides étouffent le patriotisme, et ne reculent point devant l'alliance avec l'étranger ; des princes français se tendent des guets-apens, comme de vulgaires malfaiteurs, et s'égorgent après s'être parjurés. Partout la guerre civile est allumée ; les factions rivales, tour à tour victorieuses et vaincues, célèbrent leurs triomphes par d'effroyables égorgements ; des bandes de pillards s'abattent sur les campagnes, bientôt dévastées et dépeuplées ; le peuple, affolé par la misère, s'abandonne au délire du désespoir, et vient, dans des danses sinistres, insulter à la mort jusque dans les cimetières... »

L'orateur poursuit et complète cet exposé navrant des prévarications et des hontes de la France, qu'il nous montre à la merci d'un roi en démence, puis livrée aux Anglais par une reine impudique, sans que le patriotisme s'indigne d'une pareille infamie.

Avec Charles VI la monarchie descend dans la tombe. Il y a bien encore un légitime héritier de la couronne de France ; mais la couronne est trop lourde pour sa tête et l'épée trop pesante à ses mains débiles, et il s'oublie, sur les bords de la Loire, dans des plaisirs énervants, jusqu'à douter de lui-même et désespérer de sa cause.

Cependant une ville tenait encore, au royaume de France, et se défendait héroïquement. C'était de là, de la fière et valeureuse Orléans, que devait venir le salut, l'ange de la résurrection. L'heure de Dieu allait sonner.

« L'heure de Dieu et de ses plus grandes miséricordes, l'heure des interventions divines est celle des grandes détresses, des causes désespérées, des ruines humainement irréparables, celle où l'homme est obligé de confesser son impuissance absolue.

Mais, pour que nul ne songe à lui disputer l'honneur et les bienfaits de son intervention, Dieu travaille, au rebours de la sagesse
humaine ; il prend la faiblesse pour faire de la puissance, les instruments les plus infimes pour créer des œuvres de force et de durée ;
et, sur cette terre qui a, si souvent, enfanté des héros, où il serait si
facile à Dieu de faire lever un soldat de génie, il ne donne même
pas un regard aux rois, aux princes, aux guerriers, qui tous ont plus
ou moins prévariqué, et c'est à une enfant du peuple, à une jeune
fille, à une pauvre paysanne qu'il va demander d'être la libératrice
de son peuple.

Rien de plus frais, de plus parfumé, de plus pur que le matin de
cette vie, sur cette terre bénie, dans ce village de la Champagne,
sur les marches de Lorraine, où grandit l'enfant d'élection ; rien qui
repose davantage des lugubres spectacles de la guerre civile étrangère, mais rien aussi qui fasse moins pressentir l'avenir qui se prépare. Quel simple et gracieux prélude à l'action divine !

Sous le toit paternel, à l'ombre de l'église, au milieu des prairies
embaumées, son enfance s'écoule paisible, laborieuse ; elle est douce
et bonne aux pauvres ; elle sait, pour toute science, invoquer le
Père qui est aux Cieux, et prier la Mère pleine de grâce et de miséricorde, à qui sa piété tresse des couronnes. Sur cette simple fleur
des champs le regard de Dieu se repose avec amour.

Un jour, le dialogue s'engage entre le ciel et cette enfant de treize
ans. Un Archange et des saintes conversent avec elle ; ils lui disent
d'être bonne, pieuse, pure, et l'angélique enfant, d'abord troublée
par ces apparitions, travaille à monter encore dans la charité, dans
la piété, dans la pureté...

Pendant que l'Archange parlait à Jeanne, Dieu travaillait, et voici
le chef-d'œuvre sorti de ses mains pour le salut de la France : il
façonnait le cœur de cette vierge.

Dieu aime les vierges ; il y a dans les âmes chastes et pures des
mystères de beauté qui nous échappent, mais qui exercent une irrésistible puissance de séduction sur le cœur de Dieu. Il a voulu que
le salut du monde dépendît du consentement d'une vierge, et, depuis
le Calvaire, il semble qu'il leur ait réservé le privilège des grandes
délivrances et des résurrections inespérées.

Dieu travaillait donc le cœur de Jeanne, ce pur albâtre ; dans ce
cœur de jeune fille, avec toutes les forces, toutes les énergies de ce
sang virginal, au souffle de son amour créateur, il compose un sentiment unique, incomparable, le plus grand qu'un peuple ait jamais

inspiré ; il y allume une flamme d'une prodigieuse puissance, la flamme du patriotisme.

Cet amour immense de Jeanne pour sa patrie, c'est son cœur tout entier. L'amour de Dieu lui-même s'y confond avec cet amour de la patrie, qu'il grandit, qu'il exalte, qu'il divinise. En aimant la patrie, c'est Dieu qu'elle aimera, Dieu qu'elle servira, Dieu qui, pour elle, s'est identifié avec cette patrie, à laquelle, de par l'ordre de Dieu, elle doit donner ses forces, son dévouement, son amour, son corps, son sang, sa vie. Comme tous ses devoirs se résumeront dans celui-ci : travailler pour le salut de sa patrie, ainsi tous ses autres sentiments viendront, comme dans une fournaise ardente, s'absorber, se fondre dans l'amour de la patrie ; et, de ce mélange ineffable, sortira ce sentiment fait de candeur, de naïveté, de tendresse, mais aussi de courage, de vaillance, d'intrépidité, où il entre, dans un pur et sublime alliage, combiné avec un art divin, de la piété, de la compatissance, de la douceur et de la force, de la grâce et de l'élan, du sang-froid et de l'enthousiasme, le principe de tous les héroïsmes; tout cela baigné dans la foi et dans l'amour divin, enveloppé dans la radieuse splendeur des vertus surnaturelles; voilà ce que Dieu créait au cœur de Jeanne : l'idéal du patriotisme chrétien.

Ce cœur, quelle merveille qui défie toute parole humaine ! Écrin céleste où Dieu a mis ses plus riches trésors; prisme, d'une pureté de diamant, traversé par cette lumière, la grande pensée du rachat d'un peuple ; lyre divine, qui donnera les notes les plus pures et les plus vibrantes du patriotisme, de la vertu, de l'honneur ; foyer ardent d'où va jaillir une force capable de tous les dévouements et de tous les héroïsmes. N'est-ce pas une des manifestations les plus étonnantes de la puissance de Dieu, qu'il ait pu enfermer une pareille force dans une poitrine d'enfant, sans la briser ?

Voilà le chef-d'œuvre de Dieu, le grand miracle de cette vie. Nous allons en voir le subit et prodigieux développement, admirer les faits inouïs de cette histoire, qui ressemble à la plus merveilleuse des légendes, le prodige de cette épopée militaire dont Jeanne est le héros, le miracle plus étonnant encore de son martyre ; disons-nous bien que nous n'y trouverons rien de plus beau, rien de plus grand que son cœur ; que ce cœur est la source, l'inspiration de toutes ces magnificences et de toutes ces splendeurs. La flamme de l'espérance qui ranime tout un peuple, la flamme du courage qui le sauve, la flamme de l'expiation qui le purifie, elle est sortie de là, de ce foyer embrasé ; toutes ces œuvres héroïques, ce cœur les dépasse encore en beauté, en puissance et en éclat.

Quand Dieu eut achevé de le pétrir et de le façonner, il se complut, sans doute, dans sa création ; et quand il vit l'instrument plus beau, plus fort que l'œuvre à accomplir, il l'appliqua au travail de la rédemption en disant : « Fille de Dieu, va, va ; je serai avec toi. »

Avant de le contempler dans ce qu'il va dégager de force, de beauté, de lumière, saluons ce chef-d'œuvre de Dieu, le cœur le plus vraiment français qui fut jamais.

La force de ce cœur éclate tout de suite à cet appel de Dieu.

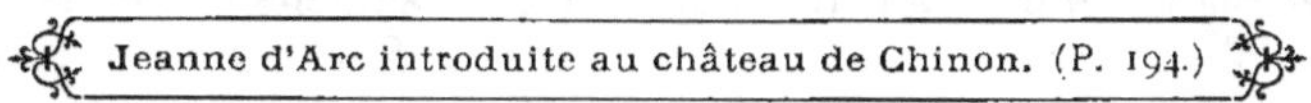

Jeanne d'Arc introduite au château de Chinon. (P. 194.)

Pour obéir, Jeanne devra renverser mille obstacles, briser les liens les plus forts et les plus doux, quitter ses parents, son village, son église, ses compagnes, malgré la menace de son père, de ce robuste chrétien qui a déclaré qu'il la noierait plutôt de ses propres mains, que de la voir partir avec des gens de guerre. Pour aller au roi, il lui faudra faire cent cinquante lieues, dans un pays infesté d'ennemis, pendant la mauvaise saison, dans des sentiers perdus, au milieu des rivières débordées, à travers des forêts impénétrables. Qu'importe ? Dieu a parlé, il faut obéir. A toutes les objections, écoutez les fières réponses de son amour : Elle ira « dût-elle s'user les jambes jusqu'aux genoux ». — « Quand j'aurais eu cent pères et cent mères, dit-elle, je serais partie, parce que mon Seigneur le veut. » — Mais, Jeanne, les ennemis sont sur la route ! — « Si les ennemis sont sur mon chemin, Dieu y est aussi. » — « Il faut partir, plutôt aujourd'hui que demain, plutôt demain qu'après. »

Son amour est fort et fait tout céder devant lui ; mais il entraîne davantage encore par l'incomparable séduction qu'il exerce ; il a son resplendissement sur cette figure virginale ; il l'illumine, lui donne je ne sais quels mâles et touchants reflets ; il rayonne sur tous la confiance, l'enthousiasme, l'honneur, les meilleurs et les plus nobles sentiments. Tous subissent ce charme et cet attrait divin, depuis le vieux et rude Baudricourt qui avait déclaré, tout d'abord, qu'il fallait la souffleter et la reconduire à son père, jusqu'au peuple, qui se cotise pour lui acheter une armure et un cheval.

Le peuple, rendons-lui cette justice, le premier il a deviné sa libératrice ; le premier, sans attendre ni demander des signes, il l'a saluée comme l'image de la patrie ; le premier, il l'a acclamée, a versé sur elle des larmes d'attendrissement et d'admiration ; sa confiance et son amour n'ont point eu une défaillance, il les lui a gardés, aux jours de deuil comme aux jours de gloire ; il a été le premier conquis ; il restera le dernier fidèle.

Si l'amour de Jeanne pour sa patrie dégage de la force et de la beauté, il se révèle par un caractère plus surprenant encore, la lumière ; il a des clartés supérieures plus étonnantes que la révélation faite au Dauphin du secret qui pèse si douloureusement sur son âme, plus extraordinaires que ses nombreuses prédictions qui, toutes, se réaliseront.

Voyez-la à Chinon, à cette première et solennelle entrevue avec le Dauphin ; il est déguisé et perdu dans la foule des courtisans ; elle va droit à lui, se jette à ses genoux : « Gentil Dauphin, car c'est vous et non un autre, lui dit-elle ; j'ai nom Jehanne la Pucelle, et vous mande par moi, le Roi des Cieux, que vous serez sacré et couronné en la ville de Reims, et que vous serez le lieutenant du Roi des Cieux, qui est roi de France. »

Quelle déclaration dans la bouche de cette paysanne !

Elle n'a jamais ouvert un livre, ne sait guère de l'histoire de France que ce que lui ont appris ses voix, et la voilà qui, en quelques paroles, développe une sublime théologie, fait entendre à ce roi qui les oubliait les grands principes de l'ordre social chrétien, lui rappelle les droits de Dieu sur les peuples, la place qu'il doit tenir dans leur constitution, ses droits sur ce peuple qu'il aime, qu'il a choisi par destination spéciale, et qu'il veut sauver, malgré ses prévarications. Avec une précision et une assurance toute divine, elle proclame la royauté de Jésus-Christ. Il est le vrai roi, le suzerain ; l'autre n'est que le lieutenant, le vassal ; il doit gouverner en son nom ; et le sacre, objet de ses vœux, elle ne le désire tant, que parce qu'il sera l'affirmation authentique, solennelle des droits du Christ sur la France, et de la vassalité du pouvoir.

Sa mission, à elle, n'est pas seulement de sauver la France, d'y briser le joug de l'Anglais, mais aussi de la faire rentrer dans ses voies, de la ramener sous la loi du Christ, sous la conduite du gouvernement divin. Qu'elle apparaît belle et radieuse dans la lumière et la splendeur de cette mission !

Mais comment cette jeune fille serait-elle appelée à briser, à elle seule, ce qui, depuis un siècle, tient en échec les forces réunies de la monarchie française? Eh bien, mettez-la à l'épreuve, appelez-la à Poitiers, devant les hommes les plus autorisés dans l'Église et dans l'État, faites-la examiner par une assemblée de docteurs, de théologiens, de moines, d'évêques. Rien n'affaiblira la portée de ses déclarations ; elle leur donne encore plus de force et plus de poids, par l'étonnante pénétration de son intelligence, par les saillies d'un bon sens étincelant qui déroute toutes les subtilités. Pressée, harcelée par ces hommes rompus à toutes les discussions, qui cherchent à l'enlacer dans les liens de leur dialectique, elle les déconcerte par ses réponses vraiment inspirées :

« Si Dieu veut sauver le peuple de France, est-il donc besoin de gens d'armes ?

— En nom Dieu, réplique-t-elle, les gens d'armes batailleront et Dieu donnera la victoire.

— Mais on ne voit nulle part trace de pareille chose ?

— Il y a plus au livre de Messire Dieu qu'aux vôtres ; Dieu a un livre où nul clerc ne lit, si parfait soit-il en cléricature.

— Apportez-nous donc un signe de votre mission.

— Je ne suis point venue à Poitiers pour faire des signes; mon signe sera de faire lever le siège d'Orléans. »

Cette parole claire, lucide, pénétrante, pleine de charme et d'autorité, étonne, persuade, entraîne, force l'admiration des plus sceptiques et des plus désespérés; au souffle de cette confiance et de cet amour, les cœurs glacés se réchauffent, les hésitations cessent, les oppositions tombent, les politiques se rendent, les guerriers se rallient, et Jeanne reçoit, du roi, l'ordre de courir à la délivrance d'Orléans.

Elle part, tout armée pour les saints combats; elle porte son étendard et l'épée à cinq croix trouvée sous l'autel de sainte Catherine de Fierbois; mais sa véritable épée, c'est son invincible confiance; son étendard, c'est l'éclat de sa mission divine; son invisible armure, sur laquelle viendront se briser tous les coups de l'ennemi, c'est son cœur, qui est le bouclier de la patrie. Messieurs, regardez-la passer, c'est la fortune de la France.

*
* *

L'heure décisive a sonné pour Jeanne, le moment de fournir sa preuve; l'action est l'épreuve et trop souvent l'écueil des plus beaux et des plus nobles sentiments.

La paysanne de Domremy transformée en chef de guerre est mise en demeure de donner son signe, la délivrance d'Orléans et le sacre à Reims. Son patriotisme ne va-t-il point défaillir? Ce cœur de jeune fille ne va-t-il pas trembler, en face de l'ennemi? Toutes ces espérances, si subitement éveillées, ne vont-elles point sombrer misérablement dans le ridicule et le mépris?

Rassurez-vous, les actes auront encore plus d'éloquence que les paroles.

Pour décrire cette courte et splendide épopée, unique dans les annales du monde, qui n'a son équivalent dans l'histoire d'aucun peuple, je n'ai jamais senti plus d'impuissance; il y faudrait une parole et un cœur de soldat.

Orléans subit depuis sept mois ce siège mémorable qui reste l'éternel honneur de cette cité, sept mois d'héroïsme continu. Ses intrépides défenseurs, citoyens et soldats, ont accompli des prodiges de force et de grandeur morale, n'ont reculé devant aucun sacrifice, l'incendie de leurs faubourgs, les plus beaux du royaume, la destruction des églises, de leurs plus glorieux monuments, pour déjouer toutes les surprises de l'ennemi. Celui-ci a enfermé la ville dans un cercle de bastilles, qui se resserre impitoyablement chaque jour. On se bat, d'un côté, avec l'énergie du désespoir, de l'autre, avec l'insolence et la force que donne la certitude d'un triomphe prochain et définitif; car Orléans est le dernier boulevard de notre indépendance nationale. Ce boulevard, une fois emporté, c'en est fait de la patrie; cette digue brisée, le flot de l'invasion va couvrir la France entière.

Et les assaillants sont ces soldats d'Angleterre, aguerris, électrisés

par la victoire, qui ont souvent écrasé, dans la plaine, nos légions
féodales.

Voilà l'ennemi avec lequel Jeanne va se mesurer, le vainqueur

Charles VII investit Jeanne d'Arc du commandement de l'armée et l'envoie délivrer Orléans. (P. 195.)

auquel elle ose déjà s'adresser comme à un vaincu, dans ces
sommations chevaleresques, où éclate sa superbe indignation :

« Allez-vous-en, hommes d'Angleterre, en votre pays, de par Dieu, et si ainsi ne faites, je vous bouterai hors de toute France. »

Elle arrive, sa bannière blanche déployée, passe entre les bastilles ennemies, et pénètre dans la ville, au milieu de l'allégresse et aux acclamations de tous. Un grand souffle d'espérance a passé sur les cœurs; elle y met la confiance et l'enthousiasme. A sa vue, Orléans, dit un chroniqueur, se sent réconforté et comme désassiégé.

Cette confiance est bien vite justifiée ; Jeanne a renversé les rôles : ce n'est plus Orléans qu'on assiège ; c'est le camp ennemi qui est assiégé.

En trois coups d'épée, elle va dégager la ville. Le premier jour, elle est réveillée par un appel mystérieux ; on se bat et elle n'est point là ; elle se précipite à la porte de Bourgogne ; les étincelles jaillissent sous les pieds de son cheval ; déjà les Français plient et se débandent ; elle rallie les fuyards, les lance à l'assaut de la bastille Saint-Loup; la bastille est enlevée en trois heures et livrée aux flammes ; c'était son baptême de feu, son coup d'essai qui inspire à l'ennemi comme une religieuse terreur.

Le lendemain, nouveau succès ; la seconde bastille, celle des Augustins, est prise, après une lutte acharnée où Jeanne déploie le même courage, la même intrépidité, et change en victoire une bataille qui avait, comme la veille, commencé par une déroute.

Reste la dernière bastille, inexpugnable celle-là, la bastille des Tourelles. C'est la citadelle d'Orléans, enlevée par l'ennemi, dont il a fait une vraie forteresse, armée de retranchements formidables, garnie d'une artillerie puissante, et où il a concentré toutes ses forces. Jeanne veut qu'on l'attaque de suite, pour ne laisser à l'ennemi ni trêve, ni repos ; les chefs sont d'avis qu'il faut ajourner l'attaque : « Vous avez été à votre conseil, et moi au mien, leur dit-elle ; le conseil de messire Dieu tiendra, celui des hommes périra. »

Le lendemain, il fallut bien la laisser passer, avec l'armée qu'elle entraînait derrière elle. Ce fut une lutte de géants ; l'attaque est furieuse, la résistance désespérée ; vingt assauts sont repoussés ; Jeanne, au moment où elle dresse une échelle contre le rempart, est blessée par une flèche qui lui traverse l'épaule ; on l'emporte ; l'Anglais crie victoire ; Dunois fait sonner la retraite ; Jeanne frémit à ce signal ; elle arrache le trait de sa blessure, fait sa prière, et reparaît, intrépide et fière, au milieu des combattants qu'elle entraîne ; dans un suprême et splendide effort, la grande citadelle est emportée.

Bataille de Patay. P. 200.

Le lendemain, il n'y avait plus un Anglais sous les murs d'Orléans.

En quatre jours, elle n'avait pas seulement gagné trois batailles, mais emporté trois forteresses.

Le voilà son signe ; est-il assez éclatant ?

La première partie de sa mission est accomplie.

Orléans a à peine le temps de la voir ; déjà elle court à de nouveaux périls. Elle va chercher le roi à Chinon pour le conduire à Reims. Le roi la suivra ; mais il faut qu'auparavant elle débloque toutes les places de la Loire.

Jeanne repart pour une nouvelle campagne. Ses coups sont aussi rapides, aussi multipliés, aussi décisifs que sous les murs d'Orléans. Trois combats, où elle a déployé la même valeur, la même science, le même héroïsme qu'aux Tourelles, lui ont livré Jargeau, Meung, Beaugency. L'ennemi est délogé de toutes ses positions ; elle l'atteint à Patay, et lui inflige une sanglante défaite.

Patay, quelle rencontre de souvenirs ! Là aussi, plus tard, sous les plis d'un étendard sacré, d'autres braves devaient combattre et succomber. S'ils n'ont pu vaincre, ils ont su mourir ; et savoir mourir, c'est encore triompher.

Cette brillante campagne de la Loire avait duré huit jours.

Les ennemis fuient, éperdus ; rien ne résiste plus ; Jeanne porte la victoire dans les plis de son étendard ; elle a rendu à l'épée de la France ses éclairs victorieux. La route de Reims est libre ; Auxerre, Troyes, Châlons ouvrent leurs portes ; les populations affranchies chantent leur délivrance, acclament leur libératrice ; la marche vers la cité du sacre n'est plus une expédition militaire ; c'est une marche triomphale.

Ainsi, en quatre jours, elle a délivré Orléans ; en huit jours, elle a pris trois villes, battu en rase campagne ces fameux archers anglais qui s'y déclaraient invincibles ; et en moins de trois mois, elle a conduit à Reims, en dépit de toutes les intrigues et de toutes les résistances, pour y recevoir la couronne de saint Louis, ce roi hésitant et craintif qui, naguère encore, songeait à fuir dans les montagnes d'Écosse. Le bras d'une jeune fille de dix-huit ans a fait toutes ces merveilles ; et il n'y a pas une tache de sang à son épée !

Vous la reconnaissez bien ; elle est bien de votre chair et de votre sang ; elle est bien votre sœur, à vous, Messieurs, qui portez l'épée de France. Vous le connaissez, ce courage fait d'élan, d'intrépidité,

de bonne humeur, de mépris de la mort ; et en la voyant ainsi voler
au combat, se jeter dans la mêlée, descendre dans les fossés, dresser
des échelles pour l'assaut, rester, insouciante et superbe, exposée à
tous les coups, revenir blessée, et plus ardente encore, sur le champ
de bataille, planter fièrement son étendard sur la bastille ennemie,

Poton de Saintrailles et la Hire.
(D'après les *Monuments de la monarchie française* de Montfaucon. P. 203.)

devant tant de bravoure, d'irrésistible élan, de sérénité sublime,
vous n'hésitez pas à la proclamer le premier soldat de France.

Dans nos quatorze siècles d'histoire nationale, la gloire des armes,
malgré des obscurcissements momentanés, rayonne au front de la

patrie d'un éclat éblouissant. Ils sont innombrables, ces fils de France, qui ont fait l'étonnement et l'admiration du monde, par leur bravoure et leur science militaire. Sur ce sol fécond, ils se sont levés au soleil de chaque siècle. Je ne crois pas qu'il y ait aujourd'hui une nation qui puisse montrer au monde, dans son histoire, une légion plus serrée et plus brillante d'illustres capitaines, de grands hommes de guerre dont plusieurs sont marqués du signe divin, le génie. Au milieu de tous ces chefs, rois, princes, empereurs, fils de la noblesse et enfants du peuple, ceux qui ont fondé et affermi la nationalité, ceux qui ont travaillé, au nom de la France, pour la justice et la civilisation, ceux qui ont promené à travers le monde nos armées victorieuses, ceux qui, naguère encore, défendaient la patrie envahie, mutilée, en lui gardant le plus grand des biens, l'honneur, au milieu de tous, Jeanne brille d'un incomparable éclat, d'une splendeur sans égale. S'il en est qui ont gagné plus de batailles, écrasé plus d'ennemis, nul peut-être n'offre un ensemble aussi complet de talents et de vertus militaires ; nul assurément n'a sauvé sa patrie d'un plus grand danger ; nul, surtout, n'est éclairé comme elle du rayon d'en haut. Aussi tous ces vaillants, tous ces frères d'armes peuvent-ils, sans déroger, la saluer de leur épée, et reconnaître en elle, non seulement le premier soldat de France, mais son plus grand capitaine.

Ils ne s'abaissent point en s'inclinant devant elle, car c'est devant Dieu qu'ils s'inclinent. Ses compagnons d'armes ne le disaient-ils pas ? « C'est Dieu lui-même qui nous a conduits. » Elle-même, vous l'avez entendue à Poitiers : « Les gens d'armes batailleront, et Dieu donnera la victoire. » Oui, le Dieu des batailles était avec elle, Celui, dit Bossuet, qui fait les guerriers et les conquérants, qui envoie du ciel les généreux sentiments et les sages conseils.

Elle sait qu'elle fait une œuvre divine, et elle l'accomplit divinement. Sans cesse son âme remonte à la source de toutes ses inspirations ; ou plutôt, elle reste en union constante avec Dieu. Elle prie dans le camp comme au village ; parfois, pendant le combat, elle se retire à l'écart pour faire sa prière ; au matin des batailles, elle est à la Table sainte ; le soir, après la victoire, son âme exhale, au pied des autels, le cantique d'actions de grâces.

Elle fait l'œuvre de Dieu, et elle travaille à assurer son empire autour d'elle. Il faut que l'armée, qui a l'honneur de servir ses desseins sur la France, soit digne d'être l'instrument de cette œuvre ; elle n'hésite pas à en entreprendre la réforme, réforme laborieuse.

Ces rudes soldats, ses compagnons d'armes, sont braves jusqu'à la folie ; mais ils s'abandonnent à leurs pires instincts, pillant, blasphémant, livrés à la fougue de leurs passions indomptées ; elle proscrit le blasphème ; elle défend le pillage.

Elle traverse les camps comme une douce et chaste apparition que l'ombre la plus légère n'a pas même effleurée, imposant le respect, inspirant la vertu. La Hire ne blasphème plus ; Dunois prend l'habitude de la prière ; le soldat met sa confiance en Dieu et lui demande la victoire : sa puissance morale sur l'armée est irrésistible.

Le cœur de Jeanne d'Arc est un monde, qui nous découvre sans cesse de nouveaux trésors, nous offre de nouvelles splendeurs à contempler ; toutes les vertus y sont dans un merveilleux équilibre, et pratiquées, l'Église nous le dira bientôt, j'espère, jusqu'à l'héroïsme.

Nous avons vu le grand sentiment qui emplit ce cœur, le patriotisme, comme baigné dans une lumière surnaturelle, lui montrer les mystères de l'action divine sur le monde et sur la France. Ce sentiment n'est pas seulement lumineux ; il a toutes les vibrations de l'amour infini ; et il s'alliera, dans son âme, avec le grand sentiment de la fraternité humaine. Dans son cœur, large comme le cœur de Dieu, s'embrassent ces deux amours, l'amour de la patrie et l'amour de l'humanité ; elle en donne d'indicibles témoignages.

Son amour pour la patrie éclate en paroles brûlantes, en accents passionnés ; c'est de la lave qui coule : « Vous ne me distes pas que le sang de France fût répandu, » crie-t-elle à son page, au matin de la première bataille. « Je n'ai jamais vu couler le sang de France, que les cheveux ne me levassent sur la tête. »

Le sang de France ! quelle expression d'une énergie souveraine ! quelle plus saisissante image de son amour pour la Patrie ! Oui, le sang de France, elle l'aime, mais parce qu'il est le principe de toute vie et de toute beauté dans la patrie, parce qu'il a fondé et qu'il affermit son indépendance, son intégrité, son honneur ; parce qu'il charrie l'amour, le dévouement, le sacrifice ; parce qu'il est, dans le monde, le ciment des grandes choses. Le sang de France, elle l'aime, parce que le sang de France qui coule, c'est du courage, de l'héroïsme qui se dégage, c'est de la justice qui se fonde, de la civilisation qui s'établit, ce sont des germes qui tombent, germes de vie et d'immortel avenir.

Le patriotisme a son danger : il peut devenir étroit, borné, partial, exclusif. Dans l'antiquité, à Athènes, à Sparte, à Rome où il a fait des prodiges, il était féroce, sans pitié, uni à la haine de l'étranger.

Si les mœurs chrétiennes en ont adouci les manifestations, cependant, dans la fièvre terrible des champs de bataille, dans l'ivresse des combats, il gardait, parfois encore, un caractère aveugle et farouche.

Jeanne, si ardente à la mêlée, si intrépide dans l'action, ignore ces colères du soldat. Elle aimait bien son épée, dit-elle, mais quarante fois plus son étendard. Elle reste bonne et compatissante dans l'ardeur sereine de son patriotisme. Après la bataille, ce n'est pas seulement le sang de France, mais le sang de l'ennemi qui lui arrache un cri d'attendrissement et de pitié ; elle s'indigne de voir un des siens frapper un blessé ; elle descend de cheval pour soutenir sa tête défaillante. Elle n'a point de haine contre l'Anglais, mais elle le veut hors de France : « qu'il s'en aille seulement parce que c'est justice, et qu'ainsi l'ordonne le roi du Ciel. »

Alors, apparaît, dans ce qu'il a de plus beau et de divin, le sentiment de la fraternité humaine. Un souffle tout-puissant, plus fort que les fracas de la lutte et les enivrements de la victoire, un souffle, sous lequel s'inclinent tous les autres sentiments, a traversé sa grande âme ; une vision qui domine et efface tout le reste emplit son cœur et l'absorbe : la vision de l'œuvre de Dieu, ici-bas, à laquelle tout est subordonné, même l'existence des patries : l'œuvre du salut des âmes. Combien d'ennemis sont tombés ! Combien de ces âmes viennent de paraître devant le souverain Juge, sans avoir été réconciliées avec Dieu ! et Jeanne se met à pleurer. Comme elle eût voulu faire passer, à travers ces âmes, le grand courant de la vie divine ! « Glacidas, Glacidas, crie-t-elle à son insulteur le plus acharné, rends-toi au Roi du Ciel ; tu m'as outragée, mais j'ai pitié de ton âme ; » et Jeanne pleure en voyant le corps de son ennemi rouler dans le fleuve.

Larmes pures, montées de ce cœur de vierge et de ce cœur d'apôtre, perles brillantes formées par la plus tendre et la plus ardente charité, Dieu, sans doute, vous a donné, dans la rançon et le salut de ces âmes, une divine fécondité ! N'est-il pas vrai qu'ici la guerrière disparaît pour ne plus laisser voir que la Sainte ?

Jetons un dernier regard sur cette âme, dans cette phase de ses triomphes, pour mieux saisir encore sa coopération à l'action divine. Jamais créature humaine ne reçut de pareilles ovations ; partout, sur son passage, les foules attendries s'agenouillent devant elle ; on baise ses mains, ses vêtements, la trace de ses pas ; on la supplie de faire des miracles ; les chevaliers, les soldats cherchent à lui faire toucher leurs armes pour les rendre invincibles ; les princes lui écrivent ; les villes lui envoient des messages ; d'une frontière à l'autre,

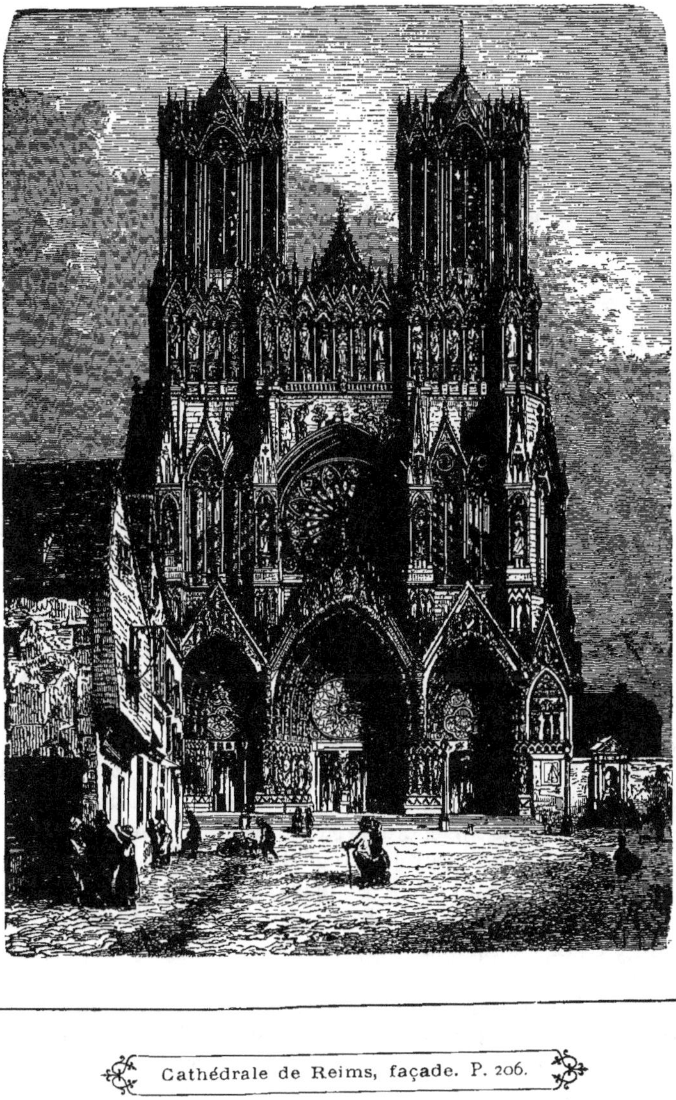

Cathédrale de Reims, façade. P. 206.

l'enthousiasme est indescriptible. A ces hauteurs, n'aura-t-elle pas le vertige ? Va-t-elle boire, elle aussi, l'ivresse que donne cette chose perfide et affolante, la popularité, et une popularité faite des hommages et de l'admiration d'un roi, des princes, de l'armée, du peuple, de l'Europe entière ?

Messieurs, mettez la main sur ce cœur : au milieu de ces acclamations, comme dans les triomphes des champs de bataille, il a conservé le calme, la régularité de son rythme ; il bat toujours la simplicité, la douceur, la bonté, la piété, l'humilité ; pas une secousse d'orgueil, pas une complaisance, un retour sur elle-même. Elle déclare que son fait n'est qu'un ministère ; elle voudrait bien, si Dieu le permettait, retourner à ses champs, sous son humble toit ; elle n'ambitionne, pour toute récompense, qu'une place au paradis. Son humilité dépasse encore son génie et son héroïsme ; or, l'humilité dans la gloire, c'est la grandeur suprême, l'expression la plus profonde de la sainteté.

Et voici l'apothéose ! Dans la vieille basilique, où la France a été baptisée avec la monarchie, où se sont déroulées les scènes les plus grandioses de notre histoire nationale, le successeur de saint Remi va couronner le successeur de Clovis et de saint Louis. Ce sacre, qui venait consacrer la légitimité de nos rois, et leur donnait la force de Dieu, pour l'accomplissement de leur mission, il est l'achèvement de l'œuvre de Jeanne ; il rend une royauté bien nationale à la France, qui va reprendre son histoire, sous le regard de Dieu. Jeanne, debout près du roi, son étendard à la main, semble concentrer sur elle toute la splendeur de cette solennité. La foule l'enveloppe de son admiration ; sa gloire s'illumine encore des reflets de son incomparable humilité ; elle resplendit des clartés d'en haut ; le ciel et la terre jettent sur elle tous leurs éblouissements.

Ici, une angoisse vous étreint : quel sera le dénouement de cette vie ? Sur les marches du trône, ou dans l'humilité de sa première condition, ou même dans les solitudes du cloître, cette vie ne peut que pâlir, et nous laisser la déception de cette splendeur trop vite évanouie.

Messieurs, laissez faire Dieu ; il n'est point arrêté par nos impuissances ; il a dans ses trésors mieux encore que l'inspiration, le génie, la gloire ; sur ce front, déjà si resplendissant, il va poser la plus belle de toutes les couronnes, la couronne du martyre. . . . .

. . . .

III.

EXTRAITS DU PANÉGYRIQUE DE JEANNE D'ARC PAR LE R. P. MONSABRÉ, DE L'ORDRE DE S. DOMINIQUE ([1]).

JUDAS Machabée, avant de livrer un de ses derniers combats, releva le courage des siens par des paroles ardentes et des révélations divines qui réjouirent grandement leur patriotisme. « J'ai vu, dit-il, dans une apparition mystérieuse, celui qui fut le grand-prêtre Onias, cet homme, bon et doux, d'un aspect vénérable, modeste en sa vie, éloquent dans ses discours, exercé dès l'enfance à la vertu, infatigable priant, dont les mains étendues intercédaient sans cesse pour le peuple juif. Près de lui, je vis apparaître un autre homme, admirable par son âge et par sa gloire, revêtu de magnifiques ornements. Et Onias, me le montrant, me dit : « Voilà celui « qui a tant aimé ses frères et le peuple d'Israël ; voilà celui qui prie « beaucoup pour le peuple et pour toute la cité sainte : c'est Jérémie, « le prophète de Dieu. » — Et Jérémie, étendant la main droite, me donna un glaive d'or, disant : « Prends cette sainte épée comme un « présent de Dieu, avec lequel tu renverseras les ennemis de mon « peuple d'Israël. »

Messieurs, en me préparant à émouvoir, dans cette fête patriotique, vos cœurs chrétiens et français, je me suis recueilli et j'ai levé les yeux de mon âme vers le ciel. Il m'a semblé voir devant moi, non pas un grand-prêtre, mais un archange, dont le rôle protecteur est célèbre en notre histoire : Michel, vengeur de la gloire du Très-Haut, et patron du peuple qu'il a choisi comme instrument des hauts faits de sa providence. Près de l'archange, je vis apparaître une vierge guerrière, belle comme lui, charmante en sa jeunesse, éblouissante de gloire, couverte d'une armure resplendissante. Et l'archange, me la montrant, me dit : « Voilà celle qui a tant aimé sa chère France ! Voilà celle qui prie beaucoup pour la France, le saint royaume de Dieu : c'est Jeanne d'Arc, vierge héroïque, martyre et prophétesse du Seigneur. » Et Jeanne, ouvrant son armure et me montrant son cœur, m'y fit lire, en lettres d'or, ce mot sacré : *Patriotisme*, et me dit : « Avec cela, la chère France peut vaincre tous ses ennemis. »

J'ai répondu : « C'est bien, je le dirai à mes frères » ; et je viens vous le dire, Messieurs ; je viens vous montrer dans l'héroïque, la

---

1. Le 10 mai 1896, à N.-D. de Paris. — *Discours et Panégyriques* du P. Monsabré, aux Bureaux de l'*Année Dominicaine*, Rue du Bac, à Paris.

glorieuse, l'angélique, la vénérable Jeanne d'Arc, le modèle accompli et la céleste patronne du patriotisme chrétien et français. C'est le sujet de mon discours.

*
* *

Le doux pays où nos yeux se sont ouverts à la lumière, où nous avons vu se pencher et se fixer sur nos berceaux les visages attendris et les regards caressants de nos pères et de nos mères, où nos corps et nos âmes ont grandi, sous sa culture, d'un amour tendre et dévoué, où nos cœurs se sont épanouis dans les intimes relations de la famille, où nos foyers se sont élargis en s'unissant à d'autres foyers, où les enfants d'un même sang respirent le même air, parlent la même langue, se groupent autour des mêmes tombes et des mêmes autels, vivent sous la protection des mêmes lois, s'honorent des mêmes souvenirs, sont jaloux des mêmes traditions, solidaires des mêmes gloires et des mêmes infortunes, rêvent le même avenir de grandeur et de prospérité, se tiennent tous par les liens d'une large parenté, qu'ils expriment par un même nom : c'est la patrie ! Terre bénie, terre sacrée, personnalité idéale et vivante, qu'on a appelée la mère, *la mère patrie*, et qui réclame, comme la mère qui nous a enfantés, l'hommage et les services de la piété filiale.

Il faut l'aimer comme on aime une mère, non seulement de cet amour de complaisance, qui l'admire quand elle se montre belle, prospère, florissante et glorieuse, mais de cet amour généreux et dévoué qui sait compatir à ses douleurs, souffrir pour elle et traduire en actes héroïques l'austère et sublime maxime d'amour que le Christ a écrite avec son sang : « Le suprême témoignage d'amour, c'est de donner sa vie pour ceux qu'on aime. »

Cet amour, Messieurs, nous l'appelons le patriotisme. Les anciens ne l'ignoraient pas. « Le meilleur ordre du ciel, disaient-ils par la bouche du vieil Homère, est de défendre sa patrie (¹). Ils l'ont défendue ; ils se sont sacrifiés pour elle, et ont laissé à la postérité d'immortels souvenirs de leur héroïsme. Mais plus tendre, plus ardent, plus noble, plus divin est devenu l'amour de la patrie, depuis que le christianisme l'a pénétré de son souffle. « Éclairé par la foi, le citoyen comprend mieux, dit Bossuet, que tout l'amour qu'on a pour soi-même, pour sa famille et pour ses amis, se réunit dans l'amour qu'on a pour sa patrie, où notre bonheur et celui de nos familles et de nos amis est renfermé (²). »

---

1. Iliade, XII, 243.
2. *Politique tirée de l'Écriture sainte.*

Laissons à chaque peuple ses souvenirs et ses gloires patriotiques, et tournons nos regards vers cette mère-patrie que nous nommons notre chère France. Combien elle fut aimée par tous les preux qui l'ont servie et défendue ! « Il faut savoir, disaient-ils avec l'admirable Roland, qu'on a appelé « la France faite homme », il faut savoir, pour son pays, souffrir de grands maux, endurer le chaud et le froid, perdre son sang et sa chair ([1]). » Comme le pieux enfant qui se demande en chacune de ses actions : « Qu'en pensera ma mère ? », à chaque coup de leur redoutable épée, ils se disaient : «Qu'en pensera la France ? ». — « A Dieu ne plaise, et à ses saints, et à ses anges, que France perde en moi son honneur ! » Ils s'animaient au combat, ils marchaient à la victoire ou à la mort en criant, avec un saint enthousiasme : « France ! France ! » Ils la saluaient de loin et l'appelaient tendrement : «Douce France! Plaisante France ! France bien-aimée ! » Dans la prison, dans l'exil, sur les champs de bataille où ils gisaient blessés et mourants, ils se tournaient vers elle, et s'écriaient : « Dans le vent qui souffle devers mon pays, m'est avis que je sens une odeur de paradis. » Je ne finirais pas, Messieurs, si je faisais passer sous vos yeux l'interminable défilé des grands patriotes qui ont aimé avec passion la chère France. Arrêtons-nous devant la plus illustre et la plus pure personnification, devant le modèle accompli du patriotisme chrétien et français.

Ce n'est pas un homme issu de famille guerrière, rompu au métier des armes, habitué de bonne heure à braver les périls et la mort ; c'est une jeune fille, presque une enfant, bonne, simple, franche, honnête, pure, courageuse au travail, joyeuse aux plaisirs innocents, soumise à ses parents, douce à ses compagnes, compatissante aux pauvres, pieuse et assidue à la prière ; c'est Jeanne d'Arc la Pucelle, aimée de tous et n'ayant pas sa pareille au village. Humble fille de campagne, elle est contente de sa condition et n'a jamais rêvé de quitter son clocher, sa chaumière et sa famille, pour courir les aventures d'une vie de combats. Mais voici qu'elle entend pleurer et gémir autour d'elle et dire que tout est à mal au royaume de France. Son jeune cœur s'émeut, et pendant qu'il s'épanche dans une prière désolée, un ange, accompagné de deux saintes du ciel, vient lui raconter la grande pitié du beau pays de France. « Je les ai entendus, dit-elle, et je ne peux plus durer où je suis. » Toutes les cordes de la compassion vibrent dans son âme; le patriotisme la tourmente, et Dieu en avive les saintes flammes par de

---

1. *Chanson de gestes.*

pressants appels et des grâces singulières qui l'élèvent à la hauteur d'un amour souverain.

Suivez, je vous prie, Messieurs, la sublime croissance de cet amour. Il pénètre le cœur de cette vierge et triomphe de toutes les affections qui ont été jusque-là sa douceur et sa joie. Elle aime ses prairies, ses champs et ses bois ; les fleurs et les oiseaux qui bénissent avec elle le Seigneur, le pieux sanctuaire qui a vu couler ses larmes, le foyer tranquille où son père, sa mère, ses frères, sa sœur, ses amies l'appellent « la gentille et bonne Jeanne ». Qu'il fait bon vivre de cette vie paisible et recueillie, et comme elle y voudrait rester ! Mais l'amour de la patrie ne lui permet plus de tenir en place. « Partons, partons, dit-elle, aujourd'hui plutôt que demain, plutôt demain qu'après. — Quand j'aurais cent pères et cent mères, il faut que je parte, dussé-je user mes jambes jusqu'aux genoux. Adieu ! adieu ! tout ce que j'aime ! La France me réclame, et Dieu m'envoie. »

Amour souverain ! Il triomphe des timidités et des appréhensions de son âge et de son sexe. Si le sire de Baudricourt rit de sa mission et la renvoie comme une folle, elle revient à la charge. Si tout le monde lui dit, par pitié pour sa jeunesse et sa beauté : « Ma mie, renoncez à cette entreprise insensée, » elle répond résolument : « Avant le milieu du carême, il faut que je sois devers le roi. » Le chemin est long ; c'est cent cinquante lieues à faire dans un pays ravagé par les inondations et en puissance de l'ennemi ;...... mais qu'importe ! Dieu qui lui a mis au cœur un si violent amour du pays, Dieu est avec elle. Si on lui barre le chemin, il saura bien lui ouvrir un passage jusqu'à son seigneur le Dauphin.

Amour souverain ! Il triomphe des courtes vues de ceux qui, ne comptant que sur les hommes de métier, méprisent la fille des champs travestie en guerrier; il triomphe des jalousies et des intrigues de cour, des incertitudes et des angoisses de l'héritier de France, des rigueurs d'un examen théologique qui enveloppe de questions subtiles une pauvre fille ne sachant ni A ni B. Il arrache au grave tribunal chargé de se prononcer sur sa patriotique mission cette sentence décisive : « Il n'y a dans Jeanne la Pucelle que bien, humilité, virginité, dévotion, honnêteté, simplesse;... la dédaigner ou la délaisser, sans apparence de mal, serait répugner au Saint-Esprit et se rendre indigne de l'aide de Dieu ([1]). »

---

1. Sentence du tribunal de Poitiers.

Amour souverain ! Il exalte, au profit de la patrie, toutes les puissances de cette âme virginale et fait parler toutes ses vertus. Son intelligence s'illumine. Elle voit les secrets des cœurs, et pour rassurer le Dauphin, honteux des crimes de sa mère, elle lui rappelle une prière désespérée que Dieu seul connaît ; et avec une tranquille assurance : « Je te dis de la part de Messire que tu es vrai héritier de France et fils de roi. » Elle pénètre l'avenir, et à ce cri des villes infidèles : « Vive Henri de Lancastre, roi d'Angleterre et de France ! » elle répond hardiment : « Gentil Dauphin, le Roi des cieux vous mande par moi que vous serez sacré à Reims pour être son lieutenant au royaume de France. » Ce n'est pas un espoir qu'elle exprime, c'est une promesse ferme qu'elle fait quand elle annonce qu'elle fera lever le siège d'Orléans, sacrer son roi et que l'Anglais sera bouté hors de France.

Paysanne ignorante, Jeanne devient tout à coup un capitaine consommé, sûr au conseil et au commandement, habile plus que tous au rassemblement des armées, à l'ordonnance des batailles, à l'emploi de l'artillerie. Vierge timide, elle devient un chevalier plein de grâce et de courage. « Le sang de France coule par terre ; vite mon armure, mon étendard, mon épée, mon cheval. » Elle lève sa bannière et vole à la tête des troupes. « En avant ! en avant ! chevaliers et soldats, frappez hardiment, ils sont à nous ! » Blessée d'une flèche, qui traverse son épaule de part en part, elle l'arrache, et aux chefs qui reculent et sonnent la retraite : « Que faites-vous ? dit-elle. En avant ! les Anglais vont céder et seront prises leurs bastilles ! » L'ennemi, qui croit l'avoir tuée, pousse un cri de triomphe ; mais à sa voix les Français se précipitent à l'assaut « comme une nuée d'oisillons sur un buisson » ; et au moment où la hampe de sa bannière touche le boulevard des Tourelles : « Tout est vôtre ! s'écrie-t-elle ; entrez ! entrez ! »

Orléans est délivré. — Après cela, la foudroyante campagne de la Loire, et partout, à Jargeau, à Beaugency, à Patay, toujours la même ardeur guerrière, toujours le même cri : En avant ! — « En avant ! quand même ils seraient pendus aux nues, les Anglais, nous les aurons ! »

Trop souvent, Messieurs, l'ardeur guerrière insensibilise le cœur, et l'amour patriotique dégénère en une haine de l'ennemi qui va jusqu'à la cruauté. Dans le cœur de Jeanne, la tendresse et la charitable compassion demeurent toujours vivantes et agissantes. « Elle ne peut voir couler le sang de France que ses cheveux ne se lèvent sur sa tête. » Mais elle pleure sur l'ennemi vaincu; elle crie au Ciel : Miséricorde ! « Grand Dieu, dit-elle, ces malheureux meurent sans s'être confessés ; j'ai grande pitié de leur âme! » Et, spectacle touchant et admirable, on la voit, après la bataille, s'agenouiller près des Anglais, panser leurs plaies, soulever leur tête, leur montrer le Ciel et cueillir, sur leurs lèvres expirantes, un cri de repentir et une prière. Si bien que ceux qui croyaient tout à l'heure voir en elle l'ange terrible des combats n'ont plus à la bouche que ce témoignage d'admiration et de reconnaissance : « Jeanne est toute bonté. »....

Et quelle autorité, Messieurs, dans cet amour souverain qui transfigure l'humble paysanne de Domremy! Il se communique comme la flamme à tous ceux qui secondent ses efforts, il apprend aux hommes de guerre qu'il y a autre chose que du butin à cueillir dans les batailles, il s'impose aux cœurs tremblants qui se sont lâchement abandonnés. Victorieuse des Anglais, Jeanne va frapper à la porte des villes infidèles : « Rendez-vous, dit-elle, à votre légitime seigneur le Dauphin, roi de France ! » Et, dans l'espace de trois semaines, Auxerre, Troyes, Châlons demandent trêve et font leur soumission. La ville de saint Remi ouvre ses portes et vient au-devant de l'armée royale en chantant : « Noël! Noël au roi de France ! » Selon la divine promesse qui lui a été faite, le Dauphin Charles entre dans la cathédrale de Reims. Au milieu d'une cour brillante, sous les yeux d'une foule immense, il reçoit l'onction royale. Du haut des cieux, Clovis, Charlemagne et saint Louis le contemplent, et, debout près de lui, Jeanne tout en larmes présente son étendard à la gloire pour le récompenser d'avoir été à la peine.

N'est-ce point le suprême triomphe de son patriotisme ? — Eh bien, non, Messieurs. Pour expier ses fautes et obtenir son entière délivrance, la France a besoin du sang et de la vie de cette vierge héroïque. « Elle aimerait, comme elle le dit, dans un naïf épanchement à l'archevêque de Reims, qu'il plût à Dieu son créateur qu'elle revînt, quittant les armes, servir son père et sa mère, garder leurs troupeaux avec sa sœur et ses frères, qui seraient si aises de la revoir ; car ce n'est point son état de guerroyer, mais, ajoute-t-elle, il faut que j'aille et que je le fasse ainsi. » Ses voix l'appellent encore.

Hélas! l'influence maudite des courtisans et des favoris, qui craignent un trop rapide développement et une trop grande extension de la puissance royale, ajourne ses entreprises et paralyse les efforts

Entrée solennelle de Charles VII dans la ville de Reims sous la conduite de Jeanne d'Arc.
Gravure de 1610. — D'après une tapisserie exécutée au XVe siècle et aujourd'hui perdue.

de son héroïque dévouement. C'est en vain que ses voix la poussent en avant pour frapper un grand coup sur Paris, en vain que les capitaines et les soldats approuvent son dessein : les intrigues de cour en décident autrement, et Jeanne, condamnée à l'inaction, entend venir du ciel un mystérieux avertissement qui assombrit son âme. — Bientôt elle sera trahie et livrée à ses ennemis.

Ah ! Messieurs, en voyant cette toute jeune fille, tombée, sous les murs de Compiègne, aux mains d'une troupe furieuse qui crie : « Victoire ! A nous la magicienne ! A nous le gibier d'enfer ! » ; en voyant cette prisonnière de guerre dont on devrait respecter le jeune âge, la valeur et les exploits, traînée dans une cage de fer comme un animal malfaisant ; en voyant cette libératrice de son roi et de son peuple, abandonnée de ceux à qui elle a promis une suprême victoire, on se demande si l'amour souverain, dont elle a fait preuve jusqu'ici, ne va pas devenir un souverain désespoir.

Mais, ô merveille ! C'est dans le renversement presque certain de ses espérances et de ses prévisions que le patriotisme de Jeanne se montre plus ferme, plus fidèle, plus noble, plus magnanime, plus triomphant.

.   .   .   .

.   .   .   .

Aux approches de la mort, son patriotisme s'illumine et voit mieux que jamais dans l'avenir. « Je sais bien, dit-elle, que les Anglais veulent me faire mourir ; mais je leur nuirai plus après ma mort que je ne l'aurai fait pendant ma vie. — Ils croient tenir le royaume, mais, quand ils seraient cent mille *Godons* plus qu'ils ne sont à présent, ils ne l'auront pas. — Avant sept ans, ils laisseront un plus grand gage que devant Orléans. — Ils seront tous boutés hors de France, excepté ceux qui y mourront, et Charles sera roi, que ses ennemis le veuillent ou non. »

Prophétise, prophétise, vierge infortunée ! C'est bien tant que tu vis encore. Même, dans les fers, tu peux te bercer d'illusions et espérer un grand coup qui te délivre. Mais, voici venir ta dernière heure; le feu du bûcher crépite sous tes pieds ; sa flamme monte, t'environne et va te dévorer... Tout est perdu ! — Non, Messieurs, non. Jeanne la martyre pousse un cri d'espoir et de confiance, sublime adieu de son patriotisme à la chère France. « Ah ! je vois ! je vois ! Je ne me suis pas trompée, mes voix étaient bien de Dieu. » — Puis, inclinant la tête vers l'image du Christ mourant, elle s'écrie : « Jésus ! Jésus ! mon Jésus ! » et elle expire, victime de son souverain amour pour la patrie.

Cathédrale de Reims avant l'incendie de 1481. P. 216.

Si vous voulez chercher, Messieurs, l'explication de cet amour souverain dans la parenté de notre héroïne, dans son éducation et son
caractère, dans l'influence des milieux, l'excitation des circonstances,
la lugubre solennité des événements auxquels sa vie militante a été
mêlée, vous ne la trouverez pas. Le cri suprême dans lequel s'exhale
son âme héroïque : « JÉSUS! JÉSUS! mon JÉSUS! » peut seul nous le
faire comprendre. « Non seulement, dit un de ses historiens, le nom
de JÉSUS est en tête des lettres de Jeanne, dans les plis de son étendard et jusque sur l'anneau mystique qu'elle porte au doigt ; il est
au plus profond de son cœur. Elle ne se borne pas à adorer JÉSUS
comme son Dieu, elle reconnait en lui le vrai roi de France (¹). »

L'amour de Jeanne pour sa patrie fut un amour souverain, parce
qu'il fut un saint amour.

Déjà les évêques, les papes, l'opinion publique elle-même avaient
proclamé, dans des oraisons, des épîtres, des mémoires célèbres, « la
prédilection de Dieu pour l'empire des Francs (²), la mission divine
de la nation très chrétienne, élevée par Dieu comme une colonne
de fer pour soutenir l'Église (3), choisie et bénie par le Rédempteur
comme l'exécuteur spécial de ses saintes volontés (⁴), aimée et par-
ticulièrement élue comme son propre héritage qu'il ne veut pas
laisser perdre (5) ». Mais Jeanne semble avoir vu de plus près et
plus à fond l'antique alliance contractée entre le Christ et la France
au baptistère de Reims, les liens sacrés de seigneurie et d'appar-
tenance qui unissent le Maître des cieux à son saint royaume. Il en
est, dans son estime, le vrai droiturier et souverain maître ; le roi
n'en est que le commendataire et le lieutenant. — Et alors tous les
Français sont les soldats de Dieu. S'ils lèvent l'étendard, c'est de
par Dieu ; qu'ils le lèvent hardiment, Dieu les aidera ; s'ils combattent, Dieu donnera la victoire.

En avant ! En avant, au nom de Dieu ! Mais, ce Dieu, il faut se
le rendre propice : « Silence donc aux blasphèmes dans l'armée !
.... » — Jeanne attend tout d'une poignée de soldats rentrés
en grâce avec Dieu et purifiés de toutes souillures, car « c'est pour
punir les péchés des hommes que Dieu permet la perte des batailles ». Elle entonne les *Miserere* et les *Veni Creator*, avant de chanter

---

1. Siméon Luce, *Jeanne d'Arc*.
2. Oraison tirée d'un missel du neuvième siècle, usitée, selon le cardinal Pitra, dès le
septième.
3. Pape Anastase II.
4. Épître de Grégoire IX au roi saint Louis. (Labbe, t. XI, p. 366-367.)
5. Matthieu Thomassin, *Registr. Delphinale*.

les *Te Deum*, et, forte de son saint amour, elle ose dire à l'ennemi :
« Place au Vouloir de Dieu ! Le roi du ciel, mon maître, vous
ordonne de quitter le pays que vous tenez contre toute justice.
Dieu sera le plus fort. » — Tout en Dieu, tout par Dieu, tout pour
Dieu : telle est sa devise. C'est parce qu'elle veut être toujours et
partout au service de Dieu, droiturier et souverain seigneur de sa
patrie, qu'elle aime sa patrie d'un amour souverain. La France lui
est d'autant plus chère qu'elle est plus chère à Dieu.

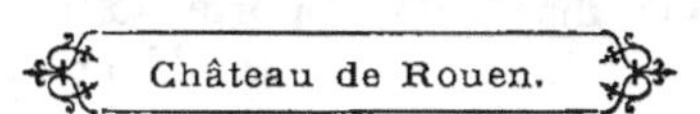

Château de Rouen.

La voilà, Messieurs, la vierge guerrière et martyre, dans toute
la perfection de son patriotisme. Regardez-la et faites comme elle :
Inspice et fac secundum exemplar. Vous aimez votre chère France,
je n'en doute pas, mais vous ne l'aimerez bien que si vous compre-
nez, comme Jeanne, les droits de Dieu sur elle, que si vous êtes con-
vaincus de sa vocation chrétienne, de sa mission divine et de la prédilection de son véritable maître et seigneur JÉSUS-CHRIST. Bref,

votre patriotisme ne sera parfaitement français que s'il est parfaitement chrétien. Et, croyez-le bien, ce n'est pas une doctrine mystique
que je vous prêche. Un philosophe qui n'était rien moins que mystique a dit: « Plus le chrétien croit devoir à la religion, plus il pense
devoir à la patrie (1). »

Vous avez sous les yeux le modèle accompli du patriotisme ; ne
vous contentez pas de l'admirer; ayez la volonté et le courage de
l'imiter. Si vous avez besoin, pour cela, d'une grâce, vous l'obtien-
drez, j'en suis certain, de celle dont je viens de célébrer la vertu et
les hauts faits, car je crois fermement que Dieu l'a prédestinée pour
réveiller et fortifier nos cœurs, plus par sa céleste protection que par
son exemple. Modèle accompli du patriotisme chrétien et français,
notre Jeanne d'Arc doit en être la patronne.

Vers la fin d'un des plus glorieux siècles de notre histoire, un
grand évêque français se plaignait de l'affaiblissement du patriotisme.
« L'amour de la patrie, écrivait-il, est presque éteint ; chacun ne
songe qu'à soi ; et si l'on peut s'agrandir soi-même, l'on ne se soucie
pas que les autres souffrent. Les États périssent plutôt parce qu'il
y a de mauvais citoyens, que parce qu'il y a souvent de mauvais
souverains (2). »

Hélas ! cet affaiblissement du patriotisme dont se plaignait Fénelon n'était que le prélude d'une défaillance qui devait s'accentuer
davantage et préparer la honteuse apostasie dont notre fin de siècle
nous donne le lamentable spectacle. Non seulement l'école révolu-
tionnaire, en faisant dater notre histoire de l'époque sanglante où
s'écroula le trône de nos rois, en supprimant treize siècles de traditions, dont les glorieux souvenirs unissaient les générations pré-
sentes aux générations disparues, a porté au patriotisme un coup
fatal, mais les écoles philosophiques semblent s'être appliquées à
l'étouffer sous le poids de leurs monstrueuses doctrines. Dieu, l'âme,
la liberté, la vie future et ses éternelles récompenses, elles ont tout
noyé dans un matérialisme abject, d'où il est impossible de dégager
les saines et salutaires notions de responsabilité, de devoir, de dévouement et de sacrifice.

---

1. Montesquieu, *Esprit des lois.*
2. Fénelon, *Essai philosophique sur le gouvernement civil*, ch. x.

Et alors que devient le tendre et noble sentiment qui attache le cœur de l'homme au sol natal ; la piété filiale que l'on doit à cette terre bénie, à cette personnalité idéale et vivante qu'on appelle la mère-patrie ? — Préjugé, chimère, sentiment rétrograde L'homme matérialisé ne respecte ni les autels, ni les tombeaux ; il ne croit ni à l'âme, ni au ciel, ni à la gloire, ni aux aïeux, ni aux souvenirs. La jouissance est sa loi, que lui importe le lieu où il la trouvera ; mourir tout entier est son destin, que lui importe la terre où pourriront ses os ! Il proteste « contre cette démarcation des frontières qui parquent les hommes au vain nom de la patrie ([1]) ». Il est citoyen du monde ; « le patriotisme est indigne de lui, il n'a et ne veut avoir aucune idée de l'amour de la patrie. — Ce sentiment lui paraît tout au plus une faiblesse héroïque dont il se passe volontiers ([2]). » A son avis, « le produit net de la terre est le seul bien qui unit les sociétés, et les méditations qui ont un autre objet sont des spéculations d'erreur et des jeux d'enfance ([3]) ». Il ne veut *ni Dieu ni maître*, et il se glorifie d'être *sans patrie* ([4]).

Ne croyez pas, Messieurs, qu'il n'y ait dans cette doctrine que l'expression d'un aveugle internationalisme. C'est la pensée de fond des sectes ténébreuses qui se tiennent, d'un bout du monde à l'autre, par les liens d'une vaste affiliation, et dont les membres d'élite exploitent l'imbécillité d'une foule de comparses, pour s'assurer le pouvoir et la richesse à leur unique bénéfice et sans souci des véritables intérêts et de la gloire de leur pays.

Toute la France, Dieu merci, n'en est point arrivée à cette suprême apostasie ; mais n'aurais-je point à reprocher à un trop grand nombre de citoyens d'avoir subi l'influence des doctrines matérialistes jusqu'à l'oubli de leur devoir de patriotes ? S'ils n'ont point complètement étouffé le noble sentiment qui attache le cœur de l'homme à son pays, ils n'ont plus le culte de ses intérêts, de son honneur et de sa gloire. Ils ont peur de compromettre, par des actes ostensibles de courage civique et de dévouement, la sécurité de leur avoir et la tranquillité de leur bien-être. Ils laissent faire les ennemis du bien public pour s'éviter la peine de les combattre. Si le spectacle de la désorganisation croissante des pouvoirs, de la

---

1. *Proclamation de l'Internationale de Bruxelles annonçant le banquet du 24 septembre 1871.*
2. Herder et Lessing, cités par la *Revue des Deux Mondes*, 1ᵉʳ novembre 1870.
3. Principes fondamentaux de la science économique.
4. Réunions populaires de ces dernières années.

richesse nationale et des mœurs sociales leur fait craindre quelque catastrophe, c'est bien moins parce qu'elle sera dommageable à la patrie, que parce qu'elle troublera leur repos et leurs jouissances. Et ainsi, ils accréditent chez nos ennemis du dehors cette opinion, honteuse pour nous, que le peuple français est un peuple fini, et qu'il suffira d'attendre une occasion favorable pour en avoir raison.

Mais, Dieu soit béni, sa Providence veille sur nous. A tous les cœurs français qui ont conservé la sainte flamme du patriotisme, elle a jeté un nom, autour duquel ils se sont ralliés avec enthousiasme. Croyez-le bien, Messieurs, ce n'est pas sans un dessein miséricordieux que Dieu a réveillé de nos jours la glorieuse et sainte mémoire de Jeanne d'Arc. Nos pères l'avaient trop oubliée, et nos gloires militaires ont pu nous abuser jusqu'à nous faire croire que nous n'avions plus besoin d'autre chose que de notre courage. Mais quand la patrie mutilée s'est trouvée prise entre l'humiliation de ses défaites et les appréhensions de l'avenir, elle s'est reportée par le souvenir vers l'époque lugubre où nous allions subir la pire des hontes : devenir Anglais. Alors la figure de l'illustre et sainte libératrice, discrètement fêtée sur le théâtre de ses premiers exploits, s'est imposée à l'admiration universelle. Les sciences historiques, l'éloquence, les lettres, les arts l'ont entourée d'une auréole de gloire qui grandit de jour en jour, et le patriotisme réveillé demande aujourd'hui pour elle des monuments et des fêtes ; non seulement des fêtes locales aux pays de son berceau, de ses révélations, de sa mission, de ses victoires, de son triomphe, de son martyre, mais une fête nationale qui réunisse, en un même jour et sur tous les points de la France, les cœurs de tous les citoyens, enthousiasmés dans le même culte de la grande Française......

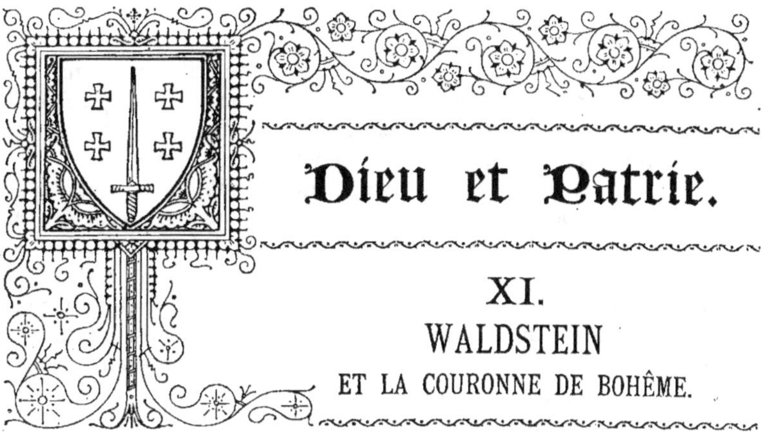

XI.
WALDSTEIN
ET LA COURONNE DE BOHÊME.

GUSTAVE-ADOLPHE avait péri, couvert de lauriers, à la sanglante bataille de Lutzen, et Bernard de Saxe-Weimar venait d'être refoulé dans le Haut-Palatinat. Waldstein, rentré en Silésie et tranquille, pour quelque temps du moins, avait placé son camp entre la forêt et le petit bourg d'Egra (¹). Il attendait, au milieu de ses cent mille hommes, méditant de vastes projets, chargé de victoires, fatigué de la guerre, ambitionnant un empire, une couronne peut-être.

Au delà du bourg, non loin du camp et sur le bord de la forêt, s'élevait un vieux château, aux formes sévères, à la masse imposante, et flanqué de grosses tours massives qui dominaient toute la contrée. C'est là que s'était retiré, en compagnie de Cornélius Spada, astrologue de Florence, le terrible Waldstein. L'illustre général, le plus fameux aventurier de l'époque, le seul qui eût fait trembler Gustave-Adolphe, croyait à l'astrologie.

Depuis quelque temps, en proie à d'affreuses inquiétudes, à de sombres pensées, il multipliait les expériences de la superstition. Enfermé, toujours seul avec Cornélius Spada, il habitait une tour isolée de l'antique forteresse. Un écuyer fidèle et sûr, Jacob Harneitt, servait d'intermédiaire entre le général et ses officiers.

On touchait aux premiers jours d'avril 1634. La nuit s'annonçait

---

1. Waldstein ou Wallenstein, célèbre général, né en Bohême, en 1583. Pendant la guerre de Trente-Ans, il commanda les armées impériales, au service de Ferdinand II. Il mourut à Egra, en 1634, d'une manière tragique, victime, dit-on, de l'ambition jalouse d'un de ses officiers, nommé Piccolomini.

lugubre et menaçante : de grosses nues pleines d'orage roulaient dans l'atmosphère, poussées par un vent âpre et violent, qui faisait craquer au loin les grands arbres de la forêt. Les ténèbres devenaient de plus en plus épaisses. Il s'élevait de la terre et il descendait de l'air de sinistres gémissements, qui donnaient la peur. Sur le sommet de la plus haute tour le veilleur de nuit chantait, et sa voix stridente se mêlait aux rugissements de la tempête. Waldstein, appuyé sur la boiserie de sa fenêtre, contemplait avec une sorte de ravissement farouche la scène majestueuse de cette horrible nuit : il suivait des yeux, dans l'ombre, les silhouettes noirâtres des sapins et des chênes, qui ployaient et se tordaient, gigantesques fantômes, sous les coups puissants et répétés de la tourmente, et il écoutait, rêveur, la voix qui chantait :

> Entendez-vous au loin mugir l'orage
> En traversant la profondeur des bois ?
> Entendez-vous les éclats de sa rage,
> Et dans la nuit hurler sa grande voix ?
> C'est le moment où, de son œil de flamme,
> L'oiseau de nuit pourrait nous effrayer !
> C'est l'heure sainte, où quelquefois une âme
> Sort de la tombe et vient nous visiter !
> Voyez là-bas comme une ombre qui passe !
> Entendez-vous cette voix qui gémit ?
>
> Un soir, dit-on, par la noire tourmente,
> Dans la montagne, un chasseur fut surpris ;
> Dans un abîme à la fatale pente,
> Il disparut..., et nul ne le revit !
> Depuis ce temps, quand la nuit est bien sombre
> Et que l'orage émeut nos vieilles tours,
> Près de l'abîme on aperçoit une ombre
> Qui semble encor demander du secours
> Voyez là-bas, c'est cette ombre qui passe,
> Et c'est sa voix que l'on entend gémir !
>
> N'approchez pas, chasseur de la montagne,
> Du lieu maudit qu'habite le vautour !
> Oh ! demeurez dans la verte campagne,
> Quand la tempête annonce son retour !
> Gardez-vous bien, pâtre de la vallée,
> Du précipice où se cache la mort !
> Oh ! revenez, quand la lune est voilée
> Et que le vent soudain devient plus fort ;
> Car vous voyez là-bas l'ombre qui passe,
> Et c'est sa voix que l'on entend gémir !

Waldstein écoutait toujours, absorbé dans une rêverie profonde : cette voix sépulcrale qui se perdait parmi les sifflements de la tempête, ce chant lugubre et peuplé de fantômes allaient à son âme pleine de trouble et d'appréhensions. Mais soudain la voix se tut, le veilleur aux écoutes prêta l'oreille et signala une arrivée.

Un cavalier galopait dans la brume. Bientôt les sabots d'un cheval résonnèrent sur le pont-levis toujours abaissé.

« Qui va là, cria la sentinelle.

— Religion et Patrie ! répondit le cavalier, qui demanda à être conduit en toute hâte auprès du général.

— Soyez le bienvenu, capitaine Mathias ! » cria le lieutenant de garde en s'avançant vers lui, vous allez être obéi.

Aussitôt deux hommes portant des torches se dirigèrent vers le large escalier de pierre qui conduisait dans l'intérieur du château. Le capitaine les suivit.

Mathias Stuck était un chef de bande au service de Waldstein, et qui lui avait voué une de ces amitiés de bête féroce domptée, à l'épreuve du crime et de la mort. Ils traversèrent de longues galeries, de vastes cours sombres et silencieuses, de grandes salles froides et délabrées, et s'arrêtèrent devant une porte chargée d'antiques écussons armoriés, qui brillaient faiblement à la lueur des torches.

Tout à coup un homme se dressa devant eux : c'était Jacob Harneitt. Un mot de passe fut échangé, et les deux introducteurs se retirèrent.

« Salut, vieux Jacob ! dit Stuck. Waldstein est-il seul ?

— Seul, capitaine, répondit Harneitt, et vous pouvez le voir. »

En même temps, il ouvrit une porte de chêne, souleva une draperie, et Mathias Stuck se trouva en présence de Waldstein.

Le général paraissait avoir une cinquantaine d'années. Sa taille haute et carrée, ses larges épaules, sa blonde chevelure et sa prunelle fauve lui donnaient l'aspect d'un de ces vieux chefs germains que les légionnaires de Rome n'osaient regarder en face. La salle dans laquelle venait d'entrer Mathias était une de ces vastes pièces du moyen âge, toutes tendues de tapisseries représentant les portraits en pied des ancêtres du château : des vieillards, des femmes en toilettes extravagantes, des guerriers chargés de leurs insignes, et qui vous regardent de travers, quand les ombres descendent de la montagne et que la lune projette sa lueur mystérieuse sur leurs formes bizarres. Aux reflets vacillants de la petite lampe qui éclairait l'appartement de Waldstein, on aurait dit que toutes ces figures étaient prêtes à sortir de leurs cadres, pour mener une ronde fantastique, ou pour châtier les téméraires qui venaient à cette heure troubler leur repos.

A l'entrée du capitaine, le général un instant détourna la tête, puis il continua à se promener dans la salle, d'un pas lourd et pesant. Ses éperons d'acier retentissaient sur les dalles sonores, et l'on entendait le cliquetis de la chaîne de fer qui lui servait de baudrier. Il y avait sur son front des nuages, et des éclairs dans ses yeux.

« Tu as bien fait de venir, Mathias, dit-il tout à coup, en interrompant sa marche : j'avais à te parler.

— Moi aussi, Waldstein, reprit le capitaine, j'ai à te dire quelque chose.

— Si tu es un messager de bonne nouvelle, attends;... mais si tes paroles doivent être tristes à mon oreille, parle le premier.

— Alors, dit Mathias, écoute-moi. »

Waldstein s'arrêta et fixa ses regards perçants sur son vieux compagnon.

« Hugues de Caverley ne reviendra pas au camp, reprit Mathias... Il a déserté.

— Bien. S'il tombe jamais entre tes mains, tu le feras pendre, ajouta Waldstein.

— Tous nos hommes sont mécontents.

— Je le sais.

— Ils se rongent les poings, dans l'inaction où tu les retiens, et appellent la bataille à grands cris : ils ont faim et soif. Caverley a donné l'exemple : avant huit jours, ils t'auront tous abandonné.

— Que faire ? s'écria Waldstein en frappant du pied. Que faire ?...

— Allons voir si les Suédois ont la peau dure, général, et les Saxons, de la bonne bière pour l'été.

— Crois-tu donc, Mathias, que ce soit de plein gré que j'ai laissé la route libre devant Oxenstiern ?

— Je t'avoue franchement que je n'ai rien compris à ta manœuvre ; tu n'as fait que reculer. »

Waldstein sourit amèrement ; il passa la main sur son front avec un geste fébrile, et ses lèvres contractées laissèrent tomber ces paroles :

« Je suis trahi ! »

Mathias eut un tressaillement farouche ; son œil flamboya, sa main se crispa sur la garde de son épée.

« Trahi ! s'écria-t-il d'une voix pleine de colère... Et le traître, qui est-il ?

— Piccolomini !... » répondit Waldstein.

A ce mot, la colère de Mathias se changea en fureur. Il sortit à moitié son épée du fourreau et fit un pas, comme pour s'élancer vers la porte. Mais soudain il s'arrêta, comme retenu par une réflexion.

« Plus tard, » murmura-t-il. Et, prenant un escabeau, il s'assit en face de Waldstein.

« Voyons, ajouta-t-il en maîtrisant son émotion, raconte-moi tout. »

Waldstein jouait avec un parchemin roulé, et le contemplait avec un sourire indescriptible.

« Te souviens-tu de Lutzen ?... répondit-il... L'infanterie suédoise était enfoncée par nos reîtres : je donnai l'ordre à Piccolomini de marcher contre la cavalerie ennemie. Au lieu d'envoyer deux fortes colonnes, comme il pouvait le faire, il se contenta de lancer deux ou trois corps de hulans... Jusque-là nous étions vainqueurs ; nous fûmes vaincus dès lors, et ce ne fut que par des prodiges de valeur que notre retraite ne se changea pas en une véritable déroute. »

Mathias gronda sourdement.

Waldstein continua, en s'animant par degrés :

« Cette trahison est comme une nuit où mon esprit se perd. J'ai envoyé des messagers à l'Empereur ; je lui ai tout appris. Il ne m'a pas répondu, et Piccolomini commande encore l'armée impériale.

« Piccolomini me hait, je le sais ; mais en me trahissant je crois qu'il obéit à des ordres supérieurs. Maintenant qu'ils n'ont plus à craindre Gustave-Adolphe, ils veulent se débarrasser de moi... Mais ils me craignent... Ils savent bien qu'on ne met pas facilement en cage le vieux lion... Ils savent bien que Waldstein est toujours l'empereur des aventuriers. Aussi cherchent-ils à rabaisser ma renommée, à obscurcir l'éclat de mon nom... Ah ! ils ont bien calculé ! Si je me bats,... je suis vaincu ; et les aventuriers ne demeurent pas longtemps fidèles à la mauvaise fortune... Si je reste immobile, si j'attends,... comme tu le disais, mon armée va fondre autour de moi,... et de cette manière encore je serai au pouvoir de Piccolomini !... »

Et, rugissant, le vieux guerrier fit quelques pas dans la salle ; puis, relevant fièrement la tête et secouant sur ses robustes épaules sa crinière de lion, il s'écria, d'une voix de tonnerre : « Ah ! les misérables !... ils veulent donc me pousser à bout ? Ils veulent me renverser ?... Eh bien ! moi, je les briserai !... Ces Ferdinand, ces Piccolomini et tous ces électeurs, je les obligerai à se courber devant moi... Les lâches ! Ma vieille épée est encore au fourreau, mais je la tirerai, et nous verrons s'ils osent la regarder en face... J'ai voulu les servir fidèlement,... je les ai sauvés. Et maintenant ils me repoussent !... Eh bien ! j'irai à eux, moi,... et je les écraserai!

— Méfie-toi de Piccolomini, fit sourdement Mathias : je sens qu'il te sera fatal.

— D'où te vient donc, ce soir, vieux compagnon, cette inquiétude étrange ? Je ne t'ai jamais vu ainsi.

Mathias branla tristement la tête :

« Je voudrais que cette nuit fût passée, » dit-il. Puis, après un silence de quelques instants, il ajouta :

« Piccolomini a reçu, ce soir, une visite. Trois hommes, vêtus de noir et masqués, portant un sauf-conduit du conseil aulique, ont été rencontrés aux abords de la forêt. Aucun nom sur le parchemin ; mais j'ai entendu la voix de l'un d'entre eux, et son accent est anglais. Tu sais, Waldstein, si je suis lâche ? Eh bien ! leur vue m'a fait froid au cœur... Mes hommes les avaient arrêtés ; mais, sur le vu de leur sauf-conduit, je les ai fait relâcher. Je m'en repens. Ils se sont dirigés vers la tente de Piccolomini. »

En ce moment la portière fut soulevée, et Jacob Harneitt parut sur le seuil.

« Seigneur, dit-il, le général comte Piccolomini demande à vous parler. Il désire un entretien particulier. »

Waldstein tressaillit ; il alla vers l'alcôve, écarta la draperie, et dit à Mathias :

« Cache-toi là. » Puis, se tournant vers Jacob Harneitt :

« Dites au comte que je l'attends. »

Bientôt retentit près de la porte un pas ferme, et Piccolomini, la tête fièrement jetée en arrière, la main sur la garde de son épée, pénétra dans l'appartement de Waldstein. Il était en grand costume de feld-maréchal, et portait sur sa poitrine, retenu par une chaîne d'or, le brillant insigne de l'ordre du Saint-Esprit.

Il s'inclina légèrement devant Waldstein, et promena un regard rapide autour de lui. Puis, d'une voix brève :

« Général, dit-il, pardonnez-moi de vous déranger à une heure aussi avancée de la nuit ; mais il s'agit d'une affaire pressante.

— Je vous pardonne, répondit Waldstein, et en même temps je vous félicite. Vous portez une décoration qui ne m'a pas été accordée, et que bien des rois vous envieraient.

— Je l'ai reçue ce soir même, par des exprès. Ils m'ont apporté en même temps un ordre de la cour suprême, que je dois vous communiquer.

— Je m'étonne, dit Waldstein avec hauteur, que cet ordre ne me soit pas adressé directement. »

Les deux guerriers étaient debout. Tous deux avaient les sourcils froncés et le regard ardent.

« Le conseil aulique, reprit Piccolomini, vous ordonne de lever le camp et de marcher contre Oxenstiern.

— Et si je ne le fais pas ?

— Alors, Monsieur, j'ai plein pouvoir, et je prends le commandement de l'armée. »

Waldstein baissa la tête et réfléchit.

Il y eut quelques instants de silence : c'était le silence qui précède la tempête. Puis le général releva le front, et les regards des deux hommes se croisèrent comme deux lames d'épée.

« Comte Piccolomini ! » dit Waldstein, en se croisant les bras, et d'une voix dont toutes les paroles tombaient comme des gouttes de plomb dans le cœur du feld-maréchal, « combien vous paye-t-on vos trahisons ?

— Monsieur ! dit le comte, pâle de colère.

— Je vous demande, répliqua Waldstein sur le même ton, combien on vous paye vos lâchetés et vos trahisons..... Allons, ne tourmentez pas ainsi la garde de votre épée. Inutile de vouloir me faire peur..... Tenez, au fond, vous n'êtes pas en colère,... vous jouez un rôle... Les valets de cour, les ambitieux de petite taille ne connaissent pas l'indignation. L'indignation suppose la honte, et vous n'en avez point, vous ! »

Souffleté par cette amère et froide ironie, Piccolomini bondit de rage et dégaina.

« Allons, s'écria-t-il, l'épée à la main. Il faut du sang !... »

Et comme Waldstein demeurait impassible devant lui : « A moins que tu ne préfères, reprit le comte, que je te fouette le visage du plat de ma lame. »

Derrière la tapisserie, Mathias se frottait les mains. « Bon ! disait-il, bientôt nous n'aurons plus à craindre le Piccolomini. »

D'un geste impérieux, sans fureur, mais le mépris sur les lèvres : « Remets ton épée au fourreau, valet! s'écria Waldstein. Il est certaines gens avec lesquels un homme d'honneur ne croise pas le fer. Les traîtres sont de ces gens-là.

— Ah! tu ne veux pas te battre avec moi ? hurla Piccolomini.... eh bien, moi, je veux me battre avec toi, avec toi, qui as payé un Suédois pour faire assassiner Gustave-Adolphe pendant la bataille,... que tu as perdue cependant... » Et il regarda Waldstein en face. Mais il fut effrayé de l'effet de ses paroles, et, malgré lui, il frissonna.

Waldstein s'était dressé de toute sa hauteur, l'œil en feu, les bras croisés sur sa large poitrine. Un tremblement convulsif agitait tout son corps et imprimait à sa chevelure fauve une fluctuation terrifiante.

« Piccolomini !... murmura-t-il d'une voix rauque,... à genoux !... à genoux!... »

Le comte recula d'un pas.

Waldstein, les bras toujours croisés, s'avança vers lui : puis il s'arrêta, terrible et muet : on eût dit une statue de bronze. Piccolomini leva son épée. Waldstein allongea lentement son grand bras et saisit le poignet du comte.

Le malheureux, broyé par cette main de fer, poussa un cri et lâcha l'épée.

Waldstein la saisit, et, du plat de sa lame, il lui frappa le visage.

« A genoux ! » répéta-t-il, en fixant ses yeux rougeâtres et flamboyants sur ceux de Piccolomini; « à genoux devant moi, que tu as insulté et calomnié ! »

Piccolomini tomba à genoux.

Waldstein lui arracha son collier d'or, et lui en souffleta la face.

« Va maintenant, lui dit-il, commander les armées impériales. » Et il le lâcha.

Piccolomini saisit un poignard suspendu à sa ceinture. Il allait bondir sur Waldstein, qui s'éloignait en lui tournant le dos, lorsqu'il se sentit retenu par deux bras puissants qui l'étreignaient et le forçaient de se courber en arrière. Il vit alors s'abaisser sur son visage un autre visage horriblement contracté.

« Ah! nous faisons l'assassin maintenant, comte Piccolomini, » s'écria Mathias Stuck. Puis, s'adressant à Waldstein : « Faut-il lui casser les reins ?

— Non, dit le guerrier, pas ici. »

Mathias Stuck montra la porte à Piccolomini. Le misérable, haletant, furieux, écumant, s'élança et disparut.

Dans un des grands couloirs sombres, il rencontra une forme noire, qu'il reconnut.

« Cornélius, dit-il sans s'arrêter, c'est pour minuit.

— Bien ! » murmura dans l'ombre une voix qui sentait le sang. —

« Tu aurais dû me laisser écraser le reptile quand je le tenais, dit Mathias à Waldstein.

— Il était mon hôte, répondit Waldstein.

— Maintenant, que vas-tu faire ?

— La guerre !

— Contre qui ?

— Contre l'Autriche.

— Pour qui ?

— Pour la France,... et pour moi!... Ferdinand va voir beau jeu! Oxenstiern d'un côté, Waldstein de l'autre... Écoute, Mathias, écoute. Depuis un mois, Richelieu me fait des propositions. Hier, j'ai reçu de lui un envoyé : il m'offre la couronne de Bohême. Si j'avais accepté, hier, j'aurais été un traître ; aujourd'hui, je ne suis qu'un aventurier, qu'un prince a repoussé, et qui vend son bras à un autre prince... Merci, Ferdinand, merci de t'être défié de moi ! j'y gagne une couronne!... Dans une heure, l'envoyé de France repartira avec le traité signé... Demain matin, je me mettrai à la tête de mes reîtres et de mes trabans; nous passerons sur le ventre des pandours et des lansquenets de Piccolomini, et nous irons rejoindre Oxenstiern... Ah! je suis rajeuni de vingt ans... Quelle belle guerre nous ferons!... Quels beaux coups je vais frapper!. Mathias, cours au camp et ramène au plus tôt mes chefs de bande... Ils se plaignent qu'on les ménage; la nouvelle que je vais leur apprendre leur fera plaisir..... Enfin elle va donc s'accomplir la prédiction de la vieille Juanita! Roi!... moi, Waldstein! Roi de Bohême!... »

Et il se laissa tomber dans un fauteuil et se couvrit le visage de ses deux mains... O foudroyante ivresse de l'homme qui touche en espérance, qui touche de la main un diadème !

Mathias Stuck se retira pour aller exécuter les ordres de son général. Presque au même instant entrait dans l'appartement de Waldstein maître Cornélius Spada. Il marchait sans bruit, comme une ombre. Le général, plongé dans ses rêveries, ne le remarqua pas.

L'astrologue se dirigea vers la fenêtre, l'ouvrit, fixa une corde à la balustrade du balcon, et rentra dans la chambre, après avoir réuni avec soin les deux pans de la draperie.

Le vent ne soufflait presque plus, et la pluie commençait à tomber.

Cornélius éleva la voix :

« Seigneur, dit-il, la nuit est noire, pas une étoile au ciel : nous sommes un vendredi, et minuit va sonner : temps propice pour les évocations... Faut-il préparer les urnes et allumer le feu ?

— Maître, dit Waldstein, j'ai à travailler, cette nuit. »

Cornélius s'inclina et sortit.

Dans l'antichambre, il rencontra Jacob Harneitt. « Jacob, lui dit-il, prends un flambeau et éclaire-moi jusqu'à la grande salle. »

Le vieil écuyer, accoutumé à considérer les ordres du Florentin comme ceux de son maître, prit un candélabre et précéda Cornélius.

Arrivés au fond de la galerie, dans un escalier tournant, l'astrologue tira de dessous sa robe un carrelet d'acier, et le plongea d'un coup entre les deux épaules de Jacob. Le malheureux tomba, sans pousser un cri...

En ce moment, Mathias Stuck, sous une pluie battante, galopait vers le camp. Au détour de la route, il rencontra trois hommes à cheval, qui lui barrèrent le chemin.

« Place! » cria-t-il, en chargeant, l'épée à la main.

Il y eut un moment de lutte ; puis trois formes s'éloignèrent du côté du château... Un cheval sans cavalier fuyait seul, dans la direction du camp. C'était celui de Mathias Stuck. L'infortuné capitaine se tordait, près de la route, dans une mare de sang.

Cependant Waldstein, resté seul, s'était assis près de sa table, le dos tourné vers la fenêtre. Il avait repris le parchemin et l'avait déroulé devant lui.

Plusieurs fois il le lut et le relut : sa poitrine était palpitante et son front avait un rayonnement.

La vieille horloge du château sonna minuit.

« Allons, soyons roi, dit Waldstein, puisque le destin le veut. » Et, prenant une plume, il la plongea dans un encrier de bronze.

Le dernier coup de minuit résonnait encore. En ce moment, une main écarta la draperie de la fenêtre et une ombre parut, puis une autre, puis une autre encore.

C'étaient trois hommes vêtus de noir et masqués : ils avaient à la main des épées nues.

Waldstein tenait la plume et il avait relevé la tête, comme pour réfléchir une dernière fois avant de signer, lorsque, au milieu du silence, il lui sembla entendre derrière lui un léger bruit de pas. Il se retourna brusquement, et il vit les trois hommes noirs qui s'avançaient. D'un bond il fut adossé au mur.

« Que voulez-vous ? leur cria-t-il.

— Ta vie !

— Venez la prendre... A moi, Harneitt !... »

Waldstein fit le signe de la croix (hélas ! il y avait longtemps peut-être qu'il ne l'avait pas fait), et il tira son épée.

Un des hommes noirs s'approcha de la lumière et l'éteignit.

Alors eut lieu, dans les ténèbres, une lutte affreuse ; on entendit pendant quelque temps des cliquetis d'armes, des souffles haletants, des soupirs farouches... puis un grand cri... Et une lourde masse tomba sur les dalles.

La porte de l'appartement s'ouvrit, et Cornélius Spada parut, un flambeau à la main.

Un homme était étendu, baigné dans son sang : il avait reçu dans les reins une large blessure. Trois hommes l'entouraient ; ils remirent froidement leurs épées dans le fourreau.

En ce moment entra un autre personnage : il était masqué aussi et enveloppé dans un large manteau. Il se baissa, retourna le cadavre, mit la main sur le cœur, et dit : « Il est mort ! » Et se tournant vers les trois hommes noirs :

« Lesly, Butter, Gordon, dit-il, au nom de Sa Majesté Ferdinand, moi, Piccolomini, je vous fais capitaines. »

Puis tout bas, en se retirant :

« Que toujours on ignore l'histoire de cette nuit ! »

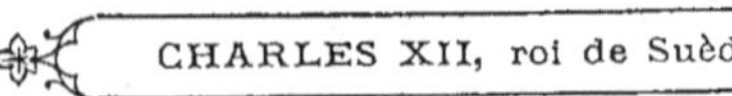

CHARLES XII, roi de Suède.

XII.

MAZEPPA

AUX DÉSERTS DE L'UKRAINE.

VAINCU dans la funeste bataille de Pultawa, Charles XII fuyait à travers les forêts de l'Ukraine. Épuisé de fatigue et découragé, il s'était arrêté, pour y passer la nuit, au pied d'un chêne. Autour de lui s'étaient rangés ses généraux, et, plus loin, les débris de son armée. Son allié fidèle, le Cosaque Mazeppa, était à ses côtés. L'indomptable hetman avait pansé lui-même son cheval, puis étendant son manteau sur la terre, il s'était assis auprès du roi. « Sire, dit-il après un silence de quelques instants, nous avons joué gros jeu aujourd'hui, et je vous prédis les plus heureux succès. »

Comme le roi paraissait peu disposé à prendre au sérieux un langage aussi étrange : « La fuite m'a toujours porté bonheur, reprit Mazeppa. Et pourquoi ne vous serait-elle pas également favorable, puisque nous fuyons ensemble ? Sire, le roi de l'Ukraine ne fut pas toujours ce que vous le voyez, et c'est en fuyant qu'il a trouvé sa couronne. » Et l'hetman fit alors le récit de son expulsion des terres de la Volhynie et de son arrivée au pays des Cosaques.

J'étais attaché comme page, dit-il, à la maison d'un noble Polonais, lorsque je fus accusé, calomnié par des envieux, et condamné à un supplice affreux. On amène devant moi un cheval fougueux et sauvage. Il n'avait été pris que depuis quelques jours et venait des forêts de l'Ukraine ; il n'avait jamais senti le mors ni l'éperon et se dressait sur ses jarrets solides, fier, ardent, la crinière hérissée, plein de colère et d'effroi. On m'attache sur son dos par plusieurs liens fortement serrés, et, soudain, un coup de fouet fait bondir l'animal, qui s'élance aussitôt à travers la plaine. Nous volons ; les torrents sont moins rapides et moins impétueux.

Nous volons...... je respirais à peine. C'était au point du jour, et je ne pus distinguer de quel côté le coursier se dirigeait. Les derniers sons de la voix humaine, qui frappèrent mon oreille, furent ceux de mes ennemis : le vent portait jusqu'à moi les éclats bruyants de leur rire féroce. Alors je fus pris d'un accès de rage, et, dans les efforts que je fis pour tourner la tête, je brisai la corde qui fixait mon cou à la crinière du cheval. Je me relevai à demi et leur envoyai ma malédiction ; mais peut-être le galop retentissant de mon coursier les empêcha-t-il de m'entendre ; peut-être aussi dédaignèrent-ils de m'écouter. Je le regrette, car je voudrais leur avoir rendu leurs lâches outrages. Il est vrai que je les leur fis chèrement payer, quelques années plus tard, lorsque je fis raser le château et ses fortifications, et qu'il n'en resta pas une pierre. J'ai vu ses tours enflammées, et ses créneaux fumants se sont écroulés sous mes yeux. On passe aujourd'hui sur son emplacement, sans se douter qu'il y ait eu là autrefois une forteresse.

Cependant nous allions toujours, le coursier et moi : nous volions, comme portés sur les ailes des vents, et nous laissions derrière nous toute habitation des hommes. Nous fendions les airs, comme ces météores brillants qui traversent les cieux dans une nuit sereine. Point de ville, point de village sur notre route ; de tous côtés s'étendait une plaine immense, bornée au loin par une noire forêt, et, sauf les créneaux de quelques forteresses élevées jadis pour se garantir des Tartares, je ne découvrais aucune trace de l'homme. L'année précédente, une armée ottomane avait passé dans ces lieux, et, dans tous les endroits foulés par les pieds des chevaux, la verdure fuyait le terrain ensanglanté.

Le ciel était sombre et grisâtre, et le vent, qui soufflait, faisait entendre par intervalles de sourds gémissements ; j'aurais bien voulu lui répondre par un soupir, mais nous courions si rapidement que je ne pouvais ni soupirer ni articuler une prière. Les gouttes froides de ma sueur inondaient la crinière flottante du cheval, qui redoublait de vitesse ; ses naseaux brûlants frémissaient de colère et de terreur. Parfois il me semblait qu'il allait ralentir sa course, mais mon corps n'était qu'un poids léger pour son dos robuste, et l'excitait au lieu de le calmer. Chaque mouvement que je faisais, pour délivrer mes membres enflés et souffrants, augmentait sa fureur et son épouvante. J'essayai de l'apaiser des caresses de ma voix :

elle était affaiblie ; et d'ailleurs elle le faisait tressaillir, comme un coup de fouet : à chacune de mes paroles il bondissait, comme un coursier fougueux au son guerrier de la trompette, sur un champ de bataille. Mon sang coulait de mes membres meurtris : mes liens en étaient trempés ; une soif brûlante dévorait mes entrailles et embrasait mon palais.

Nous arrivâmes à l'entrée de la forêt ; elle était si vaste, que d'aucun côté je n'en pus découvrir les bornes. Çà et là s'élevaient de grands arbres, vieux comme les siècles, et dont les troncs inébranlables n'auraient pas fléchi sous le souffle des vents furieux qui ravagent les déserts de la Sibérie. Mais ils étaient peu rapprochés et de jeunes rejetons croissaient, épais et touffus, autour de leurs pieds solides. Ces arbrisseaux, couverts de feuilles et dans toute la fraîcheur du printemps, formaient un vaste taillis, au milieu duquel, d'espace en espace, s'élevaient le sombre châtaignier, le chêne robuste et le pin pyramidal. Ce fut un bonheur pour moi qu'ils fussent ainsi écartés les uns des autres, car leurs branches cédaient un passage facile, et ne déchiraient point mes membres. Le froid avait cicatrisé mes blessures, et mes liens étaient si bien serrés que je ne pouvais craindre une chute. Nous courions au travers, comme le vent, laissant derrière nous les taillis, les arbres et les loups, que j'entendais hurler de tous côtés et accourir sur nos traces. Ils nous poursuivaient en troupes, et, pendant toute la nuit, j'entendis le bruit de plus en plus rapproché de leurs pas. Au point du jour, je les aperçus à peu de distance, courant toujours, l'œil rouge et la gueule béante. Je craignis un instant que mon cheval ne vînt à succomber de fatigue et que je ne périsse, sans pouvoir me défendre, sous les dents avides de ces bêtes féroces. Vaine terreur ! le cheval qui m'emportait était d'une race sauvage, aussi agile que le daim des montagnes, et il fuyait plus vite que la neige éblouissante ne tombe, chassée par l'aquilon, devant la porte du laboureur.

Nous avions traversé la forêt. Le soleil était déjà au milieu de sa course ; mais l'air était froid, bien que nous fussions au mois de juin. Peut-être aussi mon sang s'était-il glacé dans mes veines... La rage et la terreur, les tortures de mes membres meurtris, la honte et le désespoir de me voir ainsi garrotté tout nu sur un cheval sauvage, n'était-ce pas assez pour mon corps épuisé ? Les douleurs prolongées abattent l'homme le plus courageux ; mais j'étais d'une race ardente dont la fureur ressemble à celle du serpent que foule un pied téméraire.

La terre fuyait ; les cieux roulaient autour de moi. Je croyais à tout moment être près de tomber, car je ne sentais plus mes liens. Hélas ! ils étaient trop bien serrés : c'était le sentiment de la douleur qui s'évanouissait en moi. Soudain, mon cœur défaillit, mon cerveau fut en proie à un tumulte indéfinissable, les veines de mon front battirent un instant avec violence, et puis cessèrent de battre ; les cieux tournaient comme une roue immense ; les arbres semblaient vaciller autour de moi.

Un léger éblouissement priva mes yeux de la clarté du jour : je ne vis plus rien, mais je sentis que les ténèbres s'épaississaient de plus en plus sur moi. En vain j'essayai à plusieurs reprises de ressaisir la lumière et de réveiller mes sens engourdis : j'étais comme un malheureux naufragé sur une frêle planche, que les vagues relèvent et recouvrent tout à la fois en le poussant vers le rivage. Celui qui meurt n'éprouve pas une agonie plus cruelle que la mienne.

« Tout à coup le sentiment me revient. Où suis-je ?... Je sens l'impression du froid, mais je suis toujours étourdi et dans une espèce d'engourdissement ; à chaque pulsation, la vie ranime peu à peu mes membres insensibles, jusqu'à ce qu'une transe soudaine me jette dans une convulsion nouvelle et refoule jusqu'à mon cœur mon sang presque glacé. Des sons effrayants retentissent à mon oreille ; ma vue revient, quoique obscure, et j'entrevois les objets comme à travers un cristal épais. Je crois entendre le choc des vagues, et j'aperçois au-dessus de ma tête le ciel tout parsemé d'étoiles. Ce n'était point un rêve : le cheval traversait une rivière dont les flots rapides s'étendaient sur un vaste lit. Nous étions au milieu, et nous nous dirigions vers un rivage inconnu et solitaire.

« Le contact de l'eau mit un terme à mes sourdes douleurs, et mes membres engourdis puisèrent dans ce fleuve bienfaisant une force passagère. Mon coursier luttait fièrement contre les vagues, qui se brisaient sur son large poitrail. Tout, derrière moi, était sombre et effrayant, et, devant moi, je n'apercevais que ténèbres et terreur. Combien ai-je passé d'heures de la nuit ou du jour dans cette privation cruelle de mes sens ? C'est ce que je ne pourrais dire : je savais à peine si je vivais encore ([1]). »

Le cheval cependant avait gagné la rive. Une plaine immense s'étendait au loin dans les ombres de la nuit ; je n'en pouvais mesurer la profondeur. La lune, qui se leva à ma droite, me découvrit

---

1. Trad. de Byron.

çà et là quelques espaces blanchâtres, quelques touffes de gazon détachées en masses confuses dans ce sombre désert; mais rien de distinct. Pas la moindre chaumière ; pas une lueur dans le lointain qui indiquât quelque part un toit hospitalier : pas même un feu follet qui se jouât de ma douleur ! Ah ! cette clarté trompeuse m'eût encore réjoui : au milieu de mes maux, elle m'eût rappelé du moins les habitations de l'homme.

Mais les forces du coursier commençaient à s'épuiser ; il ne se traînait plus que lentement, et se soutenait à peine sur ses jambes chancelantes : un faible enfant aurait eu la force de le guider. Hélas ! que m'importait alors que mon cheval ne fût plus indomptable ? J'étais toujours retenu par mes liens ; et d'ailleurs j'étais encore plus faible et plus épuisé que lui. Les efforts que j'essayai de faire pour briser les cordes qui me garrottaient ne servirent qu'à les resserrer davantage, et rendirent mes souffrances plus cuisantes et plus intolérables.

Les premières lueurs du jour parurent alors à l'horizon ; mais que le soleil fut lent à se montrer ! Les heures qui s'écoulèrent ainsi, dans l'attente de l'astre désiré, me semblèrent aussi longues que des journées entières. Peu à peu cependant l'orient se colora d'une flamme pourprée, les étoiles s'éclipsèrent et disparurent une à une dans l'azur resplendissant du ciel, le soleil se dressa, éclatant et radieux, sur la crête des monts, et ses rayons éblouissants inondèrent la plaine. Les vapeurs qui enveloppaient le vaste désert s'évanouirent alors, et je pus distinguer les objets qui m'environnaient. Mais, hélas ! aucune trace humaine n'était imprimée sur cette terre sauvage. L'air lui-même était muet : aucun insecte ne bourdonnait sur la verdure, aucun oiseau ne saluait dans le feuillage le retour de la lumière. Le coursier, haletant comme s'il allait expirer, parcourut encore quelques milles : partout régnaient la solitude et le silence le plus complet.

Enfin je crus entendre un hennissement qui sortait d'un petit bois de sapins. Il me sembla d'abord que c'était le mugissement du vent dans les rameaux des arbres. Mais bientôt je vis accourir une troupe de chevaux : ils s'avançaient en nombreux escadrons et galopaient vers nous. « Quels superbes coursiers ! Leur longue queue flotte au gré du vent ; aucune main n'a touché leur brillante crinière ; jamais leurs larges naseaux n'ont senti le frein ; le mors n'a jamais ensanglanté leur bouche ; leurs pieds ne connaissent point les fers ; jamais le fouet ni l'éperon n'ont blessé leurs flancs.

Ce sont mille chevaux, libres et sauvages comme les vagues qui roulent dans l'océan ; la terre retentit sous leurs pas rapides, comme l'écho du tonnerre. Ils viennent à notre rencontre. Leur approche rend quelque agilité à celui qui me porte. Il semble prêt à bondir de joie, leur répond par un faible hennissement, et tombe sur le sol, épuisé, haletant. Il palpite encore quelques instants ; puis sa paupière se ferme, et ses membres fumants demeurent immobiles. Sa première course est aussi sa dernière.

« Cependant la troupe de ses frères du désert s'est approchée : elle a entendu son dernier soupir. Tous ces animaux paraissent voir avec étonnement un homme attaché sur leur compagnon par des nœuds ensanglantés. Ils s'arrêtent... ils tressaillent, respirent l'air avec inquiétude, galopent çà et là pendant quelques instants, puis s'approchent de nouveau, reculent et tournent de tous côtés. Soudain, guidés par celui qui paraissait être le chef et le patriarche de la troupe, et dont le crin couleur d'ébène était sans aucune tache blanche, ils bondissent, s'écartent, jettent l'écume par leurs naseaux, et s'éloignent en fuyant vers la forêt, effrayés par instinct à l'aspect d'un homme ([1]). »

Je restai seul avec mon désespoir, toujours attaché au cadavre du malheureux coursier. Nous étions l'un et l'autre immobiles sur le sable ; mais lui du moins ne sentait plus le fardeau qui avait causé sa mort et dont vainement j'aurais voulu le débarrasser. Je demeurai là jusqu'au crépuscule, comptant douloureusement les heures, qui s'écoulaient à pas lents. J'avais tout juste assez de vie pour voir s'éclipser le dernier soleil qui devait m'éclairer. J'étais dans cette certitude cruelle et désespérante qui nous donne une espèce de résignation contre la dernière et la plus amère des craintes, lorsque les années nous avertissent qu'elle est inévitable et en font en quelque sorte un bienfait.

Le soleil se coucha, rouge et sanglant, dans un ciel serein. Point d'espoir de délivrance : j'étais seul au milieu de ce désert. Je me crus condamné à mêler mes cendres à celles du cadavre auquel j'étais attaché. Mes yeux obscurcis avaient besoin du trépas. Je poussai un soupir et tournai vers le ciel mes regards mourants. J'aperçus alors au-dessus de moi un corbeau, qui planait à quelques pieds dans les airs, et qui paraissait impatient de commencer son repas. Il tournoyait autour de nous, se perchait à peu de distance,

---

1. Trad. de Byron.

puis reprenait son vol : il semblait épier ma mort afin de se précipiter sur moi. Je voyais ses ailes étendues au-dessus de ma tête, à la lueur du crépuscule ; il vint même si près de moi, que j'aurais pu le frapper, si j'en avais eu la force ; mais le léger mouvement de ma main, le sable faiblement soulevé, et enfin les râles étouffés que je parvins avec effort à tirer du fond de ma poitrine, tout cela suffit pour l'effrayer et le tenir à l'écart.

J'ignore le reste...... Mon dernier rêve est pour moi le souvenir confus d'une étoile brillante, qui fixa agréablement mes yeux dans le lointain, et qui venait à moi comme une lumière douce et tremblante. Je me rappelle encore la sensation froide, pénible et confuse du retour de mes sens, le calme de la mort qui lui succéda, et puis un léger souffle qui me ranima de nouveau, un court sentiment de bien-être, un poids de glace qui pesa sur mon cœur, et quelques étincelles qui frappèrent mes regards... une respiration douloureuse, une palpitation précipitée, un tressaillement soudain, un soupir..., et rien de plus.

Je me réveille... Où suis-je ?... Je ne pouvais en croire mes yeux... Est-ce un toit qui m'abrite, est-ce dans un appartement que je me trouve, et sur une couche que mes membres reposent ?... Cet œil, qui m'observe avec une bienveillance si douce, est-il un œil mortel ? et ce visage que j'aperçois, est-il le visage d'un homme, ou la figure angélique d'une apparition céleste ?

Une jeune fille était là, près de moi, épiant mon sommeil, ou mon évanouissement, car je ne pourrais dire en quel état je me trouvais. Lorsque la douce enfant me vit ouvrir les yeux, elle sourit de bonheur et fit signe à son père et à sa mère, qui vinrent aussitôt et m'offrirent un breuvage fortifiant. J'étais dans une famille de Cosaques. Ils m'avaient trouvé sans mouvement, et m'avaient transporté dans leur hutte hospitalière. Ils rendirent à la vie celui qui devait un jour être leur roi.

Ainsi, les insensés dont la vengeance et la rage m'avaient envoyé dans le désert, garrotté, nu et sanglant, ne se doutaient pas que le Ciel m'y préparait un trône. Quel mortel peut soulever le voile de l'avenir et lire à travers les temps ses destinées futures ?... Demain, le Borysthène peut encore voir nos coursiers rapides brouter en paix sur le rivage ottoman. Courage et bon espoir : la Providence veille sur nous et l'avenir est à Dieu !

L'hetman s'étendit sur le lit de feuillage qu'il s'était préparé sous l'ombrage du chêne. Charles XII dormait déjà.

XIII.

LE DERNIER JOUR DE LA POLOGNE.

I.

LE RÉVEIL DE LA PATRIE.

E fut un jour bien solennel que celui où le noble Kosciusko, revenant de l'exil, se mit à la tête du soulèvement de la Pologne. Depuis le matin, toutes les cloches de Cracovie sonnaient leurs plus joyeux carillons, et le drapeau national flottait parmi les guirlandes et la verdure, à toutes les maisons. Sur les hautes tours de Saint-Marc se déployaient fièrement, sous un ciel radieux, les étendards toujours vainqueurs de Boleslas et de Sobieski ; l'intérieur de la basilique était tendu de pourpre, comme au sacre des rois ; les tombeaux des souverains et des héros de la Pologne, sous les vastes nefs, étaient couverts de fleurs et de couronnes, et les bannières de toutes les villes pavoisaient les murs et la voûte de l'église, avec les trophées conquis par la nation dans toutes ses batailles.

Au signal donné par le canon royal, les évêques et les députés de toutes les provinces prirent place autour de l'autel, sur les sièges qui leur étaient préparés, tandis que le reste du temple était inondé par la foule des patriotes accourus de tous les environs.

Alors l'archevêque, en habits pontificaux, s'avança jusqu'au pied de l'autel, et entonna, d'une voix grave et pleine d'émotion, le psaume : *Deus, auribus nostris audivimus...* « Seigneur, nous avons entendu de nos oreilles, et nos pères nous ont appris ce que vous avez fait pour eux, alors qu'ils vivaient, et dans les jours anciens.

« Votre main a exterminé les nations, et vous les avez établis en leur place...

« Ce n'est point la puissance de leur épée qui les a mis en possession de cette terre qu'ils nous ont transmise ; ce n'est point leur

Kosciusko.

bras qui les a sauvés, mais votre droite, Seigneur, et la lumière de votre visage, parce qu'il vous a plu de les aimer.

« Ce sera également en vous que nous trouverons la force de renverser nos ennemis ; en votre nom, nous mépriserons tous ceux qui s'élèvent contre nous. »

Et le peuple répondit :

« Levez-vous, Seigneur ! Pourquoi semblez-vous dormir ? Levez-vous, et ne nous rejetez pas pour toujours ! Pourquoi détournez-vous votre visage ? Pourquoi oubliez-vous notre détresse et notre angoisse ? Levez-vous, Seigneur, et daignez nous secourir !... »

Le clergé reprit :

« Voici que maintenant vous nous avez repoussés et couverts de confusion : vous ne voulez plus, Dieu tout-puissant, marcher avec nos armées.

« Vous nous avez laissés tourner le dos à nos ennemis, et nous sommes devenus la proie de ceux qui nous haïssaient.

« Vous nous avez dispersés parmi les nations. Vous nous avez rendus un sujet d'opprobre pour nos voisins, et un objet d'insulte et de dérision pour ceux qui nous entourent.

« Tous ces maux sont venus fondre sur nous ; et cependant nous ne vous avons point oublié ; nous n'avons pas commis d'iniquité contre votre alliance, et notre cœur ne s'est pas éloigné de vous ! »

Et le peuple répéta, d'une voix frémissante :

« Levez-vous, Seigneur ! Pourquoi semblez-vous dormir ? Levez-vous, et ne nous rejetez pas pour toujours !

« Pourquoi détournez-vous votre visage ? Pourquoi oubliez-vous notre détresse et notre angoisse ?

« Levez-vous, Seigneur, et daignez nous secourir ! »

Les voix se turent, le silence se fit dans l'immense assemblée, et Kosciusko, debout sur le trône qu'on lui avait élevé près de celui de l'archevêque, prononça, au milieu des acclamations répétées de la foule, une allocution pleine d'énergie, de bravoure et de patriotisme, que l'on put lire, le lendemain, dans toutes les villes du royaume.

« Polonais ! s'écria-t-il, je vous félicite de l'empressement avec lequel vous avez répondu à l'appel d'un de vos frères. Je n'attendais pas moins de votre patriotisme, et je reconnais en vous le sang de la vieille Pologne. Elle est debout aujourd'hui tout entière, en vous tous, cette Pologne vénérée : elle est debout, libre et redoutable comme en ses jours de triomphe. Oui, chers amis, je retrouve son ardeur dans le feu de vos regards, et je vois resplendir sa noblesse sur vos fronts généreux. Trop longtemps exilé, mon cœur était demeuré près de vous : il vivait du souffle de la patrie, il souffrait de ses maux ; et, chaque jour, du fond de ma retraite, interrogeant les palpitations de vos âmes, j'épiais l'aurore qui m'appellerait à vous. Et la voilà enfin cette aurore si désirée, cette heure solennelle qui va nous réunir dans un même serment et ramener sur nous la gloire avec la liberté !

Il est temps, nobles Polonais, de montrer qui nous sommes, et de relever de la boue du chemin le drapeau sanglant de la patrie. Le peuple polonais ne saurait supporter plus longtemps le joug honteux et insolent de l'étranger. Le moment de prendre les armes est arrivé : il faut que la Pologne se lève tout entière, pour écraser ses oppresseurs.

O terre sacrée qu'illustrèrent nos aïeux ! qu'est devenue ta prospérité, qu'est devenue ta gloire ? J'ai parcouru tes provinces, j'ai traversé tes villes, en revenant de la terre étrangère, où j'avais fui pour pleurer plus à l'aise toutes les larmes de mon cœur, car j'avais emporté dans les souvenirs de mon âme les cris de ta détresse…, et j'avais vu couler ton sang ! J'ai parcouru tes campagnes, naguère si riantes et si fertiles, et je n'ai plus trouvé qu'un désert triste et désolé ! J'ai vu le laboureur paisible, arraché au sillon de ses champs, à la demeure de ses pères, à l'affection de ses enfants ; je l'ai vu, traîné, sans pitié aucune, aux plages de la captivité. J'ai vu, à la place de tes villes, autrefois si riches et si animées, des ruines et des cendres ; mon pied a heurté des cadavres et marché sur du sang !…

Il me semble entendre encore les sanglots des familles en deuil, et les cris de tant de malheureux frères, qui gémissent sous les verrous impitoyables de nos farouches vainqueurs !… N'est-il pas temps, nobles amis, de mettre un terme à tant de souffrances, à tant d'horreurs ? La Pologne jamais ne connut de semblables ignominies, et nos ancêtres ne nous ont point appris à ployer sous le joug, à subir l'esclavage. Non, non, Polonais, leur sang, qui coule dans nos veines, ne s'est point échauffé sous le fouet de la servitude : c'est celui de la noblesse, c'est celui de l'honneur et de la liberté ! Seule nation du monde où chacun ait droit au trône, peuple de rois : une épée, la victoire ou la mort ! voilà qui nous convient… ; la servitude, jamais ! Et que dirait l'Europe, que dirait l'histoire, si nous nous courbions un jour sous le bâton des Cosaques, si nous allions nous coucher, tranquilles et soumis, sur la paille de nos maîtres ? Oh ! mon cœur bondit de honte à cette affreuse pensée ! et tous, comme moi, vous avez juré, en vos âmes, que jamais vos enfants ne maudiraient votre mémoire, en la voyant écrite aux pages de la lâcheté, aux pages de l'oubli !

Mais l'heure de la délivrance a sonné : tout est prêt pour un suprême et décisif effort. Depuis deux ans, des hommes dévoués préparent la revanche. Les armes vous attendent, et le courage, je le sais dans vos âmes. Levez-vous donc, fils de la Pologne, levez-vous, la colère et la vengeance au cœur, et marchons tous ensemble, unis et confiants. Rien n'est puissant, rien n'est irrésistible comme un peuple ligué pour la cause de la patrie, et déterminé à secouer le joug, à rompre ses chaînes, ou à s'ensevelir sous ses propres ruines ! Rappelez-vous les exploits de la Grèce, les exploits de Carthage, et, plus près de nous, Pélage au fond des Asturies, et Robert Bruce, avec une poignée de braves, luttant contre toute l'Angleterre. Ils surent vaincre, ces héros, alors que tout croulait autour d'eux ; ils surent ranimer la cendre de leur patrie, alors que des tyrans l'entassaient pour leur tombe ! L'histoire a gardé leur souvenir, et les nations partout redisent leurs hauts faits. Et nous aussi, nobles Polonais, nous pouvons briser nos fers, repousser l'esclavage et vaincre la tyrannie. Champion de l'Europe, la première des nations, la Pologne toujours marcha à la tête des autres pour soutenir le droit, venger l'injure et refouler l'invasion. Barrière de l'Occident, ces Russes qui nous oppriment, nous les vainquîmes autrefois, et Moscou tremblante vit flotter sur ses murs nos étendards triomphants. Et les Turcs, alors que les peuples effrayés s'apprêtaient à se coucher sous les pieds sanglants de leurs chevaux, qui sut les arrêter, qui sut prescrire un terme à leurs dévastations et fixer des bornes à leur empire grandissant ?... La Pologne ! la Pologne presque seule, la Pologne victorieuse sur vingt champs de bataille, avec ses héros de Choczim et de Zurawno, avec son immortel Sobieski et ses foudres de Vienne.

Ce que firent nos pères contre les flots de l'Orient fanatisé, leurs enfants ne sauraient-ils plus le faire ? Serions-nous dégénérés, et le cœur qui bat dans nos poitrines ne serait-il plus le même ? Mais non, nous marcherons comme eux, enivrés de leur gloire, guidés par leurs exploits, et nous écraserons les hordes barbares qui veulent nous flétrir. Oui, nous marcherons, intrépides et fiers, sûrs de vaincre, car Dieu nous garde, et son ange est là, l'ange de l'antique Pologne, il est là, qui tressaille de bonheur ; il est là, le glaive de la vengeance à la main, nous montrant l'ennemi ! Allons, fils de la Pologne, volons à sa suite, et, sous son aile, protégés par nos saints, par nos rois, pleins de confiance, marchons à la victoire ! Dieu aime la Pologne !

O cendres de nos pères ! il va donc se lever le jour de notre délivrance, le jour terrible et sacré où nous devons anéantir ceux qui voulurent étouffer votre mémoire et souiller votre nom ! Ombres glorieuses que les siècles ont vues passer sur le sol de la patrie, héros

immortels tombés dans les combats, accourez près de vos fils, en ce moment solennel ; venez, de votre présence mystérieuse, appuyer leurs serments. Et toi, spectre ensanglanté de la vieille Pologne, toi que des Cosaques ont jeté demi-mort sous un monceau de cendres, dresse-toi sur ta tombe ; car c'est là, à tes pieds vénérés, à genoux sur ton linceul déchiré, sous le regard de leurs vieux rois, attentifs et frémissants sous ces marbres sacrés, que tes enfants réunis jurent à Dieu, en face de l'univers, en face de leurs ancêtres et de la postérité, d'écraser les tyrans, de venger leurs frères, de sauver la patrie, ou de mourir jusqu'au dernier ! »

Une immense acclamation salua ces paroles, et tous les patriotes, élevant la main vers le ciel, répétèrent ensemble : « Nous le jurons, nous le jurons ! Dieu sauve la Pologne ! »

L'archevêque bénit alors les drapeaux déposés sur l'autel, remit à Kosciusko l'étendard de Sobieski, et distribua les autres aux différents chefs de corps. Des cris d'enthousiasme éclatèrent de toutes parts, et toutes les voix entonnèrent l'hymne national, qui retentit longtemps sous les voûtes de la métropole et sur les places de la ville.

Quelques jours après, la Pologne entière était en armes, et les volontaires accouraient de tous côtés. Varsovie se souleva, massacra sa garnison de douze mille Russes, et le drapeau national flotta bientôt sur les remparts des principales villes de la Lithuanie, de la Samogitie, du palatinat de Sandomir, et de toutes les provinces usurpées. La Pologne se crut libre et débarrassée pour toujours du joug des étrangers.

Cependant la Prusse et la Russie, surprises au premier moment, se préparaient de leur côté à ressaisir leur proie. Bientôt l'on vit s'avancer, à travers les plaines de la Grande-Pologne et de la Lithuanie, cinquante bataillons d'infanterie et quatre-vingt-cinq escadrons de cavalerie légère. C'était plus qu'il n'en fallait pour écraser la petite armée de Kosciusko, pleine de courage, il est vrai, mais forte à peine de trente mille hommes, mal armés et peu familiarisés avec le maniement des armes.

Varsovie fut assiégée. Pour la dégager, Kosciusko, par une manœuvre hardie, se porta en toute hâte, avec quinze mille hommes, en arrière des troupes ennemies, et parut tout à coup sur les frontières de la Prusse, qu'il se mit à rançonner.

Les armées alliées, contraintes de se replier, abandonnèrent le siège de Varsovie. Kosciusko triomphait partout, culbutant les garnisons prussiennes, et soulevant sur son passage les cantons polonais que la crainte avait tenus jusque-là en dehors du mouvement. S'il eût été soutenu, c'en était fait de la Prusse, et la Pologne était sauvée

Malheureusement, comme il arrive toujours, même dans les meilleures causes, la division paralysa les efforts du patriotisme. Les nobles, effrayés des dépenses et des périls de la guerre, attendirent indécis; le roi ne voulut pas se compromettre aux yeux de Catherine qui, dans le dernier partage, lui avait conservé sa couronne ; les paysans, qui s'étaient d'abord levés en masse, ne voyant agir ni le roi ni la noblesse, et ne comprenant pas assez le prix de la liberté, n'osèrent se jeter de nouveau dans des aventures, qui deux fois déjà leur avaient coûté si cher, et rentrèrent dans leurs foyers. D'ailleurs un certain nombre d'insurgés nuisirent à leur cause, dans l'esprit des nations étrangères, en tenant des clubs, à la façon des révolutionnaires français.

Réduit à une poignée de patriotes, Kosciusko ne put tenir tête longtemps aux armées de la Prusse, qui grossissaient tous les jours et cherchaient à le cerner. Il rentra donc à Varsovie pour se refaire et fortifier sa petite armée.

Il y était depuis quelques jours à peine, quand il apprit tout à coup l'arrivée de soixante mille Cosaques, lancés par Catherine, sous les ordres du sanguinaire et sauvage Souwarow.

Sans perdre de temps, l'intrépide Polonais se porte aussitôt, avec trente mille volontaires, au-devant des Russes, qui s'avancent à marches forcées, semant sur leur passage la dévastation, le meurtre et l'incendie. Les deux armées se rencontrent près du bourg de Maciejowice.

Dès que les Polonais aperçoivent les Cosaques, ils se réunissent en une masse profonde, et, au signal de leur chef, se précipitent avec fureur sur les lignes ennemies. Une affreuse mêlée s'engage. Les Cosaques, surpris et déconcertés par ce choc imprévu, hésitent et reculent d'abord. Mais tout à coup, à la voix terrible de leur chef, ils reviennent à la charge comme des panthères, et culbutent les Polonais. Un rang tombe, un autre lui succède, fait des prodiges de valeur, puis tombe écrasé à son tour. Kosciusko, cinq fois blessé, ne cesse d'encourager les siens et de les pousser au combat. Mais le nombre est trop inégal.

Bientôt la réserve des Cosaques arrive sur le champ de bataille et se jette sur le flanc des Polonais épuisés ; le canon, des collines environnantes, vomit sur eux la mitraille et la mort : les défenseurs de la Pologne sont broyés sous les escadrons ennemis. Kosciusko, criblé de blessures, tombe à côté de son drapeau, en jetant ce cri du patriotisme au désespoir : *Finis Poloniæ !* C'en est fait de la Pologne!»

Les vainqueurs furent barbares. Le cruel Souwarow se précipita
sur Varsovie, et fit passer au fil de l'épée tout le faubourg de Praga.
Vingt mille personnes périrent en quelques heures, victimes des
atrocités d'une soldatesque furieuse. La ville, privée de défenseurs, ne
tarda pas à ouvrir ses portes. La plus belle des causes était perdue !

La Russie, la Prusse et l'Autriche se partagèrent les provinces de
la Pologne ; les citoyens les plus connus par leur patriotisme furent
chargés de fers, et conduits avec leurs familles dans les déserts de
la Sibérie. Kosciusko, recueilli mourant sur le champ de bataille,
fut envoyé à Saint-Pétersbourg, et jeté ensuite dans une prison
d'État, sur les bords du golfe de Finlande. Un immense deuil s'étendit dès lors sur toutes les contrées de ce vaste royaume, qui tant de
fois avait sauvé l'Europe.

II.

VOIX DE L'EXIL.

ILS sont tombés, les fils de la Pologne, tels que des chênes robustes écrasés par la tempête. Ils sont tombés !... La patrie les
pleure, comme une mère pleure ses enfants. Elle pleure, en regardant le ciel, car l'espérance demeure au milieu de son cœur.

Les barbares ont méprisé les larmes de l'angoisse ; ils ont détourné
leurs regards du visage éploré de la veuve et de l'orphelin ; mais les
sanglots de l'opprimé, les souffrances de l'exil appellent chaque jour
le châtiment sur eux.

Troupe glorieuse des forts qui m'entourez, chargés de chaînes
comme moi, entendez les vieux martyrs qui d'en haut nous appellent. Couronnés de splendeur, ils s'en vont, messagers divins, de
sphère en sphère, chantant le cantique de l'avenir.

Entendez ! la terre et les cieux tressaillent à leur voix, et le souffle
de Dieu passe sur nous en murmurant les deux noms que vous
aimez : patrie et liberté !

Espérons, mes frères, espérons : bientôt se lèvera le grand jour
de la justice, le jour fixé par Dieu !

« Dors, ô ma Pologne, dors en paix, dans ce qu'ils appellent ta
tombe : moi, je sais que c'est ton berceau !

« Tel que ces chevaliers qui sommeillent, revêtus de leur armure
sur les vieux tombeaux, le géant était là, couché sur la terre. Ils

jetèrent sur lui un peu de cette terre trempée de sang et dirent : Il
ne se réveillera plus!

« Dors, ô ma Pologne, etc.

« Tes fils dispersés ont porté dans le monde les récits merveilleux
de ta gloire. Ils ont raconté comment, tout à coup brisant le joug
de tes oppresseurs, tu te levas, semblable à l'ange que Dieu envoie,
armé de son glaive, pour punir ceux qui se rient de la justice ; et le
cœur des tyrans s'est troublé.

« Dors, ô ma Pologne, etc.

« Puis, quand ils ont dit tout ce que virent tes yeux, avant de se
fermer : l'indomptable courage des hommes, l'héroïque fermeté des
plus faibles femmes, l'ardeur sainte des jeunes vierges, le dévouement religieux des prêtres, les petits enfants même se dégageant
des bras de leurs mères, afin d'aller mourir pour toi, les peuples émus
ont baissé la tête, et se sont pris à pleurer.

« Dors, ô ma Pologne, etc.

« Tant de sacrifices, tant de travaux devaient-ils être stériles ?
Ces martyrs sacrés n'auraient-ils semé dans les champs de la patrie
qu'un esclavage éternel ? En serait-ce fait à jamais de cette patrie
vers laquelle encore se tournent de loin les regards des pauvres exi-
lés ? N'en resterait-il qu'une fosse, couverte d'un peu d'herbe ? Ah !
dites-le, dites-le-moi !

« Dors, ô ma Pologne, etc.

« Le lâche a égorgé en tremblant les guerriers sans armes ; il a
serré dans de vils fers leurs fortes mains ; il a eu peur des femmes,
peur des enfants même, et le désert a dévoré ceux qu'avait épar-
gnés le glaive. Pendant qu'ils s'enfonçaient dans la solitude, ou que
pêle-mêle on les jetait dans les abîmes de la terre, les murs des
temples s'écroulaient sur les autels ensanglantés.

« Dors, ô ma Pologne, etc.

« Qu'entendez-vous dans ces forêts? Le murmure triste des vents.
Que voyez-vous passer sur ces plaines ? L'oiseau voyageur qui
cherche un lieu pour se reposer. Est-ce là tout ? Non, je vois une
croix : tournée vers l'orient, elle marque le point où le soleil se
lève, et, sur le soir, soupirent auprès des voix douces et mystérieuses.

« Dors, ô ma Pologne, etc.

« Regardez ! Sur son front pâle, mais calme, est une confiance
impérissable ; sur ses lèvres, un sourire léger. Qu'a-t-elle aperçu
dans son sommeil ? Serait-ce un vain rêve qui la trompe en fuyant ?

Non, la Vierge divine, qu'elle proclama sa reine, est descendue d'en haut : elle a posé une main sur son cœur, et, de l'autre, écartant le voile de l'avenir, la Foi, debout derrière ce voile, lui a montré la liberté.

« Dors, ô ma Pologne, dors en paix, dans ce qu'ils appellent ta tombe : moi, je sais que c'est ton berceau ([1]) ! »

« Il me semble, en ce moment, dit un écrivain ([2]), il me semble entendre au loin les cris d'un grand captif d'autrefois, le captif d'Israël. Du sein de la tristesse, et comme à travers le voile funèbre de ses pleurs, il a vu dans ses rêves l'image de sa patrie, sa chère Jérusalem, et soudain il a oublié toutes ses douleurs. Il ne sent plus ses chaînes, il ne sait plus s'il erre sur les rivages de Babylone, il oublie même le joug chaldéen : Jérusalem ! Jérusalem ! tout son cœur, tout son souvenir est là, et il éclate en un transport patriotique, qui est un chant sublime, ardent et passionné comme l'amour.

« Jérusalem ! Jérusalem ! s'écrie-t-il, si je t'oublie jamais, que ma main droite tombe oubliée de moi ! Que ma langue soudain se glace dans ma bouche, si ton souvenir, un seul jour, pâlit dans mon cœur, si je ne sais plus trouver dans Jérusalem la source de mes joies ! — *Adhæreat lingua mea faucibus meis, si non meminero tui, si non proposuero Jerusalem in principio lætitiæ meæ !* »

Voilà tes joies, cher exilé, voilà ta vie, ton activité, ton travail, tes espérances, ce qui doit diriger tous tes efforts, occuper les heures de chacun de tes jours, et remplir ton âme tout entière : en un mot, voilà l'objet de ton amour. Israël disait : *Jérusalem !* du même cœur et avec la même foi, il te faut dire : *Varsovie !*

Je ne sais plus plaindre celui qui aime. Vous dites qu'il souffre ? Je réponds qu'il aime ; et ce seul mot est plein de souveraines consolations. C'est le secret de ces joies étranges et de ces allégresses ineffables que l'on rencontre dans l'âme des persécutés, et de ces incomparables bonheurs qu'a ressentis en lui-même quiconque a eu l'honneur de souffrir pour une grande cause.

Les siècles, devant Dieu, ne sont rien. Courage et confiance, ô ma Pologne : l'heure viendra, car Dieu a vu tes larmes !... Les larmes des forts ! les larmes des douleurs viriles ! les larmes du patriote exilé ! les larmes du guerrier vaincu ! qu'elles sont terribles à voir, et qu'elles ont sur le cœur une étrange puissance ! Et les larmes des

---

1. *Hymne à la Pologne.* (De Lamennais.)
2. H. Perreyve.

mères, des épouses, des sœurs, des fiancées, de tous ces cœurs tendres et forts, qui ont donné à la sainte cause de la justice mille fois plus qu'eux-mêmes, et auxquels il ne reste plus qu'un amour crucifié, dans un souvenir sanglant ! Que ces larmes sont puissantes pour porter dans le cœur de Dieu les plaintes suprêmes de la justice ! Qu'elles sont effrayantes pour le persécuteur !

O vous qui faites pleurer, prenez garde !... Vous triomphez, vous êtes forts, vous êtes armés de raisonnements et bardés de sophismes, comme les forts d'autrefois étaient bardés de fer, et vous dites : « Qu'est-ce que je crains ? Ils pleurent, et si je ne les réduis pas à se soumettre, ma vengeance du moins aura bu leurs larmes ! » Prenez garde ! Ce que l'Apocalypse appelle *le vin de la colère de Dieu* est un vin fait de sang et de larmes. Il s'échappe du pressoir où les forts foulent aux pieds le droit des faibles, où les âmes justes, où les âmes sœurs et les cœurs droits souffrent violence. Dieu les recueille dans des vases terribles, ces larmes, *dans les vases de sa colère !* Un jour vient où la mesure est pleine. Une dernière larme fait déborder le vase : alors retentit la parole du Seigneur à ses anges : « Allez, et répandez sur la terre la colère de Dieu ! » Et bienheureux celui que ne poursuit pas ce torrent vengeur ! Bienheureux celui qui pleure et qui souffre persécution pour la justice ! »

Napoléon 1er. (D'après Gérard.)

XIV.
LE CHATEAU DE SCHŒNBRUNN
ET L'OMBRE DE SOBIESKI.

A défaite de Wagram avait anéanti l'Autriche, ruiné toutes les espérances de la vieille Allemagne. L'Europe entière se courbait devant les drapeaux de la France, partout victorieux. Napoléon tenait sous ses pieds tous les sceptres du monde : l'Angleterre était épuisée par le blocus continental ; la Russie n'était plus qu'un vassal soumis et tremblant ; la Prusse était humiliée ; l'Espagne agonisait, et l'Italie allait être désormais une province du vaste empire. L'Autriche attendait, anxieuse, l'ordre du vainqueur, le mot décisif qui allait fixer, peut-être pour toujours, sa destinée future.

Napoléon s'était retiré au château de Schœnbrunn, préparant, dans le silence de l'étude, les conditions qui devaient former le fameux traité de Vienne. C'était le 13 octobre 1809. Ce jour-là même l'Empereur avait failli succomber sous le poignard d'un sicaire allemand, et son esprit était en proie à une agitation fébrile. Il se promenait à grands pas dans ses appartements, sombre, rêveur, menaçant par intervalles ; mais les éclairs qui jaillissaient de son œil en feu et illuminaient son front s'éteignaient bientôt sous un froncement sinistre, et il retombait soudain dans une morne tristesse.

La nuit était venue : des nuages épais couraient au milieu d'un ciel noir, et pas une étoile ne brillait au firmament. On entendait mugir dans la vaste cheminée la voix lugubre de la bise froide et pleine de sanglots. L'Empereur songeait à ce qu'il avait fait, à ce qu'il lui restait encore à faire pour couronner son œuvre et mettre le comble à sa gloire : il songeait au traité qu'il devait signer le lendemain, aux conditions qu'il avait dictées. Devaient-elles le conduire à son but, ou lui devenir fatales ? Que lui réservait l'avenir ? Le mot de l'énigme lui échappait. Il aurait voulu pouvoir soulever le voile mystérieux des siècles ; mais plus il faisait d'efforts pour pénétrer l'insondable problème, plus le fantôme qu'il poursuivait semblait fuir loin de lui, et toujours devant ses yeux se présentait l'image importune et menaçante du poignard qui avait failli, avec sa gloire et sa vie, renverser tous ses rêves... Brisé par la fatigue et l'émotion, l'Empereur s'était enfin jeté sur son lit pour prendre son repos, et le sommeil n'avait pas tardé à s'emparer de lui.

Minuit venait de sonner au donjon du château. Tout à coup, au milieu de l'appartement, et debout devant lui, l'Empereur aperçoit un guerrier. Son visage est empreint d'une majesté sereine, ses traits semblent brunis par la poussière des combats, et sur son front rayonnant resplendit un diadème. L'Empereur considère un instant la vision, dans un muet étonnement ; mais bientôt les lèvres du héros s'entr'ouvrent, et, d'un geste rassurant le vainqueur de l'Autriche, l'inconnu lui parle en ces termes :

« Fils de la Victoire, ne crains rien : je suis Sobieski, le défenseur de la vieille Pologne. Comme toi, sur les hauteurs du Calemberg et sous les murs de Vienne, j'anéantis de puissantes armées : le Ciel toujours bénit mes drapeaux et favorisa mes entreprises. Avant moi, bien des guerriers, bien des enfants de la vaillante nation s'étaient levés pour défendre l'Europe et la civilisation, menacées par les hordes musulmanes : bien des martyrs étaient tombés sur le champ de bataille, et le sang polonais coula pendant bien des siècles sous le cimeterre impie de Mahomet. Toujours la Pologne fut au premier rang parmi les défenseurs de la famille et de la religion. Sans elle, la France depuis longtemps serait une province musulmane, et l'Europe s'éteindrait dans l'esclavage et dans la barbarie.

« Mais enfin Dieu a voulu châtier nos révoltes et nos infidélités, et voilà que la nation héroïque gémit sous le joug inhumain d'un vainqueur impitoyable. Nos divisions nous ont livrés sans défense à nos voisins jaloux, et les Cosaques sont venus nous ravir nos biens, nous chasser de nos demeures, nous arracher nos femmes et nos enfants, et jusqu'à notre nom, ce nom si glorieux, acheté au prix de tant d'exploits et couronné de tant de victoires, et ils ont tout emporté dans les steppes glacés de la Sibérie. En vain nos cris s'élèvent parmi nos larmes, et nos prières implorent le Ciel depuis bien des années. Mais voici qu'enfin le Tout-Puissant a tourné vers nous un regard favorable, et l'espérance renaît au cœur des opprimés.

« Prince, je suis l'envoyé du Très-Haut, et, de sa part, je viens t'apporter la victoire ou la mort. Aujourd'hui tu peux tout : l'Europe est à tes pieds, elle attend de toi le mot qui doit régler sa marche et fixer définitivement son sort. Dieu t'ordonne de rétablir la Pologne; il veut que sa nation revive. La Pologne fut toujours la sœur bien-aimée, l'alliée de la France ; le baptême de la foi et le baptême du sang sur les mêmes champs de bataille unirent pour toujours leur gloire avec leur destinée. Aujourd'hui encore, parmi tes meilleurs soldats, je distingue les fils de nos guerriers. Comme aux siècles passés, la France désormais pourra compter sur nous. Aux portes de l'Orient, au sein même des turbulentes peuplades de la Germanie, nous serons pour elle comme une sentinelle vigilante, toujours debout pour surveiller l'ennemi, pour prévenir ses attaques et repousser ses agressions. Le flot des Cosaques, avant d'atteindre et d'envahir la France, trouvera devant lui une barrière redoutable, qui le refoulera sans cesse. La reconnaissance nous enchaînera pour toujours aux fils de la vieille Gaule. Prince, tout dépend de toi : un mot de ta bouche peut nous donner la vie.

« Mais si ta main tremblait encore, si tu n'osais répondre à cet appel suprême, si ton cœur demeurait insensible aux cris de l'opprimé, souviens-toi que tu ne fus jusqu'ici que l'exécuteur de la justice du Très-Haut ; souviens-toi que lorsque la verge qui châtie les peuples a cessé d'être un instrument docile dans la main du Tout-Puissant, Dieu la brise, et il en jette les débris aux quatre vents du ciel !... Et maintenant regarde à l'horizon, vois ce que prépare l'avenir. »

L'Empereur, se tournant alors du côté de l'Orient, aperçut une plaine immense, couverte de neige, battue et sillonnée par le vent des frimas... On entendait par intervalles de sourdes et lugubres détonations, comme au soir d'une bataille... Çà et là, de longues bandes de vapeurs rougeâtres planaient au milieu des airs, semblables à la fumée des villes embrasées... Puis bientôt le ciel se rembrunit, un voile sombre s'étendit sur la terre et l'enveloppa de profondes ténèbres. L'Empereur regarda, cherchant à saisir quelque chose, à la lueur sinistre des incendies ; mais il n'aperçut qu'une étoile qui brillait au firmament. Bientôt il la vit pâlir et s'agiter, semblable à une lampe qui s'éteint, et se diriger, comme emportée par un souffle puissant, vers des régions inconnues... Soudain, il la

La Retraite de Russie. (D'après le tableau d'YVON.)

vit se détacher du ciel et se diviser dans l'espace : une partie tomba sur Schœnbrunn, et l'autre alla se perdre dans les flots de l'Océan.

L'Empereur se réveilla en ce moment. Il réfléchit jusqu'au matin, cherchant à pénétrer le sens mystérieux de ce rêve étrange ; et peut-être que le duché de Varsovie, qui sortit du traité de Vienne, fut le résultat de cette vision prophétique.

Dieu et Patrie.

XV.
LA TOUR DE DURRENSTEIN
ET LE ROCHER DE SAINTE-HÉLÈNE.

LES échos de l'Europe retentissaient encore du nom de Wagram, où Napoléon venait d'écraser l'Autriche. C'était en 1809. Une partie de l'armée française rentrait avec l'Empereur, en suivant le Danube, et s'était arrêtée à Durrenstein, sur la rive gauche de ce fleuve. L'Empereur s'était retiré dans les appartements qui lui avaient été préparés, à quelque distance de la ville, dans un magnifique château ayant vue sur la vieille tour où fut enfermé Richard Cœur-de-Lion. Le soleil venait de disparaître à l'horizon, et les ruines de l'antique forteresse se dressaient sur la crête de la colline, comme un spectre sanglant, sous les derniers reflets du jour. L'armée était campée sur les bords du fleuve, autour de Durrenstein. Bientôt les feux de garde s'allumèrent, les derniers roulements du tambour s'éteignirent dans le bruit confus des flots grossis du Danube, et tout devint silencieux.

L'Empereur, préoccupé plus que jamais de ses idées de grandeur personnelle, et toujours agité, depuis que le poignard d'un sicaire allemand lui avait révélé l'irritation des peuples, s'était promené dans sa chambre jusqu'à une heure assez avancée ; puis, fatigué et plein d'inquiétude, il s'était jeté sur un sofa, en face de la fenêtre, d'où sa vue découvrait la vieille tour ruinée. Longtemps il tint ses regards fixés à l'horizon : la nuit était magnifique, des milliers d'étoiles scintillaient au firmament, et les créneaux et les donjons mutilés de la forteresse s'allongeaient dans la plaine, sous la mystérieuse clarté de la lune. On entendait par intervalles le vent du soir gémir comme une voix humaine en courant sur ces ruines, d'où sortaient silencieux, pour s'y plonger de nouveau, un instant après, des oiseaux nocturnes.

Tout rappelait à Napoléon l'infortuné roi d'Angleterre et son fidèle ami. C'est là, se disait-il, qu'a langui, victime d'une infâme trahison, le plus brave des rois. Il avait passé la mer pour courir à la gloire, et il l'avait trouvée, il l'avait conquise à la pointe de sa vaillante épée, et, triomphant, il la ramenait en Europe, quand tout à coup elle lui fut ravie. O Richard, il me semble entendre d'ici les soupirs de ton âme si passionnée pour la gloire ! Tu allais en jouir, hélas ! quand la nuit d'un cachot s'étendit autour de toi, et l'on t'oublia ; et seul le fidèle Blondel vint errer sous les noirs donjons qui te retenaient captif !... Et moi aussi, j'ai eu soif de la gloire ! j'ai franchi les mers, j'ai vaincu le Croissant, j'ai humilié l'Europe sur vingt champs de bataille... Et qui sait si Dieu ne me réserve point un sort semblable à celui de Richard ?... Qui sait même si je sortirai de l'Allemagne ?... Elle a failli déjà être mon tombeau, il y a quelques jours à peine... O Ciel !... Mais non..., mon étoile luit encore ; elle paraît plus brillante que jamais !... Et Wagram n'est-il point là pour me rassurer ?... Je suis maître de l'Europe enfin ; et qui donc pourrait m'arrêter ? L'Autriche est anéantie, la Prusse n'existe plus, l'Espagne succombe sous mes armes, et mon drapeau vainqueur vient d'être planté au sommet du Capitole. Rome est à moi !... Rome avec l'Italie... Un vieillard, au Vatican, me résistait : il est mon prisonnier... Qu'ai-je donc à craindre aujourd'hui ?... O gloire, tu es à moi désormais ! tu vas te reposer sur mon front, tu vas publier mes exploits jusqu'aux extrémités du monde, et l'histoire écrira mon nom plus haut que celui de César, plus haut que celui d'Alexandre !

Cependant, au milieu de ces réflexions, Napoléon s'était endormi. Tout à coup il vit passer devant lui des légions innombrables : il y avait les héros de Montenotte, de Mondovi, de Lodi, de Castiglione, d'Arcole et de Rivoli. Ils étaient tous là, ces vieux généraux et ces vieux grenadiers, tels qu'en un jour de parade, et tous défilaient devant lui, aux accents belliqueux des fanfares guerrières.

Il vit ensuite se dessiner, dans le lointain, comme les sommets des Pyramides ;... puis une vaste plaine sortit du sein de la fumée,... puis une armée ;... et des régiments couverts de poussière défilèrent encore devant lui, ardents et impétueux comme au jour d'une bataille. A leur tête étaient Kléber, Lannes, Murat, Bessières, et sur les étendards était écrit, en lettres d'or : les Pyramides, Aboukir et Mont-Thabor.

Après eux, les héros de Marengo et d'Austerlitz se pressèrent, sous un soleil ardent, à la voix de leurs chefs ; et l'Empereur vit passer l'intelligent Davoust, l'héroïque Desaix, l'intrépide Murat, l'irrésistible Lannes, l'indomptable Masséna, Ney, le brave des braves, et Marmont, et Soult, et Oudinot, et le vaillant Rapp, neuf fois blessé dans la même bataille. Ils étaient beaux, sous leurs armures, tous ces héros de la France ! Les plis de leurs drapeaux invincibles flottaient au-dessus de leurs têtes ; ils passaient, nombreux et serrés, et, joyeux, ils saluaient de leurs hourras le grand empereur.

Mais bientôt le soleil s'éteignit, la neige tomba par flocons et couvrit la terre. Tout devint sombre, et Napoléon aperçut comme une plaine immense et glacée. On entendait au loin gronder le canon, et çà et là des nuages de fumée s'élevaient parmi les sinistres reflets des incendies. Au milieu des airs planait un aigle,... et, sur ses ailes déployées, étaient tracés en caractères de sang les noms d'Iéna, d'Eylau et de Friedland. Puis, l'horizon s'assombrit encore ; un silence de mort s'étendit partout, et l'Empereur ne vit plus que la forteresse de Durrenstein, et l'aigle qui planait au-dessus des donjons en ruine.

Mais soudain un vieillard parut au sommet de la tour. Il était revêtu des habits pontificaux.... Il étendit le bras vers le ciel, et de sa main l'Empereur vit sortir un éclair qui sillonna l'espace : la foudre éclata dans la nue, et l'orage s'abattit sur la plaine. L'aigle effaré prit son vol vers les cieux, cherchant à s'élever au-dessus de la tourmente ; mais un grand coup de vent lui brisa les deux ailes... il tournoya quelques instants, au sein de la tempête, en jetant de longs cris rauques et lugubres, puis l'Empereur le vit tomber, loin, bien loin, au milieu de l'Océan, sur un rocher désert.

En ce moment, Napoléon se réveilla, plein d'émotion. Il se leva et se porta à la fenêtre, comme pour se rassurer. La scène avait changé d'aspect ; la nuit faisait place à la première aurore, et l'Empereur put contempler de nouveau, sous les reflets mourants de la lune, les donjons du vieux manoir, dont les pieds maintenant se perdaient dans une mer de brume, blanche comme des flocons de laine, tandis que les contours de sa masse sombre se dessinaient encore sur l'azur du ciel.

Il demeura quelque temps absorbé dans une profonde rêverie, et

Pie VII. (P. 259.)

son âme s'égara jusqu'au jour dans les mystères du songe qu'il avait eu. « L'avenir ! se disait-il, l'avenir ! problème impénétrable !...... Qui me le dévoilera ?...... Qui m'ouvrira ce livre fermé ?» Et son cœur fut longtemps agité, et son esprit se troubla bien des fois, en songeant à la nuit de Durrenstein. Mais l'homme de guerre ne comprit la vision prophétique que lorsque l'ouragan de Waterloo l'eut jeté, sans espoir, sur le rocher de Sainte-Hélène.

XVI.
LE GÉNIE DE LA FRANCE
ET LES CENDRES DE NAPOLÉON Ier.

ÉLIVRÉE des troubles qui l'avaient successivement agitée pendant un demi-siècle, la France jouissait enfin de quelques années de repos. Les arts renaissaient, les lettres étalaient leurs monuments rajeunis, les sciences prenaient leur essor vers un progrès jusqu'alors inconnu; tout enfin, comme au lendemain d'une tempête, semblait avoir à tâche de réparer les désastres que le fléau avait accumulés.

Au milieu de cette restauration universelle, des esprits élevés, partisans sincères de tout ce qui pouvait contribuer à la gloire de la France, avaient mis au jour un projet que les générations nouvelles avaient accueilli avec transport; et le prince de Joinville avait été chargé de l'exécution de ce vœu national. Il s'agissait de la translation des cendres de Napoléon Ier, de Sainte-Hélène aux Invalides, sous ce dôme gigantesque et digne du grand homme, au milieu des vieux soldats de sa grande armée, qui l'appelaient de leurs désirs les plus ardents, pour le bénir et le garder encore.

On touchait aux premiers jours du mois de juillet 1840. Un bâtiment magnifique, et richement pavoisé de draperies funèbres, attendait en rade de Toulon, dans les belles eaux de la Méditerranée, prêt à s'élancer au premier signal vers l'île de Sainte-Hélène. C'était la veille du départ. Le soleil s'était couché dans des flots d'or et d'azur, et la nuit, déroulant sur ses pas les splendeurs de ses astres mystérieux, avait envahi le ciel. Tout sur la mer était rentré dans le silence, et l'on n'entendait plus que le bruit monotone des vagues se brisant sur les flancs du navire ou les rochers de la côte, et les soupirs harmonieux de la brise qui s'éteignait en pleurant.

Le prince de Joinville, après s'être promené longtemps sur la dunette, s'était jeté sur son hamac, l'esprit tout préoccupé de la noble mission dont il était chargé, des glorieux souvenirs qu'il allait réveiller, et, l'âme remplie de ces grandes pensées, il s'était endormi.

Tout à coup, il lui semble voir se dessiner à l'arrière du vaisseau comme un nimbe lumineux, et une vierge à la chevelure ondoyante, au regard de feu, le sourire sur les lèvres, la fierté et le courage sur le front, se présente devant lui. Au-dessus de sa tête flottait dans les cordages le drapeau national, et dans sa main apparaissait un glaive étincelant. C'était le Génie de la France. Il s'approche du prince, et, s'appuyant comme un guerrier sur la garde de son épée :

« Enfant de la France, lui dit-il, à toi est confiée la plus belle et la plus glorieuse des missions. Réjouis-toi, noble fils de Charlemagne : à d'autres il a été donné de suivre Napoléon sur les champs de bataille ; à d'autres il a été donné de servir la Victoire sous ses yeux ; mais à toi seul le Ciel a réservé l'honneur de ramener les cendres du grand homme sur le sol de la patrie, de délivrer son ombre captive encore sur une plage ennemie, et de consoler tout un peuple, en lui rendant celui dont il a longtemps déploré le départ et les malheurs !

Prends avec toi le prudent Las Cases, ce vieillard qui, après s'être voué à la garde d'un grand peuple, a voulu se consacrer encore à l'infortune d'un homme aussi grand à lui seul qu'un peuple tout entier. Prends aussi Gourgaud, le pieux Gourgaud, qui ne parlait jamais de sa mère sans verser des larmes, et qui se consolait en regardant Napoléon. Et Bertrand, le compagnon fidèle, l'ami le plus intime et le plus dévoué de l'empereur, prends-le aussi, Bertrand, qui consentit à s'exiler, à exiler sa famille, plutôt que de quitter son maître. Prends enfin tous ceux qui restent encore des compagnons d'infortune du grand homme et qui ont pleuré sa mort. Et maintenant regarde au loin, vois, au milieu des vagues de l'Océan, cette île déserte que protège le pavillon anglais. C'est là qu'après avoir été blessé à Waterloo, l'aigle s'est abattu et qu'il est venu expirer ! C'est aussi là, mon fils, que tu dois aborder ; et lorsque tu auras mis le pied sur ce rivage sacré, tu t'avanceras respectueusement, et tu ne tarderas pas à voir blanchir un marbre, sous un vieux saule que le vent fait balancer. Aucun nom n'est écrit sur le mausolée funèbre ; mais les battements de ton cœur te diront

PARIS. — Hôtel des Invalides.

Dieu et Patrie.

assez qui repose couché sous cette froide pierre, car ce nom, ce grand nom, tout Français le porte dans son cœur, et l'épée le grava, aux jours de nos triomphes, aux jours de notre gloire,

> Des bords du Tanaïs aux sommets du Cédar,
> Sur le bronze et le marbre et sur le sein des braves !

Puis, quand tu seras arrivé auprès du lugubre monument, au milieu du silence de cette solitude, tu te découvriras, et, le front incliné, tu diras au grand homme qui dort que la France l'attend !

Tu recueilleras ses cendres précieuses, et tu hâteras ton retour, car il est sur la terre de la patrie des cœurs qui battent pour le grand Empereur, et qui désirent le revoir. Oui, hâte-toi, afin que Soult, Moncey, Oudinot et Victor, ces quatre vieux maréchaux, soient les rois d'armes du cortège. Hâte-toi, car partout, dans les villes comme dans les chaumières, on appelle son retour. Hâte-toi, car ces vieilles troupes, qui firent trembler l'Europe, ces vieux guerriers, respectés par le fer, vont bientôt succomber sous le poids des travaux et celui des années, et ils ne veulent pas mourir sans avoir vu le jour sacré !

Mais souviens-toi que Napoléon aimait la poésie d'Ossian, cette vague religion des morts courant au sein des nuages ou sur les flots de l'Océan, cette religion, qui peuple la vie de fantômes aimés. Ces voix aériennes gémissant dans la brume silencieuse de la nuit, ces ombres chevauchant parmi les grands arbres des frimas et les siffle-ments de la tempête, faisaient résonner un écho mélancolique dans cette âme qu'enivraient les fanfares guerrières et le bruit du canon ! Napoléon aima les morts : les morts l'aiment aussi, et Dieu va per-mettre que ses vieux soldats, qui ont succombé comme lui, l'accom-pagnent jusqu'en France. Pendant une de ces nuits tropicales, où mille astres scintillants projettent sur les flots une lueur mystérieuse, tu verras tous les vieux généraux de Napoléon, tu verras ses armées de braves apparaître autour du vaisseau et lui faire-cortège. » Et le Génie, montrant au prince les profondeurs de l'Océan : « Regarde, mon fils, ajoute-t-il, ce tableau va se dérouler à tes yeux, tel que tu le verras alors, dans toute sa pompe et sa splendeur. »

Joinville obéit à sa voix et porte ses regards autour de lui. Déjà il croit voir le vaisseau fendre les ondes, et la mer se couvrir d'om-bres funèbres. En avant, en arrière du navire, sur leurs chevaux d'écume poussés par le vent, il aperçoit des bataillons innombra-bles bondissant sur les flots. A ses yeux passent, rapides comme l'éclair, les dragons à la crinière ondoyante, au casque étincelant, qui sillonnent d'une traînée de feu les ondes bouillonnantes ; les cuirassiers à la poitrine de fer, dont le choc si souvent écrasa l'ennemi ; les lanciers aux piques pavoisées, qui portent la mort dans chaque coup ; les guides avec leurs dolmans flottant comme des drapeaux. D'autres les suivent, puis d'autres encore, tous aussi nombreux, tous aussi rapides ; et tous, penchés sur les flots, escortent le navire dans sa course emporté.

« Qu'ils sont beaux ! s'écrie le prince à cette vue. Qu'ils sont beaux les enfants de la France ! » Au même instant un immense hourra s'élève du sein de ces bataillons fantastiques, et le cri de *Vive l'Empereur !* retentit au milieu des ténèbres.

Le Génie, étendant alors son épée vers les côtes de France : « En avant ! en avant ! crie-t-il à ces valeureux guerriers ; pressez encore une fois le combat, montrez-nous cette bouillante ardeur qui décidait la victoire. La France vous réserve dans son sein un repos glorieux, dans ses monuments un impérissable souvenir, et l'aigle va planer de nouveau sur vos têtes, couronnées de laurier par les mains de la Patrie. »

A la voix du Génie, tous se hâtent, tous pressent leurs coursiers haletants. Et Joinville voit défiler près du vaisseau toute cette cavalerie fameuse et cette redoutable infanterie, qui firent trembler l'Europe : les hauts grenadiers à la lèvre farouche, les légers chasseurs au gracieux colback, les brillants hussards à la course si rapide, que les pieds de leurs chevaux ne font qu'effleurer l'onde amère. L'œil peut à peine les suivre. Derrière eux, les canons sautent sur leurs affûts couverts encore de la poussière de cent combats, et l'on entend gronder par intervalles, comme des tonnerres lointains, la voix solennelle de leurs mille bouches. Aux accents de cette sombre harmonie, les pâles ombres relèvent la tête, éperonnent leurs coursiers en agitant leurs glaives, se croyant encore sur un champ de bataille. Ils sont là, serrés comme les flots, tous ceux que la mort a frappés ; ils sont tous là, et les braves des Pyramides, et les héros d'Arcole, et ceux qui trouvèrent la mort aux champs de Marengo, d'Austerlitz et de la Moskova : ils sont là, comme au jour d'une victoire.

Le prince les examine dans un muet étonnement. « Admire-les, compte-les, lui dit le Génie ; mais, quelque braves qu'ils soient, ils ne manquent pas de chefs plus braves encore pour les conduire. » Et se tournant vers les ombres qui se précipitent : « A moi,

Berthier ! s'écrie-t-il, à moi, savant ordonnateur des revues : viens encore commander la manœuvre, comme aux grands jours de parade. »

Aussitôt le chef d'état-major s'avance sur son brillant coursier, et les masses s'ébranlent à sa voix. « A l'avant-garde les conquérants d'Égypte ! » crie-t-il ; et Desaix se précipite, brandissant son épée de Marengo, le bouillant Desaix, mort en brave, en lançant sur l'ennemi ses escadrons terribles, qui ramènent la victoire.

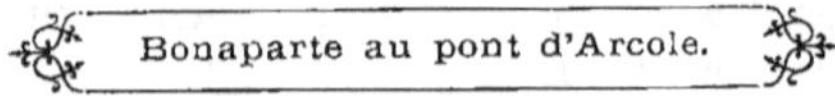
Bonaparte au pont d'Arcole.

Le Génie montre ensuite à Joinville un chef à la haute stature. C'est Kléber, le dur et fier Kléber, qui ne courba son front que devant Napoléon ; Kléber, le vainqueur de l'Égypte, et qui l'eût conquise si le poignard n'eût fait ce que la mitraille de vingt combats n'avait pu faire.

« Pressez-vous à sa suite, vous qu'il conduisit à la victoire, héros d'Aboukir, des Pyramides et de Mont-Thabor : laissez voir vos visages brûlés par le soleil ! » Et les soldats d'Égypte passent, sous les plis flottants de leurs drapeaux glorieux, aux cris de : *Vive l'Empereur !*

Puis viennent les conquérants d'Italie, couverts encore de la poussière des combats. A leur tête paraît le valeureux Lannes, le Roland de l'armée, mort à Essling au sein de la victoire. Sa main brandit encore le sabre d'honneur sur lequel l'Empereur, qui le lui donna, avait fait graver le nom de Marengo.

Augereau le suit, l'indomptable Augereau. Il tient le drapeau d'Arcole, qui développe, sous le souffle de la brise, ses plis déchirés

Napoléon avant la bataille d'Austerlitz. (P. 270.)

par les balles. « Allons, mon vieux soldat criblé de blessures, lui dit le Génie, fais-toi encore attacher à ton cheval, toi qui, quoique miné par la fièvre, voulus commander tes braves à Iéna. Le canon a sonné la bataille ; en avant, fils de la Fortune, conduis encore la charge de tes vieux régiments ! » Et après lui, sur les vagues bondissantes, se précipitent des milliers de héros : les vainqueurs de Lodi, de Castiglione, d'Arcole et de Rivoli, et ceux de Montebello, de Gênes et de Marengo... Tous semblent courir encore à la victoire, et passent, dans un nuage de fumée, en criant : *Vive l'Empereur !*

Viennent après ceux qui laissèrent leurs noms dans les champs de la Prusse, de l'Allemagne et de la Russie. A leur tête Joinville remarque le courageux duc de Dantzig, l'illustre maréchal Lefebvre, qui ne posséda jamais d'autres richesses que l'or dont l'Empereur avait galonné son habit. Sur ses pas s'élance la vieille garde, l'invincible, qui assista à plus de quarante batailles ; et l'on distingue les héros d'Austerlitz, d'Eylau, de Friedland, d'Eckmühl, de Wagram et de la Moskova, et ceux qui répondirent, à Waterloo : *La garde meurt et ne se rend pas !*

« Mais voici un autre guerrier plus illustre encore, dit le Génie. Incline-toi, mon fils, car c'est Masséna, prince d'Essling, vainqueur de Zurich et défenseur de Gênes ; Masséna, l'intrépide Masséna, vingt fois blessé, mais toujours debout pour soutenir les siens. — Éperonne ton coursier, toi que la faim n'a pu vaincre, pas plus que la mitraille ; hâte ta course vers la patrie : la joie d'un peuple t'y attend, et ton nom n'y périra jamais ! »

A ses côtés paraît l'inébranlable maréchal Mortier, le preneur de villes, à la tête de son immortelle 32e brigade, qui se fit hacher cent fois, mais ne recula jamais ! L'épée à la main, il semble montrer encore des remparts à escalader. Il commande l'assaut, et les guerriers s'élancent au sommet des vagues, comme autrefois au sommet des tours, au cri de *Vive l'Empereur !*

« Et maintenant, reprend le Génie, vois ce héros couvert de lauriers, et pourtant si modeste : c'est Eugène de Beauharnais, le fils adoptif de l'Empereur. Son front était destiné à porter une couronne, et il fut assez grand pour saluer sans mécontentement la naissance de celui qui devait la lui ravir.

Mais quel est cet autre guerrier au panache flottant, et qui pousse son cheval bondissant sur les flots ?... C'est Murat, le terrible Murat, le lion de Naples, le plus beau soldat de l'Europe, toujours le premier au combat, et qui dépassait de toute la tête ses plus fiers cavaliers. « Modère ton ardeur, prince, ne brandis pas ton épée. Pourquoi faire sonner la charge ? L'Océan ne recèle pas d'ennemis ! Et toi, vigilant Davoust, pourquoi braquer sans cesse ta lunette à l'horizon ? Penses-tu voir encore se dérouler au loin les bataillons de l'Autriche ?... Tu n'es plus à Ulm, ni à Austerlitz, et les armées que tu poursuis n'existent plus. Allons, pressez tous deux vos coursiers impatients, et faites saluer une fois encore celui qui signait du pommeau de son épée la destruction des empires. »

Aussitôt, bondissant à la voix de son chef, se précipite sur les pas de Murat sa cavalerie fougueuse, plus rapide que le vent du désert. Derrière elle se pressent les voltigeurs de Davoust et toute la jeune garde, le rempart de la Grande Armée. Le prince élève son épée au-dessus de sa tête, en criant : *Vive l'Empereur !* et toute l'armée des ombres répète en même temps : *Vive l'Empereur !*

Poniatowski les suit avec ses valeureuses légions, Poniatowski, qui adopta la patrie des braves pour reconquérir la sienne.

Après lui, au flanc droit du navire, s'élance le vaillant Rapp, le sabre brisé et le cheval tout sanglant encore de sa charge d'Auster-litz ; Rapp, l'aide-de-camp de l'Empereur, toujours blessé, et tou-jours guéri la veille du combat, et qui versa sur les champs de bataille plus de sang qu'il n'en faudrait pour la vie de dix hommes... Puis, derrière tous les autres, à la tête de l'arrière-garde, se dresse le maréchal Ney, le brave des braves, le géant de la Moskova ; l'irrésistible Ney au corps de fer, à l'âme infatigable, qui dormait sur la neige, combattait le jour et veillait la nuit. « Relève la tête, fils de la Victoire, et ne cache pas les douze blessures de tes vingt-deux campagnes ! Toi qui refusas de combattre celui qui t'avait fait tout ce que tu as été, avance-toi, car le jour est venu où le sup-plice te sera compté comme un jour de victoire ! »

Le héros parut alors à la tête de ses troupes, ardent et intrépide comme sous les frimas de la Russie. Et Joinville vit passer à sa suite les vieux grenadiers, blanchis par la neige de la Bérésina ou la poussière de Waterloo ; et des milliers d'autres guerriers les sui-virent sur les flots écumants : Suchet avec ses soldats d'Espagne, Bessières et les dragons de la vieille garde ; puis d'autres généraux et d'autres bataillons encore... Et tous défilaient sous la brume, comme au lendemain d'une victoire, en criant : *Vive l'Empereur !*

Ainsi passait, aux yeux du prince, la Grande Armée avec ses gloires, la Grande Armée, escortant les cendres de celui qui grava son nom sur toutes les couronnes. Et les flots s'agitaient bouillon-nants, sous les pas de ces ombres légères, voltigeant en ordre autour du navire.

Joinville ne pouvait détourner ses regards d'un spectacle si im-posant et si merveilleux. Le Génie se tournant alors vers lui :

« Mon fils, lui dit-il, tu les reverras, pendant la nuit, tous ces héros de la Grande Armée ; ils t'accompagneront quand tu ramè-neras le trésor de la France : leurs cris se mêleront aux sifflements de la tempête. Et quand tu les auras vus défiler, le long de ton navire, alors tu lèveras la tête, et tu apercevras, au sommet du grand mât, l'aigle impérial déployant ses ailes et semblant protéger tout le cortège. Au point du jour, l'aigle poussera un grand cri, et soudain tu verras tout disparaître, car le jour appartient aux vivants et la nuit seule est aux morts !... Puis, quand tu auras touché aux rivages de la patrie, tu verras accourir de toutes parts les vieux soldats de l'Empire, impatients de toucher le cercueil de leur père, impatients de saluer celui qu'ils ne surent qu'aimer, admirer et bénir. Tu les entendras proclamer sa gloire, rappeler ses exploits, ses bienfaits, ses victoires ; tu les entendras redire avec orgueil les paroles du grand homme, et Marengo, et Austerlitz, Lodi, Wagram et la Moskova retentiront au milieu des cris de : *Vive l'Empe-*

Vue de Sainte-Hélène.

reur ! Puis Waterloo fera couler des larmes de leurs paupières attendries, au souvenir de l'infortune et de l'exil de celui qui les aima.

« Pour toi, mon fils, ton nom sera mêlé, dans les cris d'enthousiasme, à celui du grand Empereur, et la postérité d'âge en âge bénira ta mémoire et ta glorieuse mission... ! Et maintenant, va. Que le Ciel pousse ton navire ! Déjà l'aube blanchit ta voile et le vent se lève favorable. Pars, digne enfant de la France ; va recueillir des cendres illustres et captives, et reviens en toute hâte les rendre au deuil et à l'amour d'un grand peuple ! »

Il dit, et, déployant ses ailes fleurdelisées, le Génie prit son vol dans l'espace et disparut. Le lendemain, le prince de Joinville donnait le signal du départ, et, tout plein encore de son rêve mystérieux, le soir même il quittait le port et se dirigeait à toutes voiles vers l'île de Sainte-Hélène.

Quelques jours après, la France recevait dans son sein celui qui fut malheureux pour l'avoir voulu faire trop grande et trop prospère, et tout un peuple bénit l'immortel exilé et son noble libérateur ([1]).

---

1. La frégate *la Belle-Poule* partit de Toulon, le 7 juillet 1840, à 7 heures du soir. Le 15 octobre, elle recevait à bord les cendres de Napoléon, à Sainte-Hélène, abordait à Cherbourg, le 29 novembre, et remettait le cercueil à la *Normandie*, qui devait le transporter à Paris. Le 15 décembre, les restes de l'Empereur étaient déposés aux Invalides. — La mise en scène de cette composition rappelle une peinture du palais de Compiègne, *la Revue nocturne*, de Dietz Féodor.

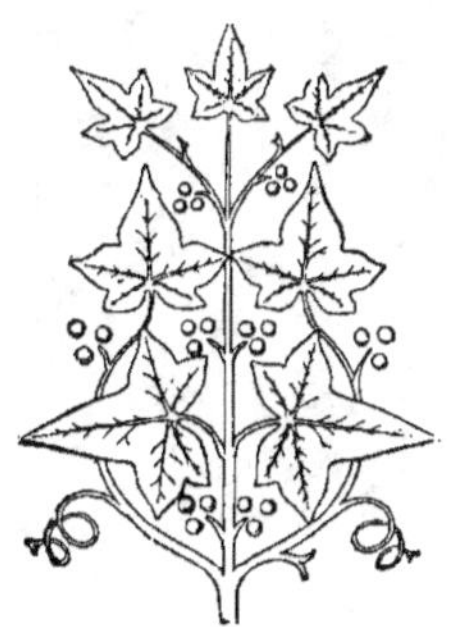

Le général LAMORICIÈRE.

XVII.
LAMORICIÈRE
ET LA CONQUÊTE DE L'ALGÉRIE.

PAR delà les flots bleus et tranquilles de la Méditerranée, en face des côtes riantes et fleuries de la belle Provence, s'étend, sous un ciel pur et radieux comme celui de l'Orient, une contrée, riche et fertile, autrefois libre, chrétienne et civilisée, tout récemment esclave sous le joug du Coran, citadelle et foyer de la barbarie et de la piraterie, aujourd'hui française et de nouveau chrétienne et florissante : c'est l'Algérie, théâtre de nos exploits, de la bravoure de nos armées, conquise à la pointe de l'épée, et longtemps arrosée du sang de nos vaillants soldats.

Des héros sans nombre dorment sous le sol ensanglanté, sous les guérets fertiles et sous le sable du désert ; des bataillons héroïques se sont signalés, ont souffert et se sont dévoués pour la gloire de la France, conduits par des chefs habiles, ardents et généreux, ne rêvant que fatigues et combats.

Entre tous ces braves, dont l'histoire conservera les noms, la postérité admirera toujours et célébrera, d'âge en âge, les glorieux faits d'armes et les vertus guerrières du noble et vaillant général de Lamoricière.

Enfant de la Bretagne, de cette terre traditionnelle de la bravoure et de la foi, dès qu'il parut dans les armées, il se fit remarquer par ses brillantes qualités intellectuelles et morales, par cette ardeur et cette impétuosité chevaleresques qui sont devenues le caractère distinctif du vrai soldat français. Brave, hardi, aventureux, plein de fougue et d'élan dans la bataille, montant à l'assaut sous la mitraille, tranquille et imperturbable au milieu du danger, son ardeur ne lui faisait rien perdre de la prudence si nécessaire à un chef militaire. Vigilant, actif, infatigable, mieux que tout autre il savait organiser une expédition ou une razzia. Fécond en ressources et en expédients, d'un coup d'œil toujours sûr, d'un sang-froid admirable, il enlevait le soldat pour une attaque ou une poursuite, l'animant du regard, du geste et de la voix, et payant partout de sa personne, comme le premier et le plus brave de tous.

Lamoricière ne fut pas seulement soldat plein de bravoure et brillant capitaine, homme de batailles, de faits d'armes et de grands coups d'épée ; il eut aussi, et plus encore peut-être, le génie de l'administration : il fut à la fois, et c'est l'éloge même qu'a fait de lui le maréchal Bugeaud, « il fut capable de conquérir un pays et de le gouverner, ayant les grandes vues comme les grands élans ; voyant plus loin que la victoire, plus loin que la force : la civilisation après la conquête ; comprenant la noble mission de la guerre, et servant par les armes la grande et belle cause de la régénération chrétienne, la cause de l'humanité. »

Des guerres dignes de lui et de ses hautes aspirations l'attendaient sur les plages africaines. Il devait y rencontrer, avec les difficultés du sol et du climat, des races fières et indomptables, du sang des vieux Numides, retranchées dans les citadelles de leurs montagnes abruptes et sauvages, et, à côté, des tribus conquérantes, des tribus nomades et belliqueuses, les fils du Prophète, hardis soldats, rapides cavaliers, vivant sous la tente, paraissant et disparaissant tour à tour et tout à coup dans les plaines du désert, ardents, impétueux, insaisissables, toujours debout pour la fuite ou pour l'attaque, habitués à la chaleur et au soleil brûlant, habiles à profiter de toutes les défenses naturelles de leur pays, de tous les insuccès et de toutes les indécisions de leurs adversaires ; tantôt inondant la plaine de leurs masses terribles, harcelant nos colonnes, et fuyant ensuite, avec la rapidité du vent, sur leurs chevaux légers, accoutumés à dévorer l'espace ; tantôt se réfugiant au loin, guerriers et population, au bruit de notre marche, jusque dans les déserts ou sur les sommets de l'Atlas. A la tête de toutes ces races intrépides, les ralliant et les entraînant du prestige de sa parole, de l'ascendant de son génie, se trouvait un chef, digne de les commander, un Arabe, un héros, soldat et marabout, prêchant la guerre sainte, et soufflant aux tribus la flamme patriotique, guerrière et religieuse tout à la fois.

Ce fut un noble champ offert à la bouillante ardeur, à l'indomp-

Constantine. (P. 278.)

table énergie du général Lamoricière : il y conquit tous ses grades, à la pointe de l'épée.

Il n'avait encore que vingt-cinq ans, lorsqu'un brillant fait d'armes le signala tout à coup à l'admiration de ses chefs et de l'armée d'Afrique. Il s'agissait d'aller reconnaître une ville arabe, Bougie, dont on voulait s'emparer.

Lamoricière réclame cette mission difficile et part immédiatement, suivi d'une faible escorte.

A peine a-t-il débarqué sur la plage que la ville s'ameute et menace de le jeter à la mer. Il se réfugie dans une maison. La maison est cernée de toutes parts. Lamoricière voit le danger, mais il n'hésite pas, dans un moment aussi critique : il ouvre tout à coup la porte de la maison, sort avec ses compagnons, le front haut, le regard menaçant, le pistolet levé et le sabre au poing, et il passe sans obstacle, au milieu des Arabes, immobiles et stupéfaits de tant d'audace, emportant avec lui des notes prises à la hâte, mais exactes et précises, qui firent tomber plus tard la ville entre nos mains.

Quelque temps après, à la retraite de la Macta, Lamoricière, chargé de ramener d'Arzeu à Oran dix escadrons, traverse hardiment, avec cette poignée d'hommes, toutes les tribus en armes, qui n'osent l'attaquer. On le vit encore, à Médéah, se précipiter sur les Kabyles, qui harcelaient notre arrière-garde, leur arracher, au moment où ils se disposaient à les égorger, les prisonniers qu'ils nous avaient faits, et, par sa vigilance et sa fière attitude, les tenir à distance et assurer la retraite de notre armée.

Mais, plus encore que ces brillants exploits, le siège de Constantine devait nous révéler cet héroïque capitaine. Déjà nos munitions étaient épuisées, et la place tenait toujours, malgré nos attaques réitérées. Le brave colonel Combes, précipité de la brèche, venait de tomber mortellement blessé aux pieds du duc de Nemours, et il expirait en prononçant ces mots : « Monseigneur, mon devoir m'ordonne de vous dire que la brèche est impraticable ! » — Le maréchal Vallée était dans une affreuse perplexité, ne sachant quel parti prendre ni quels ordres donner. Mais tout à coup, comme saisi d'une inspiration suprême : « Praticable ou non, s'écrie-t-il en s'adressant à Lamoricière, à tout prix il faut enlever la brèche ! » Lamoricière s'élance aussitôt, à la tête de ses zouaves, en leur jetant, pour toute exhortation, ce mâle commandement : « A vous, mes zouaves, debout ! Au trot ! marche ! » Et, renversant tout sur son passage, il arrive le premier sur la brèche, couverte de sang et de cadavres. On le vit alors, au sommet du rempart, le fez rouge sur la tête, le burnous bleu sur les épaules, l'épée levée, le front haut et le regard en feu, debout dans un nuage de fumée, parmi les éclairs et les crépitations de la fusillade. Puis tout à coup une formidable détonation se fit entendre: le général, lancé en l'air par la mine qui venait d'éclater, retomba parmi les décombres, et fut enseveli sous les ruines du rempart. Quand on le ramassa, noirci, brûlé, à moitié mort, les chefs de l'armée, par une inspiration toute française, voulurent qu'à l'ambulance on jetât sur son lit de camp, pour couverture, le drapeau de Constantine. Il méritait cet honneur !

Quelque temps après, on le retrouvait, aussi ardent, aussi intrépide, au col de la Mouzaïa, un des épisodes les plus brillants et les plus pittoresques de cette épopée de nos guerres d'Afrique. Les Kabyles occupaient ce passage, un des points les plus élevés de l'Atlas, et ils s'étaient retranchés derrière un triple rang de redoutes, ouvrages puissants et formidables, qui ajoutaient encore à la difficulté des lieux. Il s'agissait de gravir des sommets abrupts, et d'enlever à la fois sous le feu des ennemis tous ces obstacles accumulés. Le signal est donné : Lamoricière s'élance, à la tête de ses zouaves. Ils gravissent en rampant les pentes escarpées, et parviennent ainsi, s'aidant des mains et des genoux, aux premières redoutes, qui sont emportées successivement. Mais tout à coup, avant d'arriver aux troisièmes, ils se trouvent en face d'une gorge profonde. Il s'agit de la franchir, sous les feux plongeants d'innombrables ennemis, accourus de toutes parts et retranchés sur toutes les crêtes qui dominent la position. Lamoricière n'hésite pas. Il s'élance avec ses zouaves, parmi les rochers et les broussailles, au milieu des balles ennemies. Le reste de l'armée, encore au pied de la montagne et qui gravissait aussi, eut un moment d'anxiété terrible pour cette brave troupe. Mais soudain, au milieu d'une effroyable fusillade, on entend, de l'autre côté de la montagne, un bruit lointain de tambours et de clairons. C'est Changarnier, avec son 2e léger, qui a tourné l'ennemi et qui monte au pas de charge les sommets de la Mouzaïa. Les zouaves de Lamoricière, électrisés, se précipitent comme des lions furieux. En un instant, la gorge est franchie, les retranchements sont emportés, les Kabyles dispersés, culbutés, massacrés, et Lamoricière, vainqueur, reçoit, sur les hauteurs qu'il vient de conquérir, Changarnier, qui arrive avec huit balles reçues dans ses habits et ses épaulettes; et les deux héros se serrent la main sur le champ de leur gloire.

Lamoricière avait été héroïque à la Mouzaïa ; il fut magnifique
à la sanglante et mémorable bataille d'Isly. Rien n'était beau comme

Lamoricière au col de la Mouzaïa.

de le voir, allant, venant, s'élançant, plein de fougue et de bravoure,
sur son cheval aux naseaux fumants, le képi sur l'oreille, le cigare

à la bouche, ardent, joyeux, souriant aux balles ennemies qui pleu-
vaient autour de lui. Il fit si bien son devoir, qu'il fut cité à l'ordre
du jour de l'armée par le maréchal Bugeaud.

Un suprême honneur était réservé, avec le titre de vainqueur de
l'Algérie, à ce héros sans peur, et lorsque, traqué dans son dernier
refuge, après la prise de la Smalah, organisée par Lamoricière,
Abdel-Kader aux abois vint rendre son épée, ce fut entre les mains
de ce général qu'il voulut la déposer.

L'Algérie, conquise et pacifiée, il fallait la civiliser, et, pour Lamoricière, cette grande œuvre ne pouvait s'accomplir que par le chris-

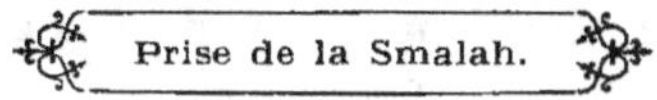

Prise de la Smalah.

tianisme et la colonisation, par la bêche et par la croix ! C'était sa
pensée à lui, c'était son rêve. Aussi son âme généreuse et noble
trouva-t-elle les accents de la plus haute éloquence, lorsqu'il dit
adieu, à Paris, aux colons qui partaient pour l'Algérie :

« C'est au travail intelligent et civilisateur d'achever ce que la
force a commencé, disait-il. La poudre et la baïonnette ont fait, en
Algérie, ce qu'elles pouvaient y faire ; c'est à la bêche et à la charrue désormais d'accomplir leur tâche. Mais rappelez-vous que ces
plaines, que vous allez féconder de vos sueurs, ont été longtemps

arrosées du sang de vos frères de l'armée, qui l'ont versé pour vous, et sans espoir de récompense.

« Avant de vous quitter, permettez à un ancien soldat d'Afrique de vous dire que, si jamais, en défrichant vos champs, vous trouvez, dans les broussailles, une croix de bois, entourée de quelques pierres, cette croix vous demande une larme ou une prière pour ce pauvre enfant du peuple, votre frère, qui est mort là, en combattant pour la patrie, et qui s'est sacrifié tout entier, pour que vous puissiez un jour, sans même savoir son nom, recueillir le fruit de son courage et de son dévouement. »

Ces paroles sont belles ; elles sont touchantes et bien dignes d'un général qui fut toujours le père de ses soldats.

Nous ne suivrons pas Lamoricière dans la triste campagne qu'il fut obligé d'entreprendre contre la révolution et les insurgés de Paris, en 1848. Comme partout, il fut brave, il fut héroïque, et le succès répondit à ses efforts ; mais cette page de ses exploits, le général aurait voulu l'arracher de ses mémoires et de sa vie, tant il lui répugnait de combattre des frères, même des frères égarés.

La révolution fut vaincue, elle fut terrassée par Lamoricière, comme l'avait été la barbarie, sur la plage africaine. Il ne restait plus au vaillant général qu'à couronner sa carrière, vouée tout entière à la cause de l'honneur et du devoir. Le malheur fut chargé par la Providence d'ajouter à la couronne du héros ce *quelque chose d'achevé qui convient à la grandeur*, selon l'expression de Bossuet.

Le Souverain Pontife était captif, à Rome, et ses États, envahis chaque jour par les troupes de la révolution. Pie IX fit appel, en ce moment, au dévouement des fidèles, à la générosité du pieux général. Son appel fut entendu.

« Un soir, raconte Mgr Dupanloup, dans une chambre retirée, à Prouzel, étaient réunis un général, un prêtre et un jeune homme. On discutait la question de savoir si le général devait aller se mettre à la tête de l'armée du Pape. Il ne s'agissait pas d'augmenter sa gloire, mais de la sacrifier ; d'illustrer sa vie, mais de l'exposer. On lui demandait d'aller à Rome, de passer la mer, de quitter la France, et de prendre le commandement d'une poignée de jeunes gens qui n'avaient pas vu le feu, appuyés sur des arsenaux vides et des magasins épuisés, ne parlant pas la même langue, mais ralliés par la foi, sur un petit territoire pris entre deux armées dix fois plus nombreuses, plus aguerries, plus équipées. Il s'agissait de passer pour un étourdi aux yeux des sages, pour un factieux aux yeux des politiques, pour un chef aventureux aux yeux des militaires ; en deux mots, d'agir sans espoir et de mourir sans gloire.

Le prêtre insistait, le jeune homme insistait, le général méditait. Tout à coup, le guerrier se lève et dit d'une voix nette et calme : « J'irai. » — Le jeune homme pleura d'admiration, et le prêtre, se levant et posant ses mains sur les épaules du guerrier, comme pour le bénir, approcha sa tête en silence de sa poitrine, et il baisa son cœur !...

Le jeune homme a été tué près de son chef ; le prêtre, caractère intrépide et pur, veilla longtemps près du Souverain Pontife, et le général est celui que nous pleurons ! » — Et lorsque, le lendemain de sa décision, un de ses anciens compagnons d'armes lui objectait les difficultés de l'entreprise et le péril de sa gloire : « Quand le Saint-Père, dans son abandon, dit le général, réclame d'un catholique le secours de son épée, on ne refuse pas. »

Ce fut un sacrifice, ce fut un dévouement plus qu'héroïque pour Lamoricière, car il entrevoyait, avec des périls sans gloire, des travaux et des ennuis de toute sorte, et, au bout de toutes ces fatigues et de toutes ces agitations stériles, l'impopularité, le blâme et la défaite. Être vaincu, pour lui c'était la honte, l'humiliation de son intelligence, de sa bravoure et de son cœur. Il s'y soumit, et, dans l'héroïsme de son immolation, il accepta tout, tout, même le sacrifice de son honneur et de sa gloire. — « Vous n'avez jamais été vaincu, lui disait un de ses amis, vous le serez ! — Qu'importe ? répondit-il ; la cause en vaut la peine, et, avant tout, un sentiment, ou plutôt un devoir me domine. Je vois un père que le courant emporte : il me tend la main, et j'aurais le cœur d'hésiter ? »

Lamoricière n'hésita pas ; et le monde catholique tressaillit en contemplant, à Rome, Lamoricière à côté de Pie IX.

En quelques mois, il eut créé toute une petite armée, ressuscité ses zouaves d'Algérie, avec leurs traditions de bravoure et d'intrépidité. Rien ne saurait donner l'idée de la prodigieuse activité qu'il déploya pendant la première année de son séjour à Rome. Organisant en même temps les services civils et les services militaires, il parcourut les provinces, établissant des arsenaux, des hospices, des casernes, dressant des cartes, des plans de campagne et des fortifications redoutables. Rien n'échappait à sa vaste intelligence, à son expérience prévoyante et sage.

La révolution ne lui donna pas le temps d'achever ce qu'il avait entrepris pour sauver le droit et faire triompher la justice opprimée.

Un jour, les bandes piémontaises, et ce fut une honte pour notre siècle et pour cette nation, les bandes piémontaises, sans aucune déclaration de guerre, envahirent le territoire pontifical, et, de leurs masses brutales, écrasèrent le bataillon des zouaves, qui eurent l'héroïsme, malgré leur petit nombre, de leur barrer le passage.

Lamoricière, devant ce flot envahisseur, ne se déconcerta pas ; il ne compta point ses ennemis, et il osa, en face de l'Europe, protester seul, à main armée, contre la violence et le mépris du droit. Ce fut à Ancône.

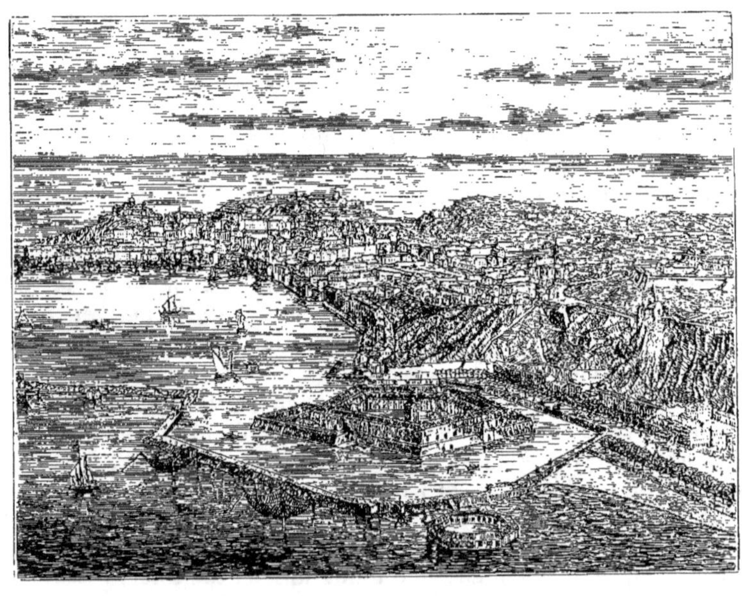

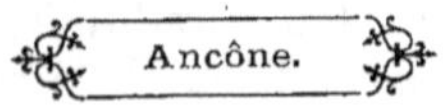

Ancône.

« Après avoir tout ordonné, tout inspecté lui-même, dit Mgr Dupanloup, sous le feu de l'artillerie piémontaise, au plus fort de la mêlée, Lamoricière monte la colline au galop, pénètre jusqu'à la ferme où l'héroïque Pimodan venait de recevoir sa première blessure, et lui tend la main ; puis, comme c'était son habitude, il pousse son cheval, seul, à cent pas au delà des lignes, en face de l'ennemi, pour juger la situation, rejoint le reste de l'armée, essaye encore d'entraîner au secours de l'intrépide bataillon des zouaves les bataillons qui n'ont pas donné, et, quand tout est perdu, écrasé, ce qu'il voulait faire avec son armée, il le fit seul. Il menait son armée à Ancône : il y alla. Deux régiments piémontais lui barraient la route jusqu'à la mer : il passa, à travers six lieues d'obstacles, avec quelques cavaliers, malgré les deux régiments. Les généraux ennemis en furent confondus : ils crurent qu'il avait pris la mer.

L'arrivée inespérée du général à Ancône fut saluée par des hourras qui se répondaient de tous les forts et postes détachés. La flotte piémontaise en parut stupéfiée ; les frégates cessèrent le feu et retournèrent au large prendre leur mouillage. L'entrée du général rendait à tous le courage ; partout, sur son passage, les soldats poussaient des cris de joie, et les tambours battaient. Aux portes, aux fenêtres des maisons, les figures étaient muettes d'étonnement et de surprise.

« Lamoricière ranima, dans la place, les ardeurs affaiblies et poussa à une résistance désespérée, protestant que rien ne lui ferait amener son drapeau, tant que ses défenses seraient intactes. Pendant douze jours, avec trente-quatre canons contre trois cent cinquante, il soutint ce siège héroïque, afin de donner aux puissances catholiques le temps de venir. Elles ne vinrent pas !... Et quand il fut prouvé que d'aucun côté rien ne viendrait ; quand les défenses du fort, écroulées, eurent laissé ouverte une brèche de sept cents mètres, la tâche de Lamoricière fut finie ; il ne lui restait plus qu'à boire courageusement, jusqu'à la lie, son glorieux calice. Il rendit ses vaillantes armes et laissa voir au monde Lamoricière prisonnier.

« Il fut donc vaincu ! Oui, mais comme les croisés, dont les défaites ont sauvé l'Europe et la civilisation. Il fut vaincu ! mais après avoir taché de sang les mains des envahisseurs ; et cette tache ne s'effacera pas ! Il fut vaincu, il fut bombardé, et bombardé pendant douze heures encore après la capitulation ; mais devant l'éternel honneur, devant l'histoire et devant Dieu, qui n'aimerait mieux ici être le vaincu que le vainqueur ?... Et tandis que les lâches l'insultaient, lui, prisonnier de l'honneur, donnait encore à ses vainqueurs des preuves de son caractère invincible, et recevait de ses soldats malheureux des témoignages d'enthousiasme et de respect. »

Ce respect et cet enthousiasme, ses ennemis eux-mêmes les lui ont accordés, et la France entière l'a admiré, alors que, ne pouvant plus rien pour l'Église ni pour sa patrie, retiré dans son modeste domaine de Bretagne, il consacrait sa vie, son temps et sa sollici-

tude aux bonnes œuvres, à l'éducation de ses enfants et aux pratiques salutaires et consolantes de la piété chrétienne.

Il mourut, comme doit mourir un héros, un chevalier chrétien ; il
mourut, sous la bénédiction du prêtre, la croix entre les mains, en
baisant l'image vénérée du Christ, qu'il avait si vaillamment servi,
si noblement aimé !

Tombeau de Lamoricière.

Dieu et Patrie.

XVIII.
LE GÉNÉRAL DE SONIS
ET LA BANNIÈRE DU SACRÉ-CŒUR.

NTRAINÉS par leurs héroïques chefs, de Sonis et de Charette, les zouaves pontificaux s'étaient précipités, la baïonnette au fusil, sur les colonnes prussiennes, retranchées dans Loigny et le bois de Bourgeon.

A côté du général de Sonis, droit sur ses étriers comme un preux des vieilles légendes, M. de Verthamon portait la bannière du Sacré-Cœur, dont les broderies d'or étincelaient aux derniers rayons d'un pâle soleil de décembre.

Tout à coup, une décharge formidable des batteries prussiennes, une nuée d'obus, une grêle de projectiles viennent semer la mort dans les rangs de la vaillante troupe. M. de Verthamon est le premier frappé. Il chancelle et tombe, entraînant avec lui l'étendard qu'il avait le périlleux honneur de porter à la bataille.

Plusieurs hommes s'élancent pour relever la bannière toute couverte du sang de celui que le général de Sonis devait plus tard appeler l'*Enfant du Sacré-Cœur*. Mais M. de Bouillé arrive le premier, et, d'une main énergique, « l'ouvrier de la dernière heure » tient haut et ferme la sainte oriflamme.

Renversé à son tour, son fils le remplace, puis son gendre, M. Cazenove de Pradines.

Les volontaires tombent de tous côtés, comme des épis mûrs sous la grêle ; mais rien n'arrête ces intrépides, rien, pas même la chute de leur héroïque chef.

Un éclat d'obus vient de briser le genou du général de Sonis ; il tombe, un sergent le soulève ; quelques hommes veulent l'emporter, mais il s'y refuse, et, tandis que l'on coupe les sangles de sa selle pour lui servir d'appui, il donne ses ordres avec autant de sang-froid que s'il était encore à cheval.

La colonne ne s'est pas arrêtée. Charette a son cheval tué sous lui, mais il se dégage, et, le sabre à la main, l'œil en feu, d'une voix vibrante dont les accents dominent le bruit de la fusillade : « En avant ! » s'écrie-t-il, en menant la charge avec un courage et une intrépidité qui le faisaient ressembler aux chevaliers de nos vieilles légendes. En se voyant aussi audacieusement attaqués, les Allemands crurent avoir affaire à une avant-garde, que devait bientôt suivre l'armée entière, ralliée et reformée. Après une lutte corps à corps, ils se retirèrent en désordre vers Loigny, abandonnant morts et blessés.

Emportés par un irrésistible élan, les volontaires poursuivent l'ennemi jusque dans le village et s'emparent des premières maisons.

Un capitaine du régiment des mobiles de Loir-et-Cher, M. de Maincourt, qui avait été blessé dans une des attaques du matin et qui gisait sous les décombres avec quelques-uns de ses camarades, a merveilleusement rendu l'impression de cette charge historique :

« ... Le jour touchait à sa fin... Soudain une clameur immense s'élève, suivie d'une fusillade désespérée. C'était une charge à la baïonnette, dernier espoir des nôtres.

« Parmi tous les bruits d'un champ de bataille, il n'en est pas qui se puisse comparer à ce cri sauvage, féroce, de l'homme se précipitant sur l'homme pour le tuer, pour voir la chair entamée, le sang ruisseler.

« Haletants, nous écoutions le bruit de la charge, les pas foulant le sol, les menaces, les chutes, et, dominant le tout, la fusillade et le canon.

« Les notes aiguës d'un clairon sonnant la charge vibraient jusque dans nos cœurs.

« C'étaient les zouaves pontificaux de Charette, la vieille France catholique et royaliste qui mourait pour la patrie. »

Ces vaillants avaient espéré qu'on viendrait à leur secours.

Mais le renfort qui arriva était un renfort allemand : le général de Treskow engageait sa dernière réserve et toutes les troupes prussiennes qui luttaient aux environs pour refouler cette poignée d'hommes.

Le Général de Sonis.

Il fallut bien céder au nombre, et le colonel de Charette ordonna la retraite. Les volontaires de l'Ouest obéirent, mais lentement, s'arrêtant parfois pour faire une nouvelle décharge, attendant toujours une diversion impossible.

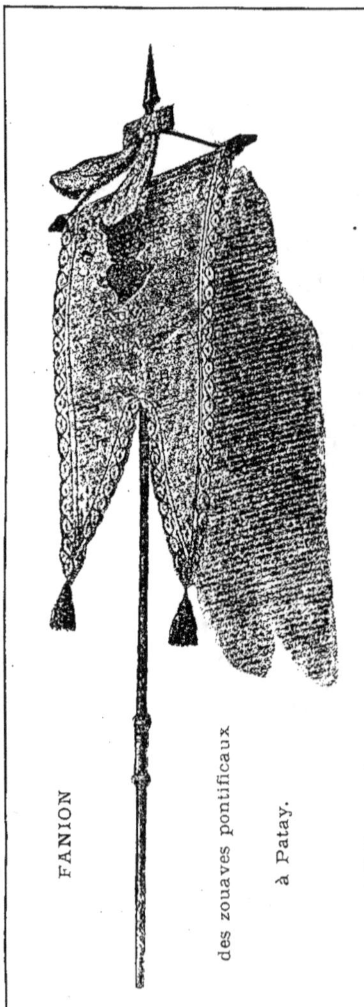

FANION des zouaves pontificaux à Patay.

La nuit était tout à fait noire, et seules les sinistres lueurs de l'incendie de Loigny et des fermes environnantes éclairaient le champ de bataille.

L'ennemi, lassé par ce nouvel effort, s'arrêta. Le colonel de Charette, dont la cuisse était traversée d'une balle, et qui, malgré ses souffrances, était resté debout pendant l'ardeur de la lutte, consentit alors à s'asseoir sur le revers d'un fossé. La douleur le terrassait enfin...

Mais l'âme restait forte et vaillante, et quand ses zouaves voulurent l'emporter, il refusa, en disant :

« Je suis bien ici, à quoi bon vous faire tuer ? Allez encore vous battre pour la France. »

Et ces glorieux vaincus, zouaves, mobiles et francs-tireurs, se dirigèrent sur Patay, emmenant avec eux tous les blessés qu'ils purent ramener.

La bannière du Sacré-Cœur, si merveilleusement brodée par les religieuses de Paray-le-Monial, était méconnaissable. Toute déchirée par les balles et couverte de sang comme ceux qu'elle avait conduits au combat, elle aussi avait subi son martyre !

Tombée des mains de M. Cazenove de Pradines, qui eut le bras emporté par un obus, elle avait été relevée par M. Le Parmentier ; blessé à son tour, celui-ci la remit au sergent Landeau, qui eut le bonheur de la reporter à Patay.

La bataille était bien décidément perdue, mais l'honneur de la France était sauf ; suivant la belle pensée de Mgr Pie : « La défaite est presque triomphante à l'égal de la victoire, quand on jette ainsi l'épouvante, quand on sème le carnage dans les rangs du vainqueur.

« Debout sur la dépouille de ceux qui dorment du sommeil de la paix, en attendant l'heure de la résurrection, la France en deuil, l'Église en larmes ont le droit et la consolation de pouvoir dire avec David : Vous n'êtes pas morts à la façon des lâches... mais vous êtes tombés comme tombent des hommes de cœur devant l'ennemi. »

Quand le général de Sonis eut donné ses derniers ordres, quand il eut la certitude que son artillerie était sauvée et que, grâce au dévouement des zouaves, le mouvement en avant de l'ennemi était arrêté, il acheva son sacrifice et ne songea plus qu'à mourir.

Le soldat venait de faire vaillamment son devoir, le chrétien allait accomplir le sien avec non moins de courageuse abnégation.

Si résignée que soit une âme à la volonté divine, il est des heures où elle trouve le calice amer, la croix lourde, et il lui faut alors une grande force sur elle-même pour dire avec Jésus au jardin des Oliviers le *Fiat* sublime.

Sonis souffrait beaucoup et un froid intense ajoutait une torture de plus à celle que lui causait son horrible blessure. Le genou était littéralement brisé. Étendu sur la neige, il n'avait pour appuyer sa tête endolorie que la selle de son cheval.

Mais si atroce que fût la douleur physique, elle était moins cruelle que la douleur morale. A quelques pas de ce champ de bataille où il agonisait, le général avait l'un de ses fils ([1]).

Que lui était-il arrivé pendant cette journée de combat ?

Et ses pensées, quittant les champs de bataille, allaient plus loin encore, près d'un foyer en deuil où pleurait et priait la plus tendre, la meilleure des femmes, où de jeunes et bien-aimés enfants élevaient pour lui vers le ciel leurs mains suppliantes, et son cœur se serra douloureusement.

Mais, au milieu de ses terribles angoisses, Sonis s'abandonna

---

1. Les deux aînés étaient l'un à Bitche, l'autre avec Bourbaki.

complètement à Dieu, et il ne tarda pas à éprouver une paix profonde.

La nuit était venue. Nuit très sombre, sans étoiles. Dans le ciel couvert de gros nuages chargés de neige, se découpaient les silhouettes enflammées des villages et des fermes qu'avaient incendiés les Allemands : sinistres torches bien faites pour éclairer cette terre ensanglantée par une lutte de neuf heures sans merci ni pitié.

Peu à peu le silence s'était fait dans la grande plaine, et l'on n'entendait plus que les vagues gémissements des blessés. Un appel, un cri déchirant, et c'est tout !...

La neige tombait en épais flocons : c'était le blanc linceul qui allait ensevelir les héroïques défenseurs de la France.

Tout à coup la lumière d'une lanterne brilla sur la neige et deux hommes apparurent non loin de l'endroit où se trouvaient Sonis et plusieurs de ses compagnons d'infortune.

« Général ! l'ambulance ! l'ambulance vient nous relever ! » dirent ces malheureux se rattachant à un suprême espoir....

En effet, une voix que le général reconnut bien disait : « *Allons aux blessés !* »

Des cris de détresse furent poussés, mais ils étaient si faibles, que l'aumônier ne les entendit pas... Il erra un moment de côté et d'autre, se penchant vers les hommes qu'il apercevait, mais ceux-là étaient morts et n'avaient plus besoin de secours humains.

Après bien des hésitations, n'entendant plus aucun bruit au milieu de cette nuit sinistre, l'abbé Fagois se décida à regagner l'ambulance, où l'attendaient environ deux cent quarante blessés.

Cependant les Prussiens arrivaient.

Le général de Sonis a raconté bien souvent cette nouvelle angoisse, affirmant que c'était au *Sacré-Cœur* qu'il devait la vie.

« Je vis briller dans le lointain les énormes lanternes rouges sphériques qui aidaient les Allemands à rechercher les blessés. Devant les chariots destinés à les emporter, s'avançaient des soldats, assez espacés l'un de l'autre, qui marchaient en formant un demi-cercle, comme des rabatteurs en chasse.

« Celui qui était le plus éloigné de moi s'arrêta près d'un blessé. C'était M. de Troussures, lieutenant-colonel des zouaves pontificaux. Je vis le misérable Prussien lever sa crosse deux fois et elle s'abattit. On reconnut le lendemain, en visitant son corps avant de l'enterrer, que M. de Troussures était mort assommé, car il n'avait avec ses deux coups de crosse sur la tête qu'une blessure à la jambe comme moi.

« Mon tour allait venir. Je fis un acte de contrition, et je fis vœu au Sacré-Cœur, si j'en réchappais, de passer chaque année, en prières devant le Saint-Sacrement, la nuit anniversaire de celle-ci.

« Le soldat qui terminait le demi-cercle de mon côté, au lieu de me frapper comme je m'y attendais, se pencha sur moi et, portant à mes lèvres sa gourde d'eau-de-vie, me dit avec un accent que je n'oublierai jamais : « Bois donc, camarade ! »

Comment le général ne fut-il pas à ce moment emporté du champ de bataille, où il souffrit pendant quinze heures la plus cruelle des agonies ?

Bataille de Loigny.

C'est le secret de la Providence, et rien ne saurait l'expliquer, si ce n'est cette grande et réconfortante pensée : que la douleur est le sublime burin dont Dieu se sert pour parachever les âmes de ses élus. Plus belle doit être l'auréole, plus terrible est la souffrance !

Et maintenant la neige tombe à gros flocons sur les blessés, qui n'ont plus à attendre aucun secours humain. Et la faim et la soif torturent ces malheureux. Ils ont marché et combattu tout le jour sans prendre de nourriture, et la fièvre les brûle.

Trois jeunes zouaves, plus rapprochés du général, se sont traînés jusqu'à lui.

Sonis, s'oubliant lui-même, s'occupe de ranimer la foi des pauvres enfants, leur parlant de la Vierge Immaculée secourable à tous ceux qui souffrent, leur montrant l'éternité bienheureuse qui va être la récompense et le prix de leur martyre.

Réconfortées par les saintes paroles et l'exemple de leur chef, les victimes se résignent, et ces lèvres de vingt ans, bleuies par le froid, ne s'agitent que pour proférer de suprêmes actes d'amour et d'acceptation de la volonté divine.

Le général de Sonis, qui n'avait pris aucune nourriture depuis quatre heures du matin, était épuisé par le sang qu'il perdait et dévoré d'une soif ardente.

L'eau-de-vie du soldat prussien lui brûlait la poitrine, et il éprouva bientôt de si violentes douleurs, qu'il crut qu'il allait mourir.

« Alors, raconte-t-il plus tard, j'ai invoqué *Marie conçue sans péché.* J'avais dans l'esprit l'image de la blanche vierge de Lourdes, et, au lieu de voir venir la mort, je me suis senti soulagé. »

Ce grand croyant a toujours été convaincu que c'est grâce à une intervention de la sainte Vierge que l'intensité de ses souffrances se calma et qu'il eut la force de les supporter.

Ce ne fut que le 3 au matin que M. l'abbé Bastard, aumônier des mobiles de la Mayenne, retrouva le commandant du 17e corps.

Il était grand temps : le pied droit était gelé, le genou gauche brisé se tuméfiait et le blessé était à bout de forces !

Mais son âme ne défaillait pas et il éprouvait au milieu de ses souffrances une force surhumaine, admirablement exprimée dans une lettre écrite à un de ses amis le 11 janvier suivant, et dont nous reproduisons un fragment.

« ... Cette nuit si longue et si noire, je l'ai passée dans la tranquillité la plus douce, ayant remis mon âme entre les mains du Créateur, lui offrant ma vie pour la patrie si malheureuse. J'avais eu, le matin à trois heures, le bonheur de communier en compagnie de mes chers zouaves. Je sentais que Dieu ne m'avait pas quitté.

« ... Je me suis couvert aussi de la protection de Marie Immaculée.

« ... Avant la guerre, j'avais fait un pèlerinage à la grotte miraculeuse de Lourdes et j'en avais emporté les plus vives et les plus salutaires impressions. Depuis ce moment, je voyais la sainte Vierge sous l'aspect de Notre-Dame de Lourdes, et je puis dire que cette douce image me fut toujours présente pendant tout le temps que je restai sur ce coin de terre, où j'ai attendu la mort pendant de longues heures. »

Le général de Sonis fut transporté au presbytère de Loigny, où les Allemands avaient conduit, la veille, MM. de Charette et de Verthamon. Quelle indescriptible émotion durent éprouver en se retrouvant ces glorieux vaincus !

Le pauvre presbytère converti en ambulance était encombré de blessés entassés sur de la paille. Dans l'une des chambres se trouvaient le colonel de Montlaur, MM. de Maricourt, de Saint-Venant, de Brisault, etc.

Dans l'autre, celle où étaient de Sonis et Charette, on amputait, et les cris des malheureux opérés venaient porter l'effroi et la désolation dans la pièce voisine.

Malgré sa faiblesse physique, le général de Sonis n'avait rien perdu de son énergie morale ni de cette abnégation de lui-même qui est un des traits caractéristiques de cette grande âme.

Ainsi, il exigea que les deux soldats qui avaient été relevés avec lui fussent soignés les premiers, et pendant qu'ils étaient entre les mains du chirurgien, il resta près d'eux, les encourageant avec de si touchantes paroles, que les assistants en avaient les larmes aux yeux.

Quand son tour fut venu, il dit au docteur Beaumetz : « Coupez la cuisse si cela est nécessaire, mais laissez-en ce qu'il faut pour que je puisse remonter à cheval et servir mon pays. »

Et il subit la douloureuse opération sans pousser une plainte, en remerciant Dieu de l'avoir associé aux souffrances de son Calvaire.

Dans la chambre à côté de celle que le général de Sonis partageait avec Charette se trouvait un de ses anciens camarades de Saumur, M. de Montlaur. Séparés par les hasards de la vie, ils ne s'étaient guère rencontrés depuis leur sortie de l'école, mais ils avaient conservé l'un pour l'autre une profonde sympathie. Dès que le colonel des mobiles de Loir-et-Cher fut informé de la présence du général, il se fit porter auprès de son lit, oubliant ses souffrances pour revoir l'ami de sa jeunesse.

Le 9 décembre, l'abbé Fagois put enfin s'échapper de son ambulance et accourir « où son cœur l'appelait », suivant son affectueuse et naïve expression.

Voici textuellement le récit de cette première entrevue que l'excellent prêtre a eu l'obligeance de nous adresser :

« Je trouvai le général plus navré du désastre de notre armée et de la cruelle incertitude de Mme de Sonis que de son triste état. Il s'enquit avec une grande vivacité des événements qui avaient suivi la bataille, se reprochant d'avoir fait périr tant de *brave monde ;* mais, ajoutait-il, j'espérais entraîner les autres par leur exemple ; si nous avions été suivis, la bataille aurait été gagnée.

« Il voulut se confesser et communier, me priant de dire la sainte messe le plus près possible de lui. J'offris les saints mystères dans une petite chambre à côté de la sienne.

« Qu'avez-vous demandé ? me dit-il ensuite.

« — Eh ! mon général, votre rétablissement, et j'ai promis d'aller à Lourdes si j'étais exaucé.

« — Et moi aussi j'ai bien prié, et j'ai demandé une grâce et Dieu m'exauce. Je lui ai demandé une parfaite conformité de ma volonté avec son adorable volonté !... »

« Et comme je me taisais, ému aux larmes d'une si sublime résignation, il ajouta avec un regard et un accent inoubliables :

« Notre-Dame de Lourdes ! Oh ! oui, il faudra y aller ! Si vous saviez comme elle m'a secouru !...... Tenez, je ne regrette pas que vous m'ayez laissé passer la nuit là-bas. J'avais bien un peu de neige sur le corps quand on m'a relevé, mais je n'ai pas beaucoup souffert ; qui sait si en me relevant la nuit on ne m'aurait pas fait souffrir davantage ? »

« Pressé par mes questions, le général finit par me raconter comment, après avoir bu l'eau-de-vie du soldat prussien, il souffrait tellement qu'il avait cru mourir. Alors, après avoir remis son âme entre les mains de Dieu, il avait invoqué la Vierge de Lourdes et s'était aussitôt senti soulagé.

« Il ne me le dit pas, mais je suis persuadé qu'il avait l'intime conviction d'avoir été secouru d'une manière surnaturelle. »

Qu'ajouter à un tel récit, qui semble une page détachée de notre vieille histoire de la patrie française, si ce n'est que Dieu aime encore la France pour lui donner de tels hommes et de tels soldats (¹) !

---

1. Ce récit est emprunté à l'*Histoire du général de Sonis*, par J. de la Faye. — Libr. Bloud, Paris.

Dieu et Patrie.

XIX.
FRANCE ET ALSACE.

A paix de 1871 venait d'être conclue ; l'Alsace sacri-
fiée était en proie aux plus vives alarmes : une
immense douleur s'était répandue sur cette malheureuse province, et l'avait plongée dans un deuil
national, rendu plus lugubre encore par la présence
insolente de l'étranger. Les routes se couvraient
d'émigrants, qui, ne voulant pas se séparer d'une patrie qu'ils
avaient toujours aimée, préféraient abandonner la terre qui avait
gardé leur berceau, plutôt que de se soumettre au joug allemand et
d'en subir le nom.

De ce nombre était un jeune homme de Strasbourg chez qui le
dévouement avait devancé l'âge. Vingt fois, parmi les défenseurs
de sa ville natale, il avait affronté la mort, et les balles ennemies
l'avaient toujours épargné. Il était sur le point de s'éloigner, pour
bien longtemps peut-être, de cette ville infortunée, et il avait voulu,
une dernière fois encore, la contempler dans la sombre majesté de
son deuil et de ses ruines.

C'était le soir. Il s'était dirigé vers une des avenues les moins
fréquentées de la ville, rêvant aux malheurs de sa patrie, à l'avenir
réservé à sa chère Alsace, et son âme se perdait au sein des plus
poignantes appréhensions. En vain faisait-il des efforts pour retenir
ses larmes, son cœur débordait d'émotion.

Arrivé en face d'une église solitaire, à quelque distance de la
ville, instinctivement, et pour donner libre cours à sa douleur, il
voulut y entrer. La solitude du lieu et les effets de lumière que le
soleil couchant projetait sur les vitraux portaient au recueillement
et invitaient à la prière. Le jeune Alsacien se mit à genoux, et les

larmes qu'il s'efforçait de retenir coulèrent avec abondance, parmi les sombres tableaux qui assiégeaient son esprit et désolaient son âme.

Il était depuis quelques instants absorbé dans cette amère contemplation, lorsque, tout à coup, soit effet d'un rêve, soit simple imagination, il lui sembla voir l'Alsace entière, du haut des cimes les plus élevées des Vosges. Devant lui se tenait un jeune homme au regard triste et fier à la fois. Sa robe était couverte de taches de sang, sa main s'appuyait sur un tronçon d'épée, et sur son visage était peint, avec l'énergie du courage, l'abattement de la plus profonde douleur.

A cette vue, le jeune Alsacien fut saisi de crainte ; mais le personnage mystérieux, prenant aussitôt la parole : « Rassure-toi, jeune homme, lui dit-il, je suis le Génie de la France et son ange protecteur ; je suis venu pour te consoler et pour consoler tes frères. Regarde là-bas dans le lointain : vois ces ruines amoncelées partout ; contemple la désolation qui couvre ces campagnes, naguère si riantes et si fertiles. Les maux de la patrie ont été immenses ; mais cesse de pleurer : ils étaient mérités ! C'est un châtiment infligé par Dieu à la France coupable, à la France, qui avait renié son Créateur et son Maître.

« Ah ! malheur, malheur aux nations qui oublient le Très-Haut ! malheur aux peuples égarés qui rompent avec lui !

« Parce qu'ils m'ont banni de leurs pensées, dit le Seigneur, qu'ils ont méprisé ma loi et n'ont voulu d'autre maître qu'eux-mêmes ; parce qu'ils se sont enveloppés dans leur orgueil, qu'ils ont pris pour conseillers leurs sens et leurs passions, je les ai abandonnés à eux-mêmes et j'ai versé sur eux des ténèbres épaisses ; j'ai envoyé sur eux l'esprit de vertige, l'esprit d'aveuglement, de mensonge et de peur ! Ils ont perdu l'intelligence et sont devenus la risée des autres peuples.

« Lamentations sur la race déchue, sur la nation dont les autres disaient, en levant la tête pour la contempler dans sa grandeur : Elle est digne d'être notre guide : qu'elle marche la première, nous la suivrons comme le Génie même de l'humanité.

« Elle s'en allait, appelant les peuples à la vie nouvelle, leur enseignant par sa parole, par ses glorieux exemples, la loi qui relève les petits, fortifie les faibles et les unit tous dans l'amour fraternel.

« Ses soldats semaient sur les champs de bataille le salut des nations affranchies. Au seul bruit de leurs pas, les fers de l'esclavage

Charge de Reischoffen.

s'agitaient et se rompaient d'eux-mêmes, les sceptres craquaient et les couronnes roulaient dans la poussière.

« Mais voilà que soudain le souffle du mal a tout flétri, et ce peuple si heureux et si grand a perdu jusqu'au souvenir de ce qu'il était naguère, la sympathie qui le liait aux autres, le sentiment de sa dignité. Dégradé par la corruption, il a tourné ses regards vers la terre, comme les animaux sans raison ; il a livré stupidement ses pieds aux entraves d'un vainqueur et son cou au joug honteux d'un étranger !

« Lamentations sur la race déchue ! La vengeance du ciel s'est abattue sur elle ; la justice s'est faite... Elle a été terrible !

« Partout, dans les combats, le doigt de Dieu s'est révélé. Il y avait des braves, en France ; il y en avait en nombre suffisant. Ils auraient pu vaincre ; mais Dieu ne l'a pas voulu. Et cependant il eût été si facile de fléchir la colère du Très-Haut ! Regarde, mon fils, vers le nord ; vois comme ils savaient se battre ! »

Et l'ange lui montre dans le lointain une foule qui se hâte ; puis il aperçoit deux armées qui se heurtent : il entend comme le grondement sourd du canon, les crépitations de la fusillade : il voit des tourbillons de fumée qui s'élèvent dans les airs ; une mêlée s'engage ; un brouillard épais enveloppe les combattants et les dérobe à sa vue ; puis, tout à coup, le bruit diminue, les détonations se ralentissent et s'isolent... et il ne distingue plus que le mugissement confus d'une multitude agitée.

Le jeune Alsacien vit alors un général assis au pied d'un arbre ; son visage était bronzé par le soleil d'Afrique et la poussière des combats, des larmes coulaient de ses yeux..., et il entendit ces paroles : « Tout est fini ! » Puis un héros s'approcha de son chef désespéré : « Avons-nous refusé d'obéir, général, lui dit-il ; ne sommes-nous pas prêts à verser jusqu'à la dernière goutte de notre sang pour sauver la patrie ? » — Le général comprit ; l'âme du vaillant colonel répondait à celle de son héroïque chef. Tous deux s'embrassèrent ; puis la trompette sonna, les rangs se formèrent..., et un régiment de fer s'élança dans la plaine.

Qu'ils étaient beaux ces braves, sous leurs cuirasses d'acier et leurs flottantes crinières ! Ils allaient, les invincibles, hachés par la mitraille ; elle passait au milieu d'eux, comme un souffle d'orage : eux serraient leurs rangs, et ils allaient toujours, rapides comme l'éclair !

Mais bientôt un grand mouvement se fit dans l'armée ennemie :

— Bataille de St-Privat. —

on entendit des cris affreux..., et le régiment s'enfonça dans une masse humaine, tel qu'un vent déchaîné au sein d'une moisson. On vit encore pendant quelques instants s'agiter les casques, et les cuirasses étinceler ; puis tout se confondit dans une horrible mêlée : il y eut comme des bruits de foudre, des éclairs de feu..., et un nuage s'étendit sur cette scène de carnage et de sang.

L'ange reprit : « Vois comme ils savent mourir !... Il y en avait tant d'autres, en France !... Ils dorment tous, là, sur cette terre d'Alsace, ensevelis autour de leur drapeau. Il est là, l'ancien et redoutable drapeau de la France ; il est couché avec les derniers héros de la patrie ! La terre infortunée de l'Alsace le possède et le garde comme le gage d'un prochain retour, comme une espérance et comme une consolation, car l'Alsace ne saurait demeurer longtemps séparée de la France !... Va, mon fils, sèche tes pleurs, car un jour d'autres héros se lèveront pour reconquérir cette terre arrosée du sang de leurs frères. Oui, un jour viendra où la France, prospère, forte et redoutable comme autrefois, lavera ses défaites dans le sang de ses oppresseurs, et marchera de nouveau à la tête du monde. Un jour viendra, fête immense et sacrée, où elle conviera au banquet patriotique et fraternel de la victoire et du retour tous les cœurs qu'un égoïsme barbare a voulu lui ravir !

« Alors, mon fils, les larmes feront place aux transports d'allégresse, et l'Alsace sera désormais française pour toujours ? Oui, mon fils, espère et sois patient : ce jour béni viendra. Mais ce sera seulement lorsque la France, reconnaissant la main qui l'a frappée et la justice de ses coups, aura courbé le front devant le Dieu des nations et se sera tournée vers lui dans la sincérité de sa foi et de son repentir ; car la France fit des fautes, et ces fautes causèrent ses désastres. L'athéisme, répandu et impunément enseigné, devait conduire à l'indifférence et au mépris de la conscience et du devoir. Sans Dieu, sans conscience, la loi disparaît, pour faire place au sensualisme, à l'indépendance, à l'indiscipline et à toutes les hontes et les lâchetés de l'égoïsme. Médite en ton cœur ces paroles, fils de l'Alsace, car ce furent là les vices qui préparèrent la perte de la France et consommèrent sa chute. Dieu châtie par l'instrument du crime et par le crime lui-même. La France a senti peser sur elle la masse de ses fautes, et elle a succombé sous le fardeau qu'elle s'était elle-même créé. Qu'elle revienne, mon fils, à la religion, à ses dogmes immuables comme la vérité même, à sa morale austère et pure, seule sauvegarde de la société, seule capable d'élever l'âme et de former le cœur, et alors renaîtront dans son sein le sentiment de l'honneur et du devoir, le respect de l'autorité, avec les énergies du dévoûment et les nobles élans du patriotisme.

« Alors, mon fils, on verra de nouveau ces mêmes plaines de l'Alsace se couvrir de guerriers, se couvrir de Français. Ils viendront; mais non plus pour succomber dans un dévoûment stérile ; non, ce ne sera plus pour mourir, mais pour sauver l'Alsace, pour relever la France et écraser de leurs bataillons héroïques un orgueilleux vainqueur. Oh ! qu'ils seront beaux, mon fils, ces enfants de la France ! Comme ils s'avanceront fiers et sûrs de la victoire, et comme le sol de l'Alsace tressaillira sous leurs pas !... Tu les verras alors tous ces héros que tu regardais mourir tout à l'heure, tu les verras secouer la poussière qui les couvre, et leurs ombres glorieuses conduire triomphantes les légions invincibles de la France nouvelle à la victoire et au salut. »

La voix céleste résonna harmonieuse et vibrante comme les sons d'une harpe répétés par l'écho ; puis elle s'éteignit dans l'espace. Le jeune homme vit alors se dérouler devant lui des régions immenses, obscures, froides, tristes, où passaient et repassaient comme des fantômes d'êtres, et il aperçut, semées çà et là dans la plaine, les ruines d'un monde écroulé.

L'Ange reprit encore :

« Ainsi passent les peuples que Dieu se choisit pour châtier les autres, quand ils répondent mal à la mission du Ciel. Ainsi périssent les nations en qui la vie d'en haut s'est éteinte, où chacun, courbé vers la terre, ne songe et n'aspire plus qu'à la matière, n'a d'autre règle que soi-même, d'autre but que la jouissance et le bien-être.

« Quand la verge dont la main de Dieu se servit se dresse orgueilleuse, en face de son maître, Dieu la brise, et les peuples qu'elle a frappés, en passant, foulent aux pieds ses débris ! »

A ces mots, l'envoyé céleste prit son vol dans l'espace, et le jeune Alsacien, en sortant de son rêve, crut entendre retentir sous les voûtes du sanctuaire cette parole prophétique : « Espère en Dieu, l'oppresseur périra ! »

TABLE DES MATIÈRES.

Imprimé par Desclée. De Brouwer et Cie.